기초연구 5

북한체제 형성과 발전과정 구술자료

일본·독일

통일연구원 편

선인
도서출판

이 저서는 2002년도 한국학술진흥재단의 지원에
의하여 연구되었음.
(KRF-2002-072-BM1021)

북한체제 형성과 발전과정 구술자료 : 일본 · 독일

초판 1쇄 발행 2006년 6월

편   저 ‖ 통일연구원
펴낸이 ‖ 윤관백
편   집 ‖ 김지학
표   지 ‖ 김지학

펴낸곳 ‖ 선인

등   록 ‖ 제5-77호(1998. 11. 4)
주   소 ‖ 서울시 마포구 마포동 324-1 곳마루B/D 1층
전   화 ‖ 02)718-6252
팩   스 ‖ 02)718-6253
E-mail ‖ sunin72@chol.com

정가 ‖ 26,000원
ISBN 89-5933-058-2 93300

■저자와의 협의에 의해 인지 생략.
■잘못된 책은 바꾸어 드립니다.

북한체제 형성과 발전과정
구술자료 : 일본 · 독일

발간사

　　통일연구원은 1991년 설립 이래 북한연구 및 통일연구 분야에서 많은 연구성과를 생산하여 왔습니다. 이제 본 연구원은 국내외의 지도적인 연구기관으로 자리잡아 지금까지의 연구성과를 바탕으로 정부와 학계, 그리고 일반에게 한층 더 많은 연구 서비스를 제공하고자 노력하고 있습니다. 이와 관련하여 본 연구원은 정책연구 뿐 아니라 기초연구 분야에서 증가하고 있는 학계의 연구수요에도 부응하고자 노력하고 있습니다. 본 책자는 이러한 노력에서 나온 한 성과입니다.

　　본 연구원은 지난 2002년 한국학술진흥재단의 지원을 받아 "북한 사회주의체제 형성 · 변화에 관한 해외문헌 및 구술자료 수집 · 발굴과 Data-Base 구축사업"연구를 3년간 수행하였습니다. 이 연구는 해외에 산재하여 있는 북한 관련 기초자료를 체계적으로 수집하고 정리하여 국내의 연구자들이 보다 쉽게 북한 관련 자료를 이용하여 연구할 수 있도록 기여하고자 하는 목적에서 시도되었습니다. 북한 체제의 형성 및 발전에 관한 연구에서 연구자들이 직면하는 가장 큰 문제는 일차자료의 부족이며, 더구나 해외에 소재하고 있는 문헌자료 및 관련 인사들의 구술자료는 국내연구자들이 접근하기에 어려움이 있었습니다. 본 연구원은 국내연구자들이 겪는 이런 어려움을 조금이나마 덜어주고 북한연구의 질적 향상에 기여하기 위하여 미국, 일본, 중국, 독일, 러시아 등 5개 국가를 대상지역으로 하여 문헌자료 및 구술자료를 수집하고 정리하여 왔습니다. 본 책자는 그 중 일부의 성과를 정리하여 수록한 것입니다. 본 성과가 북한 체제 형성 및 발전에 관하여 국내의 연구자와 일반인들의 연구의 내용을 향상시키고 새로운 연구주제의 발굴에 기여할 수 있기를 기대합니다.

통일연구원 원장　박 영 규

서문

　　통일연구원은 2002년 8월부터 2005년 7월까지 한국학술진흥재단의 지원을 받아 해외에 거주하고 있으며 북한현대사를 경험한 인물들을 대상으로 구술증언 및 경험자료를 텍스트화하는 연구를 수행하였다. 해외의 구술자료 수집은 더 이상 미룰 수 없는 시급한 과제의 성격을 띠고 있다. 무엇보다 분단 이후 60년의 시간이 경과하고 있고 북한관련 인사들의 고령화로 인하여 분단과 건국, 그리고 근대화 과정에 참여하고 목격한 인물들의 귀중한 개인적 경험들이 소멸되고 가고 있는 상황이기 때문이다.

　　1990년 냉전체제붕괴를 기점으로 국내에서는 북한연구가 이전보다 다양해지고 있으나 실증적 자료를 기반으로 하는 기초연구는 아직 활성화되지 못하고 있다. 많은 북한연구자들이 북한관련 1차자료에 기반한 기초연구의 필요성을 인식하고 있었음 에도 불구하고 1차자료의 한계는 아직까지 극복되지 못하고 있다. 본서는 이와 같은 문제의식에 기초하여 "북한체제의 형성과 발전"이라는 모티브를 중심으로 1945년 이후 북한과 관련된 업무에 종사했던 전직외교관, 전직관료, 그리고 북한정부에 협력했던 경력자를 중심으로 인터뷰한 내용을 담고 있다. 본서에 수록된 내용은 해외지역 중 일본과 독일지역에서 수집된 구술자료들을 정리한 것이다.

일본지역연구팀은 주로 조총련계 한국인을 대상으로 인터뷰를 실시하였다. 일본은 전후 북한과 외교관계가 없었으며 공식적인 일본인 북한관련자가 매우 극소수에 불과했다는 점에서 조총련계 인사는 중요한 구술자료원으로서의 의의를 지니고 있다. 구술대상자인 조총련 관련 인사들은 주로 북한을 직·간접으로 경험한 인물들로, 북한체제 형성 초기 장관급을 지낸 박 일과 개인적으로 북한체제 형성 초기에 깊숙이 관여했던 박갑동, 그리고 1960년대 일본에서 직·간접적으로 북한을 지원했던 엘리트들을 포함하고 있다. 이들을 통해 수집된 구술자료들은 전후 북·일 간에 외교관계가 성립되지 않는 상황에서 북한과 일본 간 외교관계 및 경제협력사를 가늠할 수 있는 중요 내용을 담고 있다.

독일지역연구팀은 국가 간 경제협력 담당자, 통역관, 북한유학생, 동백림사건 관련자 등을 인터뷰하였다. 특히 구동독과 북한 간 국가관련 업무종사자에서 북한과 교류경험이 있는 주요 독일인까지 구술자료원으로 포함하였다. 주요 증언자들로 前 평양주재 대사 한스 마레츠키(Hans Maretzki) 박사, 前 평양 외국문 종합출판사의 브로홀로스(Brochlos) 교수, 前 동독의 함흥시 건설사업 통역관인 신동삼 선생, 前 동독파견 유학생인 김재철 선생, 윤몽원(가명) 박사와 김석실(가명) 박사, 前 함부르크대 North Korea Quarterly 발행자인 조명훈 교수, 그리고 함흥시 건설프로젝트 참여자인 립케(Luebke)씨와 그의 가족, 라인하르트(Reinhard), 베르너(Werner), 쉬로트(Schroth)와 헤셀(Hessel)씨 등이 포함되어있다. 이들을 통해 1952년~1957년 실행된 북한의 동독파견 기술인재교육사업, 1954년~1962년 북한의 함흥경제협력프로젝트 그리고 1967년 동백림 사건 및 70~80년대 동독과 북한외교사에 관한 증언을 수집하였다. 독일어 증언은 독자 편의를 위해 한국어로 번역되었다.

선행 북한연구에 있어 구술자료의 수집은 일부 연구자들에 의하여 부분적으로 시도되어 왔다. 따라서 독일과 일본지역을 대상으로 역사적인 현장에 있었던 당사자들의 기억과 체험을 체계적이고 구체적으로 자료화한 본 연구는 실증적 북한연구에 있어 선도적인 의의를 지닌다 하겠다.

서문

　　본서에 수록된 20여명의 구술자료들은 북한체제 형성 및 발전과 관련하여 기존의 문헌자료에서 나타나지 않는 생생한 역사적 실제를 살펴볼 수 있게 해준다는 점에서 중요한 의미를 지닌다. 특히 본 자료집은 북한을 중심으로 구동독과 일본이 펼쳤던 對북한 원조 및 지원과 70, 80년대 양국외교사를 실증적으로 가늠할 수 있는 자료를 제공하고 있다. 본 자료집은 당시 양국과 북한 간 경제협력과 북한 사회주의 형성과정의 성격을 평가하는 데 있어서 의미 있는 정보원이 될 수 있고, 이후 전개된 북한의 실상에 접근할 수 있는 중요한 단서가 될 수 있을 것이다.

　　연구수행에 있어 일본지역은 곽진오 박사, 독일지역은 김면 박사가 구술작업을 총괄 담당했다. 끝으로 여러가지 어려움에도 불구하고 인터뷰에 응해준 분들에게 깊은 감사의 말을 전하며, 연구수행에 직·간접적으로 도움을 준 많은 분들께도 사의를 표한다.

2006. 6
북한기초연구사업부

Contents

제2장 독일

제1장
일 본

제1부

한국전쟁과 재일동포

박갑동 선생 구술인터뷰

면담일자 : 2005년 3월 1일

장 소 : 일본 동경

면 담 자 : 곽 진 오

1. 출신지와 약력

2. 조총련과 북한

3. 북한 체제와 통일

박갑동 선생 구술인터뷰

▼ 곽진오 : 바쁘신 와중에도 이렇게 인터뷰에 임해주셔서 고맙습니다. 그럼 먼저 선생님의 약력에 대해서 간단히 말씀해 주십시요.

출신지와 약력

▲ 박갑동 : 나는 지금 여든 여섯인데요. 내가 이승만 때부터 싸운 사람입니다. 반미투쟁을 했었는데요, 지금은 미국 지지합니다. 왜 해방 직후에 내가 미국을 반대했냐 하면, 당시 미국이 우리 한국에 온 것은 점령하러 온 게 아니고 일본을 무장 시키려 온 거에요. 해방되고 내가 공산당 중앙위원으로 들어가서 6 · 25 때까지 일을 했는데 그때는 남로당이고 북로당이고 강령 제1조가 평화통일이었지요. 그런데 1949년 초에 소련군이 먼저 북에서 철수하고 그리고 1949년 6월 30일에 미군이 남한에서 철수했단 말입

니다. 그리고 1949년 7월부터는 남북이 모여가지고 어떻게 평화통일 해야 하는가를 논의하고 있는데, 미군이 철수한지 딱 1년 만에 김일성이 무력 남침을 했단 말입니다. 그러나 나는 6·25이전 때 1950년 3월 우리가 서로 타협을 해 가지고 평화적으로 문제를 해결해야지, 무력으로 하면 안 된 다고 주장하는데 한국 경찰은 우리 남로당 사람들을 다 잡아 들이고 북쪽과 사이가 안 좋아 졌지요. 그리고 1950년 6월 25일 아침부터 식모가 '큰일 났습니다, 전쟁이 났습니다' 그러는 거예요. 전쟁 날리가 있냐고 반문하면서 미아리 고개에 가니까 남자는 소를 몰고 지게를 지고 여자는 보따리를 이고 피난하고 있는 거예요. 거기서 나도 모르게 김일성이가 죽일 놈이란 생각이 들더군요. 김일성이가 우리 민족을 다 망쳐났다고 생각했어요. 그 때부터 김일성이 하고 타협하면 안 된다고 생각했지요. 그런데 지금은 남측정부가 북한 체제를 보장해야 한다고 경제적으로 지원해 주고 있으니 이게 무슨 말이야? 하여간 전부 김정일 좋은 일만 시키는 것 아닌가요.

▼ 곽진오 : 요즘 선생님께서는 어떻게 지내시고 계십니까?

▲ 박갑동 : 얼마전 미국 외교정책위원회에서 초청해서 가니까 딱 50명이 와 있더군요. 그리고 강연이 끝나고 외교부 등을 구경시켜주더군요. 그렇게 구경시켜준 이유는 내가 어떻게 생각하는지를 물어보려고 한 모양이야. 그런데 내 첫 마디는 '내가 여기 온 것은 북한 2천만 동포의 메시지를 전달하러 왔소, 내 개인 의사 전하러왔소' 아무도 북한 동포 메시지를 전하는 사람이 없어서 나는 망명정부, 망명

단체 대표로서 북한 2천만 동포의 메시지를 전하러 왔습니다. 김정일이 정부를 붕괴 못시키는 건 부끄러운 일이라고 했지요. 그런데 김정일이 사병은 딱 20만이고 350만의 당원들이 있습니다. 그래서 북한을 붕괴시킬 수 있는 나라는 미국밖에 없다고 말했지요.

▼ 곽진오 : 얘기가 조금 뒤로 가는데요, 아까 말씀하신 남로당에서는 38선이 생긴 것을 남북 간의 문제가 아니고 미국과 소련에 의해서 만들어 진 것이기 때문에 김일성이가 38선을 없애기 위해서 남침했다던가 아니면 38선에 대한 무슨 배경이라든가 혹시 아시는 게 없습니까?

▲ 박갑동 : 6 · 25에 대해서 한 가지 설명한다면 1948년 11월 달에 여수-순천 사건이 나고 1949년 10월 1일에는 중국대륙이 공산화 되지 않습니까. 그런데 중국 공산당을 창건한 사람들 중에는 재중 조선족이 약 3만 명쯤 되었고 이 사람들을 인민군으로 받아 들였을 때는 새로 2개 사단이 됐어요. 그래서 6 · 25초기 전투에서 북쪽이 강했지요.

▼ 곽진오 : 남로당에 계실 때 저기 뭐야 왔다 갔다 하셨겠네요, 해방 초기 북쪽에 김일성이 들어오고 당 만들고 할 때 그 때 남로당에 계신 거 아닙니까? 46년 47년 그때.

▲ 박갑동 : 나는 쭉 서울에 있었지.

▼ 곽진오 : 북한에 직접 가신 적은 없었는지요?

▲ 박갑동 : 북한에는 간 일이 없어요. 북한에 안 간 덕에 살았어요. 내가 운이 좋아가지고 처음부터 중앙위원회에 들어갔거

든. 그런데 그곳에 있다보니 정책을 만들지 못해요. 그래서 나는 일종의 서비스만 했지요. 그래서 상당히 비밀을 많이 알고 있지요.

조총련과 북한

▼ 곽진오 : 6·25이전이나 이후에도 일본에는 한국에서 건너온 공산주의자가 많았습니까?

▲ 박갑동 : 조총련은 공산주의도 아니고 김일성이 쪽도 아닙니다.

▼ 곽진오 : 아, 공산주의자라고 볼 수가 없다구요? 그런데 원래는 조총련이 공산주의로 출발했던 게 아닌가요?

▲ 박갑동 : 원래는 공산주의였지. 그런데 우리가 망하니까.

▼ 곽진오 : 조총련으로부터 북한에 재정지원이 많았죠? 그것을 어느 정도로 추정하고 있습니까?

▲ 박갑동 : 1959년에 재일동포가 귀국하기 시작했거든요. 그때 북에 간 사람들을 일본에 있던 집과 땅, 그리고 차도 팔고해서 북으로 가져갔지요.

▼ 곽진오 : 북한에 가서 살겠다고 가져간 거죠?

▲ 박갑동 : 그럼. 가서 장사하고 살겠다고 가져갔지요. 많이 가져간 사람은 몇 억씩 가져갔지만 그걸 북에서 빼앗겼지요.

▼ 곽진오 : 그러니까 자의적으로 돈을 조달 했다기보다는 북한에 빼

앗긴 거네요?
▲ 박갑동 : 강제로 빼앗긴 거지요.

▼ 곽진오 : 그러면 조총련이라는 조직이 북한 체제유지에 상당히 많
　　　　　은 역할을 한 거네요.
▲ 박갑동 : 그렇지, 조총련 없으면 안됐지. 돈이 어디서 나왔겠습니까?

▼ 곽진오 : 지금 원자로 만든 것도 조총련의 금전적인 지원이 있었
　　　　　을까요?
▲ 박갑동 : 우리 돈으로 하면 10조가 조총련에서 북으로 송금되었을
　　　　　겁니다.

▼ 곽진오 : 선생님께서는 미국에 자주 가시나 봐요.
▲ 박갑동 : 옛날에는 자주 갔는데 요즘은 나이가 많아서 가기가 힘
　　　　　들어요.

▼ 곽진오 : 어디서 들으니까 6 · 25 한국 전쟁 때 일본이 참전을 했
　　　　　다고 그러던데.
▲ 박갑동 : 일본 참전이 아니고 미군 후방지원 했지요.

▼ 곽진오 : 일본이 한국전쟁에 직접 참전한 것이 아닌가요?
▲ 박갑동 : 아니, 참전은 무슨 참전, 그냥 후방지원 했지요.

▼ 곽진오 : 그럼 휴전할 때 일본과 무슨 관계가 있었나요?
▲ 박갑동 : 6 · 25전쟁 당시 일본은 미군정하에 있다가 1952년 샌프
　　　　　란시스코 강화조약으로 해방되었기에 당시 한국에 대한

영향력이 없었지요.

▼ 곽진오 : 형님 성함이 어떻게 되세요?

▲ 박갑동 : 박기동이라고 하지요.

▼ 곽진오 : 김일성하고는 개인적으로 만나 보신 적 있으세요?

▲ 박갑동 : 김일성이를 만난 사람은 아무도 없습니다. 김일성은 사
람을 절대 만나지 않습니다. 1946년 언제가 내가 김일성
을 만나러 대동산 이라는 곳에, 평양 시내에서 얼마 떨어
져있지 않은 인민위원회로 갔는데, 지하에 면회소를 만
들어놓고, 그곳에서 기다리라고 해놓고 만나주질 않았어
요. 김일성이 한번 보려면 참 힘들어요. 얼마나 깐깐하게
하는지 그러니까 만나러가도 만날 수가 없었어요. 얼마
나 겁이 많은지. 김일성, 김정일은 겁쟁이입니다.

▼ 곽진오 : 그러면 김일성 말고 다른 사람들을 만나신적이 있나요?

▲ 박갑동 : 박봉철이 그 다음에 김일성이 동생 김영주하고는 술도
많이 먹었지요.

▼ 곽진오 : 조총련에서는 북한의 명령을 노동당으로부터 직접 받는
건가요?

▲ 박갑동 : 네 직접 받습니다.

▼ 곽진오 : 지금 조총련과 북한당국과의 관계가 썩 좋지 않다고 들
었는데요.

▲ 박갑동 : 1960년대 까지 만해도 일본거주 동포들 중에는 70%가

조총련이고, 30%가 민단이었는데 요새는 조총련이 20%(15만)도 안 될 겁니다. 그런데 거기서 회비를 내고 완전 봉사하는 사람들은 5만도 안돼요. 이 사람들은 지금 한국에 가지를 못해요. 이 사람들은 만나자하면 만나주지 않습니다.

▼ 곽진오 : 그럼 어떻게 하면 만날 수 있을까요?

▲ 박갑동 : 대사관에서 알려주면 만날 수도 있겠지요. 그러나 조총련은 절대 붕괴 안 된다고 봅니다. 북한 김정일 정권이 있는 한 절대 없어지지 않습니다.

▼ 곽진오 : 지금은 조총련 3세가 조총련교포사회의 주류를 이루고 있잖아요. 그리고 2세나 3세는 북한이 상당히 낯선 곳일 텐데요. 북한에 가보면 비교가 되지 않을까요?

▲ 박갑동 : 북한과 남한 또는 일본이 비교가 되니까 이들이 북한에 갈 때는 충격을 줄이기 위해서 사전에 일본에서 교육을 받습니다.

▼ 곽진오 : 그러면 오히려 감격하고 그럴 수도 있겠습니다.

▲ 박갑동 : 감격하지, 감격하고말고.

▼ 곽진오 : 젊은 사람들도요?

▲ 박갑동 : 응, 젊은 사람들도 그렇고 늙은 사람들도 그렇고 모두가 조국이 있다는 것에 대해서는 감격하지요.

▼ 곽진오 : 북한에 다녀오면 조국에 대한 긍지를 갖게 되는 모양이지요?

▲ 박갑동 : 그렇지요 당연하지요.

▼ 곽진오 : 그런 사람들이 자기 수입의 일정 정도를 북에 보내고 그러나요? 여기서 일을 해서 버는 수입의 일부를 당비 말고도 개인적으로 북으로 송금하기도 하나요?

▲ 박갑동 : 일본에서는 그렇고, 말하자면 기업가들이 기계 또는 북한에서 필요로 하는 생필품을 보내기도 하지요.

▼ 곽진오 : 북한에서 직접 운영하는 기업들인가요?

▲ 박갑동 : 아니지요. 조선은행 또는 조총련에서 운영하는 만경봉호가 들어오면 일본 내 조직을 통해서 돈이나 물품을 모으지요. 그리고 만경봉호가 귀국할 때 실어서 보내지요.

▼ 곽진오 : 그러면 그건 강제로 돈을 뺏는 거잖아요?

▲ 박갑동 : 그렇지. 하지만 당원이 되어가지고 자기는 조국에 충성한다고 얘기들 하지요.

▼ 곽진오 : 결국은 지금 조총련이 자의적으로 돈을 보내기보다는 어쩔 수 없이 과거부터 묶여온 것들 때문에 북에 있는 가족이나 이런 것 때문에 송금하는 모양이지요?

▲ 박갑동 : 그런 편이죠. 그리고 간부들은 그렇게 해야만 상위로 올라가요.

▼ 곽진오 : 일본에 거주하는 동포들 중에 특히 조총련에는 제주도 출신이 많다던데요.

▲ 박갑동 : 고향이 어디요?

▼ 곽진오 : 전 전남 함평입니다.

▲ 박갑동 : 원래 제주도 사람들이 전부 부지런하거든요. 육지 사람들은 좀 게으른데 말입니다.

▼ 곽진오 : 민단의 동포들도 제주도 사람들이 많은 것 같던데요?

▲ 박갑동 : 제주도 사람들이 똑똑하거든.

▼ 곽진오 : 혹시 일본에 거주하는 동포로써 한국정부에 하시고 싶으신 말씀이 있으신지요.

▲ 박갑동 : 이야기 안하겠습니다. 왜냐하면, 이상해요.

▼ 곽진오 : 한국에 대해서 동포들 나름대로 섭섭한 게 많은 것 같아요.

▲ 박갑동 : 우리 재일동포들도 마찬가지입니다만 재중 동포들도 한국에 가면 한국이 싫어진 것 같아요. 이유는 조국이 조국답지 않아요.

▼ 곽진오 : 경제적인 이유 때문인 것 같아요, 재중 동포들이 한국에 오는 경우는 돈을 벌기 위해서 오기 때문에 한국생활이 어렵지 않겠습니까. 불법체류로 쫓기는 사람들이 많은 것 같아요. 그래서 재중동포들은 조국이 싫겠지요.

▲ 박갑동 : 아니 그건 그렇게 생각할 수 있는데, 민족적 정신 말이요.

▼ 곽진오 : 그런데 재중 동포들은 오히려 자기들은 중국에 속한다고 생각하는 것 같아요. 다시 말해서 중국인에 가깝다 이겁니다.

▲ 박갑동 : 그건 그렇지. 차별이 있으니까. 우리 일본에 사는 한국

사람들도 속으로 일본 다 욕하거든. 욕하는데 한국한테
도 그렇단 말입니다.

북한 체제와 통일

▼ 곽진오 : 선생님께서 처음에 남로당 하실 때 일본에 있는 공산당
하고는 무슨 관계가 있으셨습니까?

▲ 박갑동 : 남로당은 조선 공산당하고 인민당이 합해서 되었는데
1945년 12월 달에 조선 인민군 대표로서 강문석이란 사
람이 중심이었지요. 그 사람은 제주도 사람인데 일본서
공산주의 운동했고 이후 나하고 잘 알고 지내던 사람입
니다.

▼ 곽진오 : 박문석이요?

▲ 박갑동 : 아니요. 조선남로당 강문석입니다.

▼ 곽진오 : 송두율 교수는 잘 아십니까?

▲ 박갑동 : 송두율씨 말고, 1970년대 북한에서 동독으로 유학을 보
냈는데 스물여섯 사람이 전부 서독으로 다 가버렸어. 그
런데 그 사람들 전부 서독 가서 기술자로 굉장히 잘살아
요. 원자로 만드는 데도 가고 말입니다.

▼ 곽진오 : 북으로 다시 들어온 사람들도 있나요?

▲ 박갑동 : 당시에 독일가면 사람들이 변해요. 그래서 통제가 심한
북한에 귀국하려않지요.

▼ 곽진오 : 남북이 통일 되도 귀국하지 않을까요.

▲ 박갑동 : 그럴 수도 있지요. 왜냐면, 지금 통일되면 한국이 흡수통일 할 수 있거든요. 북한 사람들 흡수통일 절대 원하지 않습니다. 한국에 의해 흡수 통일되면 자기들 긍지가 있는데 말입니다. 그래서 한국이 북한을 흡수 통일한다고 주장하면 안돼요. 그런 소리 들으면 북한 사람 화냅니다. 북한에서는 지금 한국 사람들을 전부 미국 앞잡이로 보고 있고 남한사람들은 전부 거지로 알고 있기 때문에 남한에 의한 흡수통일 운운하면 남북 간에 큰 싸움 나지요.

▼ 곽진오 : 지금 말씀하시는 게 북한의 통일에 관한 견해입니까?

▲ 박갑동 : 그리고 또 우리 남북한 통일되는 것에 대해서 주변국 (미 · 일 · 중 · 러)이 아무도 찬성하지 않습니다. 그리고 통일 되서 남북이 지금 선거를 해 가지고 북한 사람이 남한 사람들을 이길 수 있습니까? 절대 이기지 못하죠. 남한이 인구가 훨씬 많기 때문이죠. 또한 통일되면 북한 사람들 남한으로 다 와버리지요. 그래서 통일이전에 우선은 도와줄 테니까 당신들은 너희 힘으로 북한 내의 경제개발 해라. 그래서 경제 수준이 남한과 가까이 되면 통일하자 하면 되는 거죠. 정치도 북한 공산당하고 갈라지는 게 아니고, 남한에서 북한 정당도 활동할 수 있게 해가지고, 선거는 남북이 별도로 치르면 북한도 체제유지를 위해서 유리하게 될 수 있고, 그래서 휴전선은 허물고 정치체제는 남북이 별도로 유지되면 되는 거지요.

▼ 곽진오 : 그런데 문제는 그 이야기를 누구하고 해야 합니까? 북한

의 군부나 김정일이 하고 해야 합니까?

▲ 박갑동 : 안되니까, 새 정부가 설 때 해야지요.

▼ 곽진오 : 북한에 새 정부가 설 때요?

▲ 박갑동 : 네. 새 정부 분명히 서요. 한국 사람들은 김정일 체제를
절대 체제로 보고 있단 말입니다. 통일되면 뭐 김정일이
보다는 다른 사람과 하게 되겠지요. 현재는 김정일이 하
고는 절대 통일 안 되니까 말입니다.

▼ 곽진오 : 그런데 뭐 김정일이 그렇게 쉽게 정권을 내 줄까요?

▲ 박갑동 : 지금 이 상태라면 얼마든지 망하지 않겠어요. 안되면 결
국 분쟁국이 되고 결국은 중국이 김정일을 중국으로 망
명시키겠지요. 한국의 통일문제 연구한다는 학자들이 대
부분은 김정일 정권하고 한반도 통일하고 언제나 동일선
상에서 보거든 그것을 주안점으로 하고 있어요. 그거는
안 되는 거예요. 김정일 보다는 오히려 중국이나, 러시
아, 미국등과의 관계를 고려해야지요.

▼ 곽진오 : 지금 한국 상층부 입장은 김정일정권이 붕괴하고 새
로운 정권으로 가는데 우려할 만한 상황이 발생하면
김정일과 북한 내부문제만이 아니고 한반도 내의 평
화와 안정, 그런 것들에 대해서 우려를 하고 있기 때
문에 당장 김정일정권 붕괴를 원치 않고 있다 하겠습
니다.

▲ 박갑동 : 그래서 남한은 김정일을 갖다가 북한의 주체로 보고 있
단 말입니다. 이거 뭐 잘못 된 거 아닙니까. 북한의 주체

는 인민들 아닙니까.

▼ 곽진오 : 꼭 그런 것은 아닙니다. 통일 할 대상을 북한 주민으로 보는 것은 저희도 마찬가진데, 그런데 그분들하고 직접 대화하는 정부 입장에서는 주민들에게 명령을 줄 수 있는 김정일하고 대화할 필요가 있다는 것입니다.

▲ 박갑동 : 그러나 지금 북한 주민들 다 죽어가요. 북한이 지금 한국 때문에 살고 있는 겁니다. 한국과 중국이 김정일 이를 먹여 살리고 있습니다. 북한 주민 없이 김정일하고 대화한다고 통일되겠어요?

▼ 곽진오 : 저 개인적으로도 선생님 말씀이 맞는 것 같아요. 김정일 체제하고 통일관련사업 한다는 게 어렵지 않겠어요. 아마 한국 정부도 그것을 알고 있기 때문에 정부에서도 필요한 준비를 하고 있으리라 봅니다.

▲ 박갑동 : 그런데 내 생각으로는 한국정부가 김정일에게 너무나 많이 양보하는 것 같아요. 양보를 하면 남는 게 있습니까? 한국도 김정일에게 늘 양보해야 한단 말이야. 그리고 늘 뒷걸음이거든요.

▼ 곽진오 : 정부의 입장이라기보다는 제 생각으로는 한국정부가 김정일에게 양보하는 것은 같은 동포니까 원조해야겠다는 이런 일반적인 국민의 정서에서 시작하는 것 같아요. 한국의 대북 양보 정책은 정부 정책이라기보다는 국민정서에서 이겠지요.

▲ 박갑동 : 아니, 그러면 말이야. 6 · 25이후 북한에서 남한사람들을 480명을 납치했는데 그 사람들은 어떡하라고.

▼ 곽진오 : 그 문제는 한국정부에서도 북한에 이야기하고 있습니다.
▲ 박갑동 : 언제 했는데.

▼ 곽진오 : 적십자 회담 할 때마다 반드시 그 이야기는 합니다.
▲ 박갑동 : 그 이야기는 인사말로 하는 거지요.

▼ 곽진오 : 지금 일본인 납치문제로 일본에서 생활하시기 어려우시죠?
▲ 박갑동 : 뭐고, 강연도 말이야 해달라, 뭐 요새는 김대중이 때부터는 말이야, 무슨 소리해도 발표가 안돼. 내가 그래요. 이렇게 가다가는 한국도 망하고 미국도 망하고 다 망하는 거 아니냔 말이야. 한 놈도 내 동기 친구도 매일 우리들이 하자 그러면 한 놈도 없단 말이야. 한나라당 놈들도 말이야, 전부 다 썩었어. 내 살아 있을 때, 어떻게 하든지 북한 체제를 붕괴시키지 않으면 한국도 망해요. 힘이 없잖아. 무슨 힘이 있어. 앞으로 어떻게 건설하고 통일 교육은 어떻게 하겠단 말이야. 중국은 자꾸 발전해 가는데. 한국정부는 매일같이 싸움만하고 말이야, 정말 창피해서 말이야.

▼ 곽진오 : 한국정치자금문제가 일본 방송에 보도되면 어떻습니까?
▲ 박갑동 : 한국 소식 나오면 창피해요. 그렇게 말려도 매일 싸워요.

▼ 곽진오 : 일본에는 그렇게 큰 불법정치자금 사건 등이 없나요?
▲ 박갑동 : 일본에서는 2백만원만 받아도 징역인데 말이야. 그러나 한국 국회의원 말이야. 많이 부패했어요.

▼ 곽진오 : 지금 댁이 어디세요, 선생님?

▲ 박갑동 : 비밀이야.

▼ 곽진오 : 사무실에는 자주 나가십니까?

▲ 박갑동 : 매일 나갑니다. 토요일, 일요일 없이 매일 나갑니다. 왜 냐면, 국제전화 받으러 나갑니다. 미국과 러시아에서 자주 전화가 오니까, 그리고 그쪽하고는 시차가 있어서 전화 받기도 힘들어요.

▼ 곽진오 : 일본에는 지인들이 많지 않으신가요?

▲ 박갑동 : 많이 있었지요. 그러나 한국가고 중국가고 해서 별로 없어요.

▼ 곽진오 : 황장엽씨 하고도 잘 아시겠네요?

▲ 박갑동 : 황장엽이 말도 마소. 이거(녹음기) 꺼버려.

박두진 선생 구술인터뷰

면담일자 : 2005년 10월 28일
장소 : 일본 동경
면담자 : 곽 진 오

1. 출신지와 약력

2. 조총련사회의 북한인식

3. 북송교포와 북한사회

※ 박두진선생의 구술인터뷰는 본인의 뜻에 따라 교정없이 싣게되었습니다.

박두진 선생 구술인터뷰

▼ 곽진오 : 선생님의 성장배경에 대해서 말씀해 주십시오. 기록으로 남기려고요.

출신지와 약력

▲ 박두진 : 저는 재일교포 2세지요. 나이는 여기 나이로 예순 세 살입니다. 1941년생으로 해방 직후는 4살이네요. 해방 직후 상황은 제 기억에 남아 있습니다. 다음에 이야기 하겠지만 해방 후 조선학교가 많이 생겼는데 6·25전쟁 후에 많이 없었지요. 그래서 저는 초등학교, 중학교, 고등학교를 일본학교에 다녔습니다. 제가 고등학교에 다닐 때 귀국사업이 있었습니다. 민단사람들은 북송사업이라고 이야기 하지만 조총련 사람들은 귀국사업이라고 했습니다. 그리고 1959년 12월 첫 귀국선이 일본 니가타항에서 북한 청진항으로 출발했습니다. 그때 고등학교 3학년이었

고 우리 교포들이 빈곤과 차별 속에서 살았기 때문에 우리도 지상낙원이라는 우리 조국이 좋다고 해서 그래서 제가 그 운동에 들어가게 되죠. 그러므로 해서 우리말과 글에 대해서 배우게 되고 조총련계 조선대학교에 들어가서 졸업하고 조선문제연구소에서 2년 정도 있다가 조선대학교 교원으로 들어가게 되었죠. 그곳에서 1968년부터 1975년까지 정치경제학부 교원으로 있었죠.

▼ 곽진오 : 교수로요?

▲ 박두진 : 교수라고는 그 해에 교수라는 칭호를 사용한다고 했는데 그때는 교원이라고 했지요. 그래서 교원하고 교수라고 정해진 정도였고 정치경제학부에서 정치경제학을 가르치고 막스주의를 정치경제 중심으로 가르치고 조선노동당 노선, 남한해방, 북한에서 보는 해방이구요. 결국은 통일전선 전략이죠, 김일성 저작에 대해 해설하는 것, 사상교양을 주로 담당해 가지고. 1975년에 그만두게 되었습니다. 왜 그만두게 되냐면 72년에 조총련에서 큰 권력투쟁이 있어 가지고 총책임자인 한덕수와 부책임자인 김경식의 갈등이 있어 가지고 조직 내부에 문제가 들어 났지요.

그래서 나는 그런 과정에서 이것이 아니다. 앞으로 일본 조총련은 우리가 생각하는 빈곤과 차별을 없애는 단체는 안 되겠다. 그리고 하나는 김일성에 대한 우상화 교육 문제로는 북한은 결코 인민의 나라는 될 수 없다는 것을 체험적으로 알게 됨으로써 이것은 자기의 노선을 어느 정도 청산해야 된다는 것이었습니다. 그리고 또 하나는 교원으로써 김경식노선이 옳다고 가르쳤는데 갑자기 한덕수가 총책임자가 되어 반종파 분자가 되어 버리니까 교원 입장에서는 어렵지 않습니까. 정치는 그럴 수 있겠습니다만 교원은 진리를 가르친다고 큰소리친 사람들이니까 그래서 일단은 여기에서 결별해야 되겠다 해서 그만두고 다시 인생을 시작하여 장사도 여러 가지 하고 일을 했지요. 손정희(일본이름, 손 마사요시) 있잖아요. 소프트 뱅크 그 사람이 스물 살 약간 넘었을 때 같이 약 7년간 일을 했지요. 그리고 손 마사요시와 같이 일을 하면서 이 사업이 커지면 우리 민족에게 좋겠구나 해서 일을 같이 했는데 막상 해보니 그런 것 같지도 않고 그래서 컨설팅 비즈니스도 해보고 하다가 결국은 우리(한국) 대사관에서 친하게 지내던 참사관이 있어서 힘을 보태 가지고 2000년부터 여기에서 사업을 하고 있습니다. 제가 한국 국적으로 바꾼 것이 1998년인가 상당히 늦습니다. 왜냐면 황장엽의 탈북이라고 할까요? 그런 것도 있었지만 그 과정에서 사회주의도 무너지고, 제가 인생을 돌이켜 볼 때 김정일 독재체제하고는 모든 인연을 끊자. 조선국적 자체가 조선민주주의인민공화국으로 되어 있지는 않지만 일본에서는 그렇게 보지 않습니까. 그래서 북한과 모든 인연을 끊고자 한 것이 1998년입니다. 그 후로는 대한민국 국적을 취득하고 한국에 대한 공부도 하고 사업도 하고 글도 쓰고 있습니다.

▼ 곽진오 : 선생님이 말씀하시는 것을 학문적으로 공개해도 됩니까?
▲ 박두진 : 예, 비밀로 할 것도 없지요.

▼ 곽진오 : 북한 정권의 정치, 경제, 사회, 문화 등 초기 상황을 말
씀해 주십시오.

▲ 박두진 : 이 부분에서는 제가 상당히 어렸기 때문에. 감성적으로
기억나지만 커진 후에 지식으로 받아들인 것이 많습니
다. 책을 읽는 다든지 1세분들의 이야기를 듣는다든지 이
런 식으로 알고 있는 것이 많지요. 해방 직후에 4살이니
까 자기 생각이 없지요. 중, 고등학교 때 자기 생각이 있
으니까 그러니까 지식으로 배우고 자기 부모나 1세분들
에게서 들은 이야기 해주죠.
해방 직후는 상당히 어려웠죠. 우리 집도 그렇지만 자기
나라에 돌아간다 해서 재산도 정리하고 그래서 우리는
하타카까지 갔지요. 난 일본 오사카 이쿠노구에서 태어
났지요. 그렇게 준비를 했는데 해방 직후 9월 달에 미군
이 들어왔죠. 미군정하에서는 마음대로 못 돌아갔죠. 그
전에 200만 있었는데 100수십만이 한국에 들어가고 남
은 게 60-70만 남고, 60만 동포라고 하는데 자기가 일
하던 오사카에서 일하게 되고 이쿠노구에 있는 친척이
살고 있으니까 처음에는 사는데도 없으니까 셋방살이라
도 해야지요. 아버지가 철공소를 해서 일을 찾아서 일을
했죠. 해방 직후에는 거의 대부분의 한국 사람들이 가난
한 것도 있고 식민지 국민으로써 수모도 받았기 때문에
사회주의에 동참하는 사람들이 많았죠. 재일교포 중에서
공산주의하는 사람도 많았고 그래서 사회주의적 사상을
받아들이는 토양이 있었기 때문에 우리도 공산주의 사상
에 들어가게 되었죠. 그래서 해방을 맞이했는데 어떤 일
이 있었냐면 커서 알았지만 잘 모르는 게 많았지요. 재일

조선인연맹이 주도권을 잡았고, 그때는 공산주의 지지하는 사람하고 공산주의 반대하는 사람이 일단은 같이 조직을 만들었는데 그게 기름과 물이 만난 것이지요. 그래서 해방 직후인 1946년도에는 공산주의 반대하는 방어적인 성향의 친일하는 사람들이 많았지요. 과거에 일본과 친했던 사람을 중심으로 대한민국 거류민단이라는 오늘의 민단이죠. 그게 생겨 이 후로는 두개 단체가 생겼지만 압도적으로 조총련이 컸지요. 민단은 우리 어릴 때 여기서 거의 찾아보기 힘들 정도로 세력이 없고. 또 젊은 사람이 민단에 있다면 그들은 뭔가 인텔리가 아닌 사람들이라는 식이었지요.

▼ 곽진오 : 당시 북한으로부터 조총련에 지원이 있었나요?

▲ 박두진 : 북한으로부터 지원이 있는 것이 아니라 그런 면에서는 오히려 자주적인 측면이 있었죠. 당시에는 우선 말과 글을 되찾아야 했기에 그래서 각지에 구국(救國) 강습소를 많이 만들었죠.

▼ 곽진오 : 일반적으로 김일성 주체사상을 위해서 막대한 돈을 썼다고 하던데?

▲ 박두진 : 김일성이가 여러 가지 무엇을 했다는 것은 아니죠. 그것은 그 후죠 그것은 55년 후고 해방 직후에는 그것은 없습니다. 하지만 그것은 조총련이 만들어 낸 거고 사실은 다릅니다. 그때는 조총련에 공산주의도 있었고 민족주의자도 있었고 하지만 그때는 좌파가 주류성향 이었죠. 다시 말해서 당시 조총련은 사회주의를 주장하거나 그것에 신

봉하는 사람이 중심이었죠.

▼ 곽진오 : 정치적으로는 조총련이 북한을 어떻게 봤습니까? 북한을 절대적인 나라로 보았습니까?

▲ 박두진 : 북한을 절대적으로 본 것이 아니라 초기에는 남한에서도 자유성향이 있는 사람들이 있었고, 특히 남한에는 여운 형이란 사람이 주도했던 인민공화국 있지 않았습니까. 그런 성향이 많았지요. 그것은 북한하고 연관시키는 것이 아니라 주로 남한 출신들이 많기 때문에 남한에 민주적인 정권을 자주적인 민주정권을 세우는데 성향하고 맞은 거죠. 그러니까 여운형씨의 그런 것을 공감하는 사람들이 많았죠. 조총련도 그 속에서 공산주의로 가는 사람과 민족주의로 가는 사람과의 사이에 대립과 차이가 있었죠. 결국 공산주의를 하는 사람이 정권을 잡아가는데 이 공산주의하는 사람들이 어느 당에 있었느냐면 일본 공산당에 들어 있던 사람들이었죠. 왜냐하면 조선공산당이 1928년에 해산되지 않습니까. 특히 조선공산당 내부의 파벌투쟁으로 인해서 말입니다. 그래서 조선공산당이 없으니까 조선 사람들은 일본공산당에 가입하게 되었죠. 그리고 당시에는 일국 일당원칙에서 그 나라는 그 나라 당으로 들어가야 한다고 해가지고 여기서는 많은 교포사람이 일본 공산당에 들어갔죠.

대표적인 사람이 김천해 인데, 그 사람이 여기에서 조직력도 가지고 있었기에 결국은 많은 교포들이 사회주의를 지지했던 거죠. 그래서 결국 조총련에서는 공산주의하는 사람들이 주도권을 잡아갔던 거죠.

조총련사회의 북한인식

▼ 곽진오 : 북한의 경제상황은 어떠했어요.
▲ 박두진 : 교포 사회요?

▼ 곽진오 : 교포 사회에서 볼 때 북한의 경제상황요.
▲ 박두진 : 그때 북한에 오가는 사람이 거의 없었고. 일부 사람들이 밀출입국 하고 왔다 갔다 했는데 의장하던 한덕수도 조각배타고 김일성 만나러 가는 그런 거 있었지만 6·25전에는 북에도 가고 남에도 가고 했어요. 그 사람들은 알겠지만 일반 사람들은 잘 모르고 그냥 그곳에서 선전하는 것을 듣고 북이 인민의 국가가 된다. 민주의 국가가 된다는 소문만 들었기에 잘 모르죠.

▼ 곽진오 : 그럼 문화 쪽은 어떻습니까?
▲ 박두진 : 북한문화도 6·25전에는 남한 문화가 대부분이죠. 일본 교포사회가 북한 정치, 경제, 문화의 영향을 받게 되는 것은 55년 조총련 결성 이후죠. 그전에는 북한의 관계는 지지하지만 그렇게 강하지는 않았죠.

▼ 곽진오 : 북한의 외교 정책은 어떠했습니까?
▲ 박두진 : 48년까지는 정부가 없었으니까 소련이 북한에 진입하여 김일성을 중심으로 내세우는 과정이어서 일본에 있는 교포들을 돌볼 여유는 없었던 거지요. 우리도 여기서 북한하고 교포 조직하고 지금 생각하는 것이 아니라 자기 조국이니까 타협하면서 나가자 그렇지 북한과 조총련과의

관계가 절대적인 복종 관계는 아니였지요. 민주적인 변화가 있었다는 거죠. 여러 가지 토론도 하고 주장도 하고 그런 것이 남아 있었지요.

▼ 곽진오 : 다음은 조선 전쟁과 재일조선인 그리고 북한 사회에 대해서 질문하려고 하는데요.
조선 전쟁에 있어서 재일조선인들의 입장은 어떠했어요, 혹시 조선의용군을 통한 참전이나, 재일조선인의 북조선 지원 방법에 대해서 말씀해 주십시오.

▲ 박두진 : 이 전쟁에서 어느 쪽을 지원하느냐에 따라 확실히 색깔이 나타나는데요. 48년에 양쪽에서 나라가 설립되지 않습니까. 그래서 6·25전쟁이 일어나니까 어느 쪽을 지원하느냐에 교포 사회가 나눠집니다. 그래서 압도적으로 힘이 셌던 재일조선인연맹은 여기는 미군정이었기 때문에 미군의 후방에 북한과 연결되는 조직이 있어서는 안 된다 해서 탄압하기 시작하죠. 그래서 49년에 조총련이 해산하게 되고 동반해서 그 조선학교도 해산시켜 나가지요. 모두 해산시키지 못한 것은 동포들이 학교는 지켜야 한다고 해서 해산시키지 못한 학교도 있지만 많은 학교가 해산 당합니다. 우리 형님 같은 경우는 학교가 해산 당해서, 일본 학교에 편입했죠.
불편하지 않을 수 없죠. 공산당도 탄압받고, 조련 사람들은 지하로 들어가고 지하로 들어간 사람들이 만든 조직이 재일본 조선인 민주통일민족전선이였죠. 그게 민전이죠. 결국은 미국을 반대하고 그리고 일본의 재무장을 반대하고 공화국 북한을 사수하자는 거죠. 문제는 일본 공

산당원들이 일본 속에서 조선인들이 주도적으로 했기 때문에 공산당하고 깊은 관계지요 일본 공산당에서 민족대책부에서 결국 조선인 운동을 지도하게 되는 거죠, 그래서 결국 조선 전쟁을 반대하는 여러 투쟁을 하게 되는데 그때 일본 공산당이 좀 과격했죠. 그래서 무장노선투쟁을 주장했기 때문에 일본의 관군과 충돌하기도 했고 이름난 사건으로는 51년 정도 인가 메이데이(노동절)때에 일본 경찰하고 격돌할 때 선두에 선 조선인들이 많았죠.

▼ 곽진오 : 공산당 중에서 조선인들이 앞장섰다는 거죠.

▲ 박두진 : 그렇죠. 조총련계 동포들도 동원되고. 젊은 사람들이 많았죠. 나고야에서는 오수사건. 그리고 오사카의 스이타 사건, 이것은 결국 조선 전쟁을 반대하는 거죠. 스이타사건은 수송 화물차를 놓아 두는 큰 주차장이 있었는데 결국 이곳의 무기가 남한으로 들어간다고 해서 막아내자고 총기 발사도 있었고 상당한 격돌도 있었죠. 결국 조선 전쟁에서 미국의 후방을 교란시킨 거죠.

▼ 곽진오 : 이때 조선 의용군으로 참전한 사람이 있었습니까?

▲ 박두진 : 민단쪽에서는 대한민국을 사수하자고 해서 600명 정도가 참가했죠. 조총련은 참가한 것이 아니라 후방교란 작전을 한거죠.
그래가지고 조총련계와 민단이 확실히 갈라서죠.

▼ 곽진오 : 6 · 25 당시 조총련계에서 북조선 지원 방법은 없었습니까?

▲ 박두진 : 지원 방법은 후방교란하고 경제적으로는 재정적으로 돈
이 많이 없으니까 경제적 지원은 없었지요. 후방에서 게
릴라하는 것 그리고 반일, 반미 투쟁을 한 것이죠. 일본
공산당에서 지도한 사람들이 과격 노선을 했다고 해서
문제 삼은 것이 한덕수죠. 이때 한덕수는 아무 역할도 없
었지요. 가만히 보고 있었지요. 그러나 그때 비밀리에 김
일성을 몇 번 만났다는 것은 이야기 들었습니다. 그래서
김일성의 지시를 받아서 김일성도 일본 공산당의 지시를
받지말고 직접 북한의 지시를 받으라고 지시했죠. 결국
북한의 지시를 받은 사람들의 투쟁이 과격해서 많은 조
총련들이 조총련 조직을 이탈했다가 55년에 전환을 하게
되는데 즉, 북측에서 남한측으로 그래서 그 시기부터 북
한에서 성명을 발표해서 국제적으로 중국에 평화5원칙에
나옵니다. 평화5원칙 노선이 조총련에게도 영향을 받게
되죠. 그게 한마디로 말하면 내정 간섭을 안 한다. 그래
서 지도는 일본 공산당 지도하는 것이 아니라 북한 노동
당이 지도 밑에 들어간다. 북한 노동당이 재일본 조선인
운동을 장악하기 위해서 김일성이가 국제공산당주의 운
동 내부에서 조직하게 되죠. 모택동하고 이야기도 하고
왜냐면 일당 공산당원은 그 나라의 당에 가입해야 한다.
일국 일당 원칙이 있어 가지고 어긋나게 되서 조절하게
되는데 그 통제가 심했던 스탈린이 53년에 죽지 않습니
까. 그래서 가능하게 되는데 조총련 결성은 국제 공산주
의 운동과 밀접한 관계가 있습니다.
대한민국 연구자들 보면 이점이 결정적으로 약합니다.
지금보면 스탈린 죽음이 김일성이 재일조선인 운동을 장

악하는 조건을 마련되고, 55년에 주체라는 말이 나오지 않습니까. 53년에 스탈린이 죽고난뒤 스탈린 비판이 소련에서 나오지 않습니까.

그래서 스탈린 비판을 등을 업고 최창익이라든지 소련파, 중국파들이 김일성을 개인숭배하는 것은 안 되지 않느냐 비판의 목소리가 나오니까. 그것을 억압하기 위해서 우리는 외국을 혁명하는 것이 아니라 조선혁명하고 있기 때문에 외국의 지시나 외국적인 사고를 받아서는 안 된다고 하죠. 그런 일환으로 조총련도 일본 공산당 장악하는 것이 아니라 우리가 장악한다. 재일조선인은 조선민주주의 인민공화국 공민이다. 이 개념을 도입하는 거죠. 조총련 결성을 곧 공민 개념과 결부하는 거죠. 조선민주주의 인민공화국 공민이기 때문에 일국 일당원칙에서 벗어 나가야 한다. 그래서 조선민주주의 인민공화국에 속해야 한다. 그 중에 공산당원은 조선노동당에 속해야 한다.

▼ 곽진오 : 그래서 조총련이 북한에 충성하게 되는군요.

▲ 박두진 : 그렇지요. 그래서 공민 개념이 들어가죠. 일국일당 원칙에서 벗어나는 것으로 공민 개념을 도입하는 거죠. 남일 외무상이 조선민주주의 인민공화국 공민이다. 이래서 우리는 재일조선인에 대해서 지원할 용의도 있고, 조선인 운동은 내정 간섭이 아니다. 그전에는 일본 정부 반대해서 투쟁했거든요. 그게 아니라 내정 간섭이 아니라 자기 공민으로써 모든 권익옹호 투쟁에 나서게 되어 그래서 결속이 되는 거죠. 일본 공산당 연결 속에서 연구만 해도

하나의 논문이 될 수 있는 거죠.

▼ 곽진오 : 예 그렇습니다. 제대로 짚지 못한 것을 짚어 주셨는데요. 알고는 있었는데 확실하지는 않은 거죠. 선생님 같은 분들이 짚어 주시면 객관성이 나오니까 좋죠.
▲ 박두진 : 한국에서 공산주의에 대해서 공부한 것이 얼마 안 되죠.

▼ 곽진오 : 그렇죠, 박정희 죽고 난 다음에 80년대 중반에는 미국에서 하고, 노태우 1987년 6.29선언 이후 91년부터 지요
▲ 박두진 : 얼마 안 되니까 공산주의 역사라든지 문제를 대한민국 연구자들과 이야기 해보면 약해요

▼ 곽진오 : 예, 약하지요.
▲ 박두진 : 조총련 운동은 국제 공산주의 운동과 뗄 수가 없습니다.

▼ 곽진오 : 세 번째 질문인데요. 재일조선인들의 북조선에 대한 전쟁 복구 협조 방법은 어떠했는지요? 지원 자금의 규모나 자금 모금 형태, 송금 방법, 사용처 등에 대해서 말씀해 주시고 지원 자금은 어느 정도 보내습니까?
▲ 박두진 : 그것은 1959년 귀국 운동으로 보내는 거지요. 사람을 보냄으로써 지원하는 거지요. 노동력이 결정적으로 부족하니까.

▼ 곽진오 : 1959년에 귀국이 시작되었는데요.
▲ 박두진 : 그전에는 보내려고 해도 운동이 혼란스럽지 않았습니까. 55년에 총련이 결성되기 전에는 일본 공산당 지도 밑에 있었고 55년 직후는 자기 조직을 꾸려 가지고 재정 축적

이 거의 없습니다. 지원이 거의 없습니다. 지원이라 한다
면 북한의 선전을 여기서 한다든지 여기서 북한의 지지
세력을 일본에서 만든다든지 하는 정치 활동 중심이지
요. 경제적으로 도와준다는 것은 귀국 운동 후이지요.

▼ 곽진오 : 55년에 조총련이 성장해야 했기 때문이었는지요?
▲ 박두진 : 오가는 수단이 없으니까.

▼ 곽진오 : 저희들은 궁금하죠. 어떻게 지원했을까?
▲ 박두진 : 그래서 남한은 나쁜 나라고 북한은 조선 반도를 대표하
는 정통적인 국가다. 사회주의파가 강하니까 북한이 좋
은 나라라고 선전 많이 하지요. 그래서 쭉 북한은 좋은
나라, 남한은 나쁜 나라 이런 인식이 일본 속에서 굉장히
오래 갔습니다. 이것이 뿌리 뽑히는 사건이 북한에 의한
일본인 납치 사건이지요. 이전에는 남한 보다 북한을 좋
게 보는 것이 많이 남아 있었죠.

▼ 곽진오 : 어떤 정치형태로 북한체제 선전을 했습니까?
▲ 박두진 : 여기에는 좌익계 인텔리 언론사인 아사히신문사가 북한
은 전후 복권이 잘되있고 천리마 운동 같은 경우는 기적
적으로 되어 있다. 미군에 의해서 잿덩이가 된 평양이 하
루 사이에 일어서고 있다. 기적적인 복구가 되고 있다.
이런 보도들을 막 내는 거죠.

▼ 곽진오 : 일본에 있는 신 좌파 언론 매체를 통해서 입니까?
▲ 박두진 : 그렇죠. 온통 북한에 대해서 지지한 거죠. 아사히 신문,

아사히 저널, 월간 세카이 등이죠.

▼ 곽진오 : 그때 유명한 좌파언론사 자료들은 온통 북한에 대한 칭
송이었다는겁니까?

▲ 박두진 : 그러니까, 지금 우리가 한국을 보면 비슷해요. 친북이라
하면 진보 세력이라고 보는 사람들이 많죠. 젊은 사람들
이 친북하는 사람들이 많죠. 그렇게 보면 똑 같죠.

▼ 곽진오 : 그럼 결과는 어떻게 됩니까?

▲ 박두진 : 그래서 귀국운동으로 이어지죠. 정치선전이후 귀국 운동
으로 이어지는 거죠.

북송교포와 북한사회

▼ 곽진오 : 네 번째 질문으로 입북자들의 상황에 대해서 말씀해 주
십시오. 재일조선인들의 입북, 입북 방법, 입북자들의 직
업, 성별, 연령, 출신지 등요.
먼저, 입북의 개념에 대해서 말씀해 주십시오.

▲ 박두진 : 55년에 조총련이 결성되고 북한 노동당으로부터 이어지
죠. 북으로부터 조총련은 온통 일본에서 선전하게 되고
사회주의 북한이 지상낙원이 라는 것이 있지 않습니까.
조선인들은 조총련은 다 믿을 수 없지만 일본 신문들이
다 그렇게 이야기 하니까 틀림없겠지 하는 인식들이 있
어서 그 속에서 조총련이 북한의 지시 밑에 그곳에서 노
동력이 부족하니까 사람을 보내라 하고 또 일본도 어떻

게 생각했냐면 조선인들은 빈곤하고 범죄자도 많으니까 빈곤이 범죄자들을 만들고, 그래서 재일조선인을 북으로 보내 버리자. 그래서 북한과 생각이 맞아 떨어진거죠. 일본이 그때 그런 의도를 가졌다는 것이 새로운 최근에 자료가 나옵니다. 그래서 북한에 노동력의 요구성과 일본의 재일조선인을 없애 치우자는 것이 귀국 사업이 이루어지고 조총련이 조직에 중심역할을 하는 거지요.

▼ 곽진오 : 국제적인 비난을 피하기 위해서 일본 적십자를 통해서 만들어낸 작품이네요.

 ▲ 박두진 : 예, 그렇죠. 적십자를 통해서,

▼ 곽진오 : 이런 자료들은 있는데 선생님처럼 말씀하시는 것이 필요합니다. 입국 방법은 어떠했는지요.

▲ 박두진 : 그러니까 조총련 조직이 전국에 많은 기관을 갖지 않았습니까. 그래서 그때 온통 조직을 동원해서 입국자를 모집했지요. 제가 고3때 학교 가도 취직할 수 없었었고 젊은이에게 희망이 없는 거예요. 일본에서 일해도 잘살까? 그래서 고철을 모아서 판다든지, 밤에 노는 빠찡코라든지, 일하는 자리가 없어요. 조선인이라면 안받아 주고, 저도 고등학교가서 대학 진학하는 학교니까 선생님에게 1학년 때 변호사가 되고 싶다고 했는데 조선인이 무슨 변호사냐 그러니까 공부할 생각도 안나는 거죠. 그러면 고등학교 졸업하고 무엇을 할까 하면 아무것도 없는 거죠. 그 사이 대학이라도 가자. 이런 것이 대부분 사람들의 심

정이라. 희망이 없는 기라. 그래서 그 참에 지상낙원인 북한에서 돌아오라고, 돌아오면 자기 희망에 따라서 학교도 가고 직장도 가고, 자기 능력을 꽃피울 수 있다는 선전이 있고, 일본 매체도 다 그러고, 일본 기자단이라는 사람이 북한에 갔다와서 또 좋은 말하거든요. 그때 진실을 말한 사람이 한 사람이 있었는데 세키기세라는 기자인데 "라꾸엔노 유메 야부레데"(낙원의 꿈 깨지고)를 쓴 사람입니다. 세키기세는 한국 이름이 오기성인데 오기성은 일본사람으로 귀화한 사람입니다. 이 사람이 진짜 이야기를 쓰게 되는데, 당시 모든 매체가 지상낙원이라고 그러는데 이 사람만 아니라고 한거죠. 그래서 이 사람은 반역자라 해서 이 사람의 딸이 있었는데 그 남편이 우리하고 같이 조선대학교 교원을 하고 있었는데, 딸하고 완전히 이별했습니다. 부부 관계를 끊겠다는 이런 비극까지 발생하게 됩니다. 그래 가지고 일본에서 도와준 거죠. 일본 적십자도 적극적 도와주고요.

결국은 북한의 권력과 일본의 국가권력이 합심해서 재일조선인을 그곳에 10만 명 보냈다는 거죠. 국가적인 범죄라면 범죄죠. 일본을 비판하게 된다면 온통 비판하게 되거든요. 보도도 그렇고 식민지 역사에 대한 총화가 안 된 것처럼 이것도 총화가 잘 안됐죠.

▼ 곽진오 : 여기에 남한 사람들도 많죠.

▲ 박두진 : 여기에 온 교포사람들이 95%가 남쪽 사람들 출신이니까.

▼ 곽진오 : 그래서 이승만 대통령이 배를 납치, 폭파하게 다 했군요.

▲ 박두진 : 그렇죠. 여기에서 남한에 대한 인상이 뭐냐면 이승만은 자꾸 나쁜 짓을 한다. 부정선거도 하는 등 그러나 남한은 공산 국가가 아니니까 여기 일본까지 보도가 나오지 않았습니까? 그런데 북한에 대해서는 전혀 보도가 나오지 않기 때문에 여기 일본에서는 사회주의를 지지하는 재일교포들이 많았고 때문에 북한은 좋고, 남한 이승만은 나쁘고, 독재고 미국 군대와 함께 나쁜 짓을 하고 있다고 봤겠죠. 그러니까 북한으로 돌아가자 그렇게 된 거지요.

▼ 곽진오 : 북으로 입국한 사람들이 10만 정도라는데 그분들의 직업 상황은 어떻습니까?

▲ 박두진 : 직업 상황은 대부분이 직업이라면 어디서 공장에서 일하거나 고철장사하거나 하는 사람들이 많았고, 또 그중에서 학생들이 많았죠. 학생들이 희망이 없으니까 대학에 들어가려면 돈이 필요한데 돈도 없지 근데 그곳에 가면 돈 없이 대학에서 공부 시켜 준다고 선전했기 때문에 학생들, 그리고 인텔리도 많았어요. 일본에서 아무리 연구해 봤자. 남의 나라에 도움을 줄 뿐이다. 자기 조국에 돌아가 조국 건설에 이바지해야한다해서 인텔리도 많았었고요. 젊은 사람들이 많았지요.

▼ 곽진오 : 재일교포 남자와 결혼한 일본여자들은 어느 정도 였습니까?
▲ 박두진 : 한 1천명 돌아갔죠.

▼ 곽진오 : 재일교포 여자와 결혼한 일본인 남자들은 몇 명쯤이 었

습니까?

▲ 박두진 : 일본인 남자들은 직업을 가질 수 있으니까 생활이 곤란
하지 않으니까 돌아간 사람도 있었으나 극히 일부분이
죠. 왜 여자가 많았냐면 남편이 일자리가 없으니까 조선
사람하고 결혼한 일본 여자들은 차별의식이 별로 없어서
공산주의 사상을 같이 동조하는 사람들이 많으니까 사회
주의 지상낙원이 좋다거나, 사회주의 나라하면 민족적
차별이 없다 해서 다 돌아갔죠.
완전히 정치 선전으로 다 돌아간 거죠.

▼ 곽진오 : 한국에서는 당시 북송선을 탄 교포들은 잘 사는 사람들
이 북에 가는 것으로 알고 있는데 그것은 잘못된 거군요.
▲ 박두진 : 그것은 모르죠. 우리 누나도 61년에 돌아갔죠. 조카도 평
양에 살고, 그 후에 70년대에 왕래했지요. 60년대는 오
가지 못했죠. 귀국하면 그만이죠. 그러나 우리가 찾아가
서 만나 이야기 들어보니까 아무것도 없는 거에요. 집도
없어서 자기가 만들었고. 그리고 80년대에 까지만 해도
자기 집에 변소 하나가 없었어요.

▼ 곽진오 : 선생님은 북한에 몇 년도에 몇 번 정도 다녀오셨습니까?
▲ 박두진 : 내가 70년 말에 갔다 왔죠. 우리 동생이랑 식구가 다 가
있었으니까.

▼ 곽진오 : 입북자들의 성별의 비율은 어떻게 됩니까?
▲ 박두진 : 남자, 여자 비율도 부부로 돌아갔고, 정확한 자료는 없지
만 남자가 많을 겁니다.

▼ 곽진오 : 연령별로는 어떻게 됩니까?

▲ 박두진 : 연령별로는 1세대는 여기서 고생한 사람들이 많으니까 돌아가자 한 사람들이 이었지만 주로 40대 호주들 그리고 나이 많은 사람들과 학생들이 많았지요. 조선학교 학생들, 주로 고등학생들. 일본에 동경대학 같은 김일성종합대학에 들어갈 수 있다는 이야기가 있었으니까 자기 재능을 꽃피울 수 있다고 해서 많이 갔지요.

▼ 곽진오 : 입국자 출신지는 주로 어떻습니까? 전라도 또는 경상도?

▲ 박두진 : 대한민국 출신지요? 사는 곳 따라 다르지요. 오사카는 제주도 출신들이 많지요. 도쿄는 경상도 사람들이 많고, 다른 지역에서도 경상도 사람들이 많지요.

▼ 곽진오 : 한국의 어디 출신 지역 사람들이 제일 많이 귀국 했는지요. 아니면 어느 지역사람들이 가장 소극적으로 귀국 했는지요. 그런 통계는 없습니까?

▲ 박두진 : 그런 것은 없지요. 사는 지역에서 비슷한 비율로 갔지요. 왜냐면 그 당시 민단보다 조총련의 힘이 세었기 때문에 사회주의 지상낙원으로 간다고 그런 것은 없다. 어느 지역 사람이 많이 갔다. 덜 갔다는 것은 없다. 제주도 사람들이 4·3사건도 있어 많이 갔는지 모르지만 그 당시 경상도 10월 항쟁, 전라도 여수 사건이 있었기 때문에 차이가 없을 것입니다.

▼ 곽진오 : 다섯 번째로 재일조선인 입북자들의 역할과 처우 문제에

대해서 질문하겠습니다. 입북한 재일조선인들의 북한 사회 내에서의 활동에 관해서 말씀해 주십시오. 입북자들의 북한에서의 생활상, 북한 사회의 공헌도, 북한사회의 반응 등에 대해서 먼저 입북자들의 생활상에 대해서 말씀해 주십시오.

▲ 박두진 : 우리 누나 같은 경우 일본 공산당에 있었거든요. 매형도 조총련 활동도 하고 해서 배후가 좋은 편이었지요. 하지만 귀국해서는 집도 제대로 없었고, 그런데서 살았지요. 귀국자 대부분, 조총련 간부 빼고는 다 고생했지요.

▼ 곽진오 : 귀국자 중에 북한 요직에 오른 사람은 없습니까?

▲ 박두진 : 1972년 김일성 60살 때 조선대학에서 200명 학생들 뽑아서 북으로 돌려보내라 이런 것이 있었습니다. 그래서 북한으로 주로 상공인 자제로 남녀 관계없이 이런 사람을 중심으로 돌려보냈죠. 그때 청년 동맹, 조총련계 조총이라고 그러는데 재일본인 조선청년동맹 60명이 오토바이 부대라 해서 돌아갔지요. 오토바이 타고 니가타까지 가고 배로 북에 도착해서 또 오토바이 타고 평양까지 가고 그래서 김일성 축하 경기장에서 축하할 때 일본에서 김일성 숭배하는 사람들이 흠모해서 왔다 했죠. 200명 조선대학 생들이 같이 갔죠.

▼ 곽진오 : 왜 오토바이를 타고 갔죠.

▲ 박두진 : 그곳에 오토바이가 없으니까. 어디서 쓰겠지요. 그 책임자로 대장으로 김대형이라고 하는데 요직에 가서 무역 일을 하다가 김정일 비판하는 말을 했다가 총살되었지

요. 이런 일이 많습니다. 이런 일도 있어요. 제 동창생이 김일성종합대학이 일본 동경대학 비슷하다는 소문을 듣고, 사실은 수준이 아주 낮은데, 그리고 일본 조선대학보다 수준이 낮은데 근데 그곳에 갈 수 있다해서 정식 귀국선 을 타고 귀국했습니다. 그 가정 자식에 대해서도 돌아가면 무조건 김일성종합대학에 갈 수 있다 해서 갔었고 제 동창생 3명도 들어갔어요. 들어갔는데 어떻게 됐냐면 공작원 줄기가 다르니까 그런데 이 사람 줄기가 저쪽에서 반종파 분자라 해서 권력투쟁에서 위에 놈이 제거되니까 그 줄기가 전부 제거되거든 그러니까 이 사람은 이 줄기타고 돌아온 사람이라해서 수용소에 가지 않을 수 없지요. 제 동창생도 수용소에 가고, 그 수용소는 지금 요덕 수용소처럼 심한 곳이 아니라 말하자면 그곳에서 생활할 수 있는데 가서 동창생한테 이야기 들어보니까 산덕방 조그만 곳에서 다섯 식구가 생활하는데 자리를 펴고 한번도 잔적이 없었다고 합니다. 그래서 우리 동창생들이 좀 돈을 모아 가지고 빼냈었는데 원산에서 나와 가지고 40대에 죽었다고 합니다.

여기서 기술을 가지고 간다고 해서 오뎅 만드는 기술을 가지고 갔습니다. 그런데 그 속에 간첩이 있다고 해서 그 집단이 모두 추방 되었지요.

그리고 20년 후에 추방해제(?) 되었는데 그때는 이미 이가 다 빠져버리고 사람이 못쓰게 되어버렸습니다. 그 중 한명이 일본에 돈 모으러 왔다 하기도 했는데 기술자로 귀국한 7명의 운명이 처형된 사람, 수용소에 간 사람 등으로 서로 운명이 달랐지요.

▼ 곽진오 : 북한 사회에 공헌한 점이 있지 않습니까. 북송동포들의
북한 경제 발전에 대한 공헌도는 어느 정도입니까?

▲ 박두진 : 굉장하지요. 한마디로 말하면 북한 정권을 지탱 해온 것
은 그 사람들 때문이지요. 그 사람들이 가니까 이쪽에서
돈 보내지 않을 수 없고, 인질이지요. 그래서 조총련계
동포들이 북한 체제를 벗어나지 못하게 만든 것에서는
대단한 정책이죠. 이 사람 자신이 지식을 가지고 이바지
한 게 있지만 이 사람 친척들이 북한에 보내준 돈이 북한
발전에 크게 기여했죠. 돌아간 사람 중에는 재산을 여기
에 남겨 두고간 사람도 있고 해서 조총련 재산이 엄청 불
어났습니다. 북한 가면 지상낙원이다 그렇게 선전하니
까.

그래서 돈이 필요 없다 해서 조총련에서 재산을 일본에
많이 남겨 두지 않았습니까. 그러면 뒤에서 배후를 봐주
는 사람도 있고 그리고 무슨 구실로 간첩에 연결되어 수
용소에 가는 사람도 있고, 강철환이 할아버지 같은 그런
사람도 있죠. 강철환이 조선일보 기자하고 있는 사람 있
지 않습니까. 그런 사람은 여기서 장사하던 사람이니까.
귀국 운동이야 말로 조선민주주의 인민공화국을 오늘까
지 지켜 올 수 있었던 하나의 큰 것이지요. 그러니까 인
질 10만명이지요. 인질 10만명이면 재일 조총련교포 모
두가 포함되죠.

그래서 말도 못하고 돈 내라면 돈 가져가야 하고, 돈이
필요하면 돈이 많은 친척이 있는 사람을 일부로 범죄인
으로 만들어 가지고 감옥에 넣고 조총련에 연락을 해서
당신의 아들이나 친척이 이런 짓을 하고 감옥에 있는데,

돈을 주면 빼 주겠다고 하지요.

▼ 곽진오 : 그럼 진짜 빼줍니까?

▲ 박두진 : 그럼요. 빼주죠. 여기저기서 이런 이야기 많이 듣고 있어요. 그러니까 인질이니까 그런 이야기를 못하고 그래서 끼리끼리 모이면 그런 이야기가 나오죠. 그러니까 그곳에 굉장한 돈이 들어가고 있습니다.

▼ 곽진오 : 그것이 체제 안정에 도움이 되는 군요.

▲ 박두진 : 그렇지요. 북한이 전쟁 후에 일어서는데 두 군데서 원조가 있었는데 사회주의 국가의 원조가 있었고 또 하나는 재일조선인들의 원조가 있었죠.

▼ 곽진오 : 그럼 마지막으로 북한 사회의 반응, 귀국자들에 대해 북한사회에서는 어떻게 반응합니까? 정치 경제 일반사회 측면에서.

▲ 박두진 : 일본에서 온 재일교포에 대해서 북한사회는 기본적으로 믿지 않습니다. 북한사람들도 북에 온 재일교포들을 믿지 않습니다. 그리고 일본에서 북으로 간 우리 친척들도 북한 현지사람들 하고 결혼 안합니다. 비밀이 새 나가니까. 자기들 끼리 이야기 하는 것이 쏟아져 나가니까. 그래서 북송교포는 교포들 끼리 결혼하지요. 할 수 없이 저쪽 사람하고 결혼한 사람도 있지만, 우리가 알기로는 교포는 교포들 끼리 결혼하죠.

▼ 곽진오 : 그럼 북한 사회로부터 차별을 당하거나 정치적으로 경계

를 받거나 하지 않습니까?

▲ 박두진 : 차별이 있지요. 그러니까 여기 조총련에서 북으로 돌아
간 특정 사람 중 한덕수의 아들이거나 큰 돈을 기부한 상
공인의 아들이라든지 이런 사람에 대해서는 일정한 대우
를 하지만 그 외에 사람은 여간하지 않으면 북한의 중심
에 들어가지 못하지요. 부책임자는 많지만 책임자를 안
시켜요. 조선 노동당에 주요 부장은 일체 안 시키죠. 일
본에서 나온 사람들에 대해서는 흔히 이야기 하는, 동요
하기 쉬운 대상으로 보기 때문에 책임자 안 시켜요. 부책
임자를 시키거나 행정기관에서 하급으로 일시키는 게 많
지요.

▼ 곽진오 : 그동안 귀중한 말씀 감사합니다.

박두진 선생 구술인터뷰

박 일(갑), 권영도(을) 선생 구술인터뷰

면담일자 : 2005년 2월 28일
장소 : 일본 동경
면담자 : 곽 진 오

1. 출신지와 약력 그리고 민족교육
2. 조선대학과 민족교육

박일(갑), 권영도(을) 선생 구술인터뷰

▼ 곽진오 : 두 분 선생님들 뵙게 되어서 반갑습니다. 그리고 이렇게 인터뷰에 응해주셔서 고맙습니다. 선생님들의 출생배경과 약력을 간단히 얘기해 주시겠습니까?

출신지와 약력 그리고 민족교육

▲ 갑 · 을 : 자기소개는 사양하겠습니다.

▼ 곽진오 : 최근 재일조총련사회와 재일교포들의 근황에 대해서 좀 설명해주십시오.

▲ 갑 : 요즘 요코다 메구미 납치사건으로 일본여론이 조총련에 대해서 매우 안 좋아요. 그래서 최근결정 난 민족학교 인가 법안이 표류하고 있어요. 문부성 인가까지 받았는데 지금 일본 정부는 재일교포에 대해서 매우 부정적이에요. 그래서 우리가 지금 옴짝달싹 못해요.

▼ 곽진오 : 정식 학교로 인정을 받는 게 우선이 아닌가요?

▲ 을 : 정식 학교로 인정받으려면 일본 교과서로 수업을 해요 됩니다. 그리고 인공기 대신 일본 일장기를 학교에 게양해야 합니다.

▼ 곽진오 : 그러면 미국이나 다른 지역에 있는 북한계 국제학교 경우는 어떻게 되나요?

▲ 갑 : 다른 지역에 있는 북한계 국제학교의 경우는 잘 모르겠습니다. 하지만 우리 조총련에서는 일본정부에 학교 교육에는 간섭하지 마라, 그리고 일본 정부가 지원해주는 돈도 필요 없다는 것입니다. 아시다시피 우리는 우리 아버지 어머니들이 일본에 오고 싶어서 온 게 아니고 끌려 온 것 아닙니까. 일제 때 하다못해 일자리가 없어서 일본에라도 한번 갔으면 일을 할 수 있을까 해서 이곳에 온 것이 아닙니까. 그리고 역사적 사실에서도 당시 조선은 일본 식민지였기 때문에 재일조선인 교육에 대해서 일본정부가 책임을 져야 하는 역사적인 경위가 있는데 그것을 일절 인정을 안 하고 있습니다. 일본에서는 한국하고는 친하게 지내니까 한국계 교포는 일본식 교육을 받는데 왜 조총련계는 북한식 교육을 고집하느냐 하면서 왜 그렇게 고집 세우냐는 입장이죠. 그리고 일본사람들은 이런 이유 때문에 조·일간의 협상이 잘 안되는 거라고 우리 탓을 하지요.

▼ 곽진오 : 민족학교 교육은 어떻게 시키고 있나요? 혹시 지금도 북한식 교육방법을 채택하고 있나요? 교과과정이 현실과 너무 다르지 않습니까?

▲ 을 : 중요한 것은, 저희도 알아요. ...교육이 ..... 교리가 돼요.

......지금도 북한으로부터 도움을 많이 받고 있어요. 예를 들면 이북에서 비디오테이프가 들어온다는 거야, 그렇게 해서.

▼ 곽진오 : 어떤 종류의 비디오들이죠?

▲ 을 : 그 뭐야, 뜀뛰기를 하는가? 줄넘기 등인데, 그것도 미국에서 온 거에요. 외국의 학교에서 하는 걸 비디올 찍어 일본 조선인학교에 보내온답니다.

▼ 곽진오 : 그럼 조선학교 선생님들과 교원들은 북한에 가서 교육을 받고 오신건가요?

▲ 을 : 네, 많은 교원들이 북한에 가서 교육을 받고 옵니다. 그런 본보기가 있어야 교육을 할 수 있잖아요. 그런 본보기가 일본 학교에서 빌릴 수 있는 게 있고, 한국에서 빌릴 수 있는 게 있지요. 보통 평양에서 교육 자료를 보내주고. 또 일부 교원들이 북에 가서 교육을 받고 오고, 그런 시스템을 통해서 민족 교육 자체가 맥을 이어간다고 봐야죠.

▼ 곽진오 : 북한에서 주는 재정적 지원이 없으면 학교를 유지하는 게 지금도 힘들단 이야기네요?

▲ 을 : 그렇지 않고요. 지금 현재 북한에서 원조를 보내오기 보다는 재일교포 자체에서 비용을 충당하지요.

▼ 곽진오 : 안 보내오니까 굉장히 힘들다는 거네요? 언제부터 그렇게 힘들어 진 거에요?

▲ 갑 : 1980년대까지는 국가에서 예산을 짜면 북한 교육예산의 한 9%정도는 민족 교육에 관한 항목이 있었다 하던데요. 아시다

시피 국가 예산 많지 않지만, 한 9% 정도는 재일동포를 위해서 보내주는 돈이 있었다고 들었습니다만 지금은 그렇지 못해요.

▼ 곽진오 : 민족교육에는 다른 나라에 있는 교포들보다 일본에 있는 재일교포들에 들어오는 돈이 훨씬 많았겠네요?
▲ 갑 : 여기저기 많이 있다고 하니깐 그건 정확히 모르겠습니다.

▼ 곽진오 : 재일교포 이외에 다른데서 이렇게 민족교육을 시키고 있는 곳이 없지 않나요? 어디 있나요? 중국은 어떻죠?
▲ 갑 : 중국에는 그 민족학교가 있는데, 그것은 중국의 공립학교로 인가가 났지요. 결국 중국정부가 관리하고, 조선족학교에 근무하는 교원들도, 그리고 교과서도 전부 중국 정부가 조선식으로, 중국말과 동시에 우리말을 가르쳐주고 그리고 민족정신을 그대로 살리는 교육을 해요. 그러니까 국적은 중국에서 받아 놓고, 조선족은 조선 말 하고, 조선의 교과서도 쓰고 있지요. 그런데 일본은 그걸 못 하게 하거든 그래서 우리가 독자적으로 할 수 밖에 없지요.

▼ 곽진오 : 재일교포들에 대한 북한의 지원정책은 상당한 것 같아요. 북한에서 재정지원 이외에도 또 다른 교육정책이 있었습니까?
▲ 갑 : 그러니까 조선인 학교를 졸업한 학생들이 1980년대 일본경제가 좋았을 때는 북한에 송금되는 돈이 많았고, 그 돈으로 북한에서는 공장도 세우고 도시도 정비했지.

▼ 곽진오 : 민족학교를 졸업한 졸업생들이 사회활동하고 재정적으

로 여유가 생겨 조국(북한)이라는 존재에 대해 기여를 하
는 부분이 되었다는 말씀이죠?

▲ 갑 : 지금도 있어요. 감자 혁명이라 하는데, 감자를 많이 생산하자
는 그런 운동을 일본에서 지원한 자금으로 하고 있거든요.

▼ 곽진오 : 제가 생각하기에 민족학교에서 교육을 받았으니까 북한
에 대한 어떤 재정적인 지원보다는 일본에서 교육받은
인재들이 다시 북한에 돌아가서 일해주기는 바랬을 것
같은데요.

▲ 갑 : 지금도 하고 있어요. 사회경제 건설에 이바지해야 한다면서
감자를 많이 생산해야 된다는데, 자강도에 그 감자 시험장이
있는데, 거기에 재일교포가 자기가 일본에서 배운 감자 재배
방법을 가르쳐 가지고 이제 한 3년 지나갔지. 그런 기여를 한
다든지 하는 사람도 있어요. 그리고 실패한 사람도 있는데 내
생각에는 북쪽에 충분히 보답하지 못하는 사업인, 병원을 짓
는다든가 그런 사업은 실패하기도 했지요.

▼ 곽진오 : 그런 것들을 알아 볼 수 있는 도표라든지 자료가 있습니
까?

▲ 을 : 그런 자료를 알게 되면 일본정부가 가만히 있지 않지요. 이유
는 재일교포들이 북한 미사일 만드는데 재정적으로 많이 보
냈다고 우리를 조사하게 될 거예요.

▼ 곽진오 : 과거에는 재일교포들이 북한으로부터 많은 재정지원을
받았다던데 이런 소문에 대해서 어떻게 생각하십니까?

▲ 을 : 나쁜 말하는 사람들이 있잖아요. 우리가 북으로부터 교육 원

조를 많이 받았다는 말입니다. 북에서 이곳으로 돈 보내준 때
는 전쟁 마치고 4년 있다가 1957년부터 돈 보내줬다고 그때
보내온 돈으로 57년인가 58년에 두 번째인가 세 번째 보내온
돈으로 조선대학교를 지은 거니까.

조선대학과 민족교육

▼ 곽진오 : 그렇다면 지금 재일교포들이 북한에 재정지원을 하는 것
　　　　　은 어려울 때 도와준 의리를 잊지 않는 거네요?

▲ 을 : 조선대학에 가보면 아는데, 2천여 평 부지에다가 건물을 몇
　　　개 세웠는데 그 당시에 조국에서 보내준 돈으로도 그 학교 부
　　　지를 잡고 교사를 만들었지요.

▼ 곽진오 : 그 당시 재일교포들이 일본 대학에 들어간다는 게 어려
　　　　　웠기에 조선대학교는 북에서 지어준 큰 선물이었겠네요?

▲ 갑 : 그렇지, 학교 문전에도 못 가는 상황인데. 그 당시에 1억 엔
　　　이라는 돈도 엄청난 돈이었어요. 첫째, 들어온 돈은 각 초·
　　　중등학교에 다 나눠주고 교원들 월급도 주고, 둘째는 그 쪽에
　　　서 들여온 돈의 일부는 일본은행에 맡겨놓고 거기서 돈을 빌
　　　려 가지고 하나는 조선대학교를 짓고, 또 하나는 신용조합을
　　　만들었지요. 조선 사람은 일본 은행가도 돈을 빌려주지 않았
　　　기에, 여기서 먹고살려면 금융기관도 필요하기 때문에 그래
　　　서 이 돈을 일본은행에 맡겨 가지고 이를 담보로 그 세 배쯤
　　　되는 돈을 빌려서 거기서 동포들에게 빌려주고 그런 과정을
　　　통해서 학교 운영도 하고, 재일교포들이 기업 활동 하는데 도

움을 주는 신용조합도 만들었지요. 그리고 또 하나는 보험 있지요. 생명보험이나 화재보험, 그것도 일본 보험회사들이 조선 사람들에게는 안 들어주거든요. 그래서 그걸 하려고 이북에 조선국제보험회사를 만들어 가지고 우리 재일교포들도 생명보험도 들고, 화재보험도 들게 되었단 말이에요. 우리 재일교포들은 북측으로부터 많은 도움을 받았으니까. 지금 북이 어려우니까 도와줘야 하는데 우리 교포들 살림살이도 어려우니깐 못 도와줘서 가슴이 아파요. 나도 학생장학금 받고 민족학교 다녔거든요. 그래서 조국이 어려울 때 도와주지 못한 것이 매우 가슴 아파요.

▼ 곽진오 : 지금 일본에 계신 분들 중에 30대, 40대, 50대 조선대학 출신이 상당히 계신가요? 졸업생이 천 명이 넘는 다구요?

▲ 을 : 지금 조선대학교 재학생이 2천명이니까. 그러니까 초중등교육을 포함해서 내가 조선대학 24기이고, 지금 46기이니까 졸업생이 약 2만 명쯤 되겠지요. 일본에 우리교포가 약60만 이니까. 민족 교육을 받은 사람 수가 10만 명은 넘을 거에요. 그러면 일본에 있는 우리 동포들 중 2세, 3세 속에서 좀 서툴러도 우리말을 쓰는 사람은 민족교육 받은 사람 외에 없어요. 민단에도 우리말 모르는 사람 많아요. 가끔 한국 유학 가서 대학에서 배운 사람들 뿐입니다. 그리고 옛날에 70년대 한국에서 일본에 건너온 사람들이 좀 있었는데 유학생보다도 여자들이 일하기 위해서 일본에 들어왔지. 그 때 주일 한국대사관에서 한 1주일동안 교육시키는데 그 때 무슨 교육받는가 하면 첫째, 조총련하고 접촉을 하면 안 된다. 그러면 조총련 어떻게 구별하겠는가, 조선사람 중 젊은 20대 40대 속에서

우리 말하는 사람들은 모두 조총련이오. 우리말 아는 사람은 다 조총련이니깐. 조선말 할 줄 아는 사람을 교포라고 접촉하면 안 된다고 교육했지요.

▼ 곽진오 : 혹시 초중등학교 숫자를 파악할 수 있는 자료는 어디서 찾을 수 있지요?

▲ 을 : 그건 인터넷 조총련에 들어가면 알 수 있어.

▼ 곽진오 : 인터넷 들어가면 모두 나와 있습니까? 예를 들면 조선대학교 졸업생 숫자라든가 초·중등학교 상황파악 등 말입니다.

▲ 을 : 볼 수 있어요. 얼마든지 볼 수 있어요.

▼ 곽진오 : 그런데 인터넷에 공개되지 않은 자료들도 볼 수 있나요? 예를 들면, 사업 프로젝트들을 해서 북한에 보냈거나 아니면 여기 있는 조선대학교 출신이나 이런 분들이 일본에서 장학금을 받았다는 명목으로 다시 그것들을 조국에 반환한 그런 프로젝트는 없었나요?

▲ 을 : 그 프로젝트는 뭔가 하면 농촌 지원하기 위해서 미생물을 비료 대신에 하는 그런 공장을 조총련에서 각 도마다 몇 개씩 공사를 해 가지고 관리하고 있는 그런 예가 있어요.

▼ 곽진오 : 그런 프로젝트를 제가 알아볼 수 있는 방법이 있나요?

▲ 갑 : 지금 현재 그걸 정리된 자료는 90년대 초까지는 있을 겁니다. 그 이후는 과학자한테 물어보면 알겠지만.

▼ 곽진오 : 어디서 여쮀보면 된다구요? 과학자협회요?

▲ 을 : 그 사람들이 이야기를 들려주지는 않겠지만 지난 뭐 20년 동안의 조총련 신문을 다 들추면 거기에…… 그런 기사들 많이 나와 있었어요.

▼ 곽진오 : 조총련 자체에서 그런 것에 대해 정리된 자료가 없나보죠?

▲ 을 : 있어도 그건 공개 안 할 거에요.

▼ 곽진오 : 지금 6자회담이 열리고 있고 그래서 그런가보죠? 시기가 예민한 때라서.

▲ 갑 : 꼭 그건 만은 아니지만 그걸 공개했다가 추후에 당할 수도 있고 해서 그런 거지요. 지금까지 만경봉호가 일본에 입항할 때마다 일본정부나 한국정부가 좋게 보질 않았기 때문이죠. 만경봉호에 대한 자세한 통계도 한국의 통일원이나 정보기관에 있을 거예요.

▼ 곽진오 : 한국 자료에 없으니까 이렇게 인터뷰하고 있는데요? 조선신보에도 없어요.

▲ 을 : 신보에 안나오면 없어요.

▼ 곽진오 : 여기 교포사회에서 조총련에 관해 연구하시는 분들이 계신가요?

▲ 갑 : 동포들을 연구한다? 글쎄요. 조선대학 선생들이 많이 있으니까.

▼ 곽진오 : 조선대학에 계신 분들이요? 그 분들을 만나서 여쭤보면

되겠네요.

▲ 갑 : 작년에는 조계종 스님들도 조선대학교에 와계시지요.

▼ 곽진오 : 그 분들은 왜 오셨어요?

▲ 갑 : 해외교포 돕기 운동의 일환으로 와 계시지요. 그리고 작년에 여름철에는 금강산과 묘향산 가서 절 수리하고 북쪽에 있는 다른 절도 수리하기 위해서 기와 6만장 가져갔다고 하더군요. 그리고 스님들도 상당히 감동하고 그래서 이번에는 해외교포 돕기 운동차원에서. 제3학교 오시고, 또 지금 학부모들하고, 애 엄마들이 준비한 음식 드시며, 아이들하고 스님들이 어울려 놀았다고 하던데요. 우리는 종교를 잘 모르는 사람입니다. 그렇지만 마음의 뜨거움을 느꼈습니다. 그리고 스님들이 오실 때 한국의 아동소설 많이 가져왔지요.

▼ 곽진오 : 스님들이 좋은 일을 하셨네요. 그렇게 자연스럽게 교류하다 보면 남한 쪽 사회도 알아가게 되겠네요.

▲ 갑 : 지금 도서실 만든다고 해서 준비하고 있는데 인터넷 홈페이지도 배워서 '한국에 있는 분들에게 도움 받고 있습니다.' 중학생, 고급학생들이 배울만한 그런 책 있으면 모으려구요.

▼ 곽진오 : 그 도서실을 어디에다 만든다구요?

▲ 갑 : 도서실준비위원회 측에서 이런 말하지 말라고 했는데.

▼ 곽진오 : 조총련에서 이런 내용을 말하지 말라고 하셨다구요?

▲ 을 : 이런 사업내용이 밖으로 알려지면 사업하는데 지장이 있기 때문이지요. 세계문학전집이나 이런 것들은 최근에 이북에서

도 발행하기 시작했습니다. 쓸만한 게 별로 없어요. 여기 아
이들은 일본책밖에 못 읽잖아요.

제2부

재일동포와 민족교육

박진산 선생 구술인터뷰

면담일자 : 2005년 10월 29일
장소 : 일본 동경
면담자 : 곽 진 오

1. 출신지와 약력
2. 6 · 25와 조총련사회
3. 북한의 경제개발과 재일교포 북송

박진산 선생 구술인터뷰

▼ 곽진오 : 먼저, 박진산 선생님의 소개가 있겠습니다. 선생님 소개
를 부탁드립니다.

출신지와 약력

▲ 박진산 : 호적상 본명은 박윤진이고 일본에서 박진산 입니다.
1925년 6월 6일 내 고향이 경상남도 합천군 삼가면 입니
다. 그래서 그곳에서 태어나서 고향에서 보통학교를 졸
업하고 1938년에 마산중학교, 현재 마산고등학교 3기생
으로 입학해서 1943년 졸업했습니다. 일제시기에 고향에
서 교사를 하다 그만두고 1947년에 육군사관학교 5기생
으로 합격해서 1948년 대한민국이 수립되는 4월초에 육

군 소위로 임관, 대구 6전대 1대대 대대 부관 그리고 대대 중대장, 1948년 말에 소속된 대대가 강원도 강릉 10연대에 편입되어서 중위로 진급하여 연대 부관을 했습니다. 그 후 일본에 와 일본 중앙대학 경제학부 졸업하고, 법정대학 대학원에서 경제학 연구에서 재정학·금융론 연구, 1957년에 경제학 석사를 받고 졸업했습니다.

▼ 곽진오 : 해방 직후 북한 체제의 형성 과정을 중심으로 재일조선인이 본 북한의 초기 상황을 말씀해 주십시오. 정치, 경제, 사회, 문화, 외교 순인데요. 먼저 해방 직후 재일조선인이 본 북한의 정치가 어떠했습니까?

▲ 박진산 : 내가 해방 직후 5년 동안은 일본에서 안 살았으니까 구체적으로는 모르지만 해방 직후 그 당시에 재일동포가 200만 명 있었지요. 자발적으로 온 분도 있고 강제로 온 분도 있고, 해방되니까 일부는 고향에 돌아가고 1947년에는 60~70만 명 정도 재일교포가 있었습니다. 그리고 1947년 당시 자연발생적으로 각 지역에 조선인들은 재일조선인 연맹이 결성되었고 이 조직이 좌익단체로 변해 가니까 민단 교포들은 재일한국인거류민단(민단)을 조직했지요. 6·25전쟁당시일본 교포사회에는 좌익 세력이 강했는데, 동포들도 대부분 어려운 처지에 살기가 힘드니까 사회주의를 지향하는 사람이 많아서 북쪽을 지지하는 사람이 전체 교포 중 한 7~80%되었습니다. 당시 재일조선인연맹(조총련)을 지지하는 사람이 상당히 강하고 그래서 그 테두리 안에서 각 지방에 민족학교도 설립되기 시작했지요. 일본은 미군정 하에 있었고, 남북은 분단되어 왕래도 못

하고, 일본 좌익세력은 일본공산당 지시를 받아서 사회활동 및 계급투쟁을 벌였습니다. 그런 과정에서 극좌도 나오고, 1950년 6 · 25전쟁이 날 무렵, 일본공산당과 사회당이 反美 운동을 하니까 재일조선인연맹이 해산되고 동시에 일본 좌익세력도 극렬하게 반미운동을 하다가 일본정부로부터 탄압받고, 이때부터 일본 내 좌익세력이 약화되었습니다. 한편 교포들도 그 속에서 생활하기 어려우니까 사회주의 운동도 약화되고, 동포들도 이간이 되고 그러다가 1955년에 조선인총연합회가 성립되어 민단조직이 강화 되기 시작했습니다. 이는 결국 재일교포사회내의 민단과 조총련의 분할로 이어졌습니다.

▼ 곽진오 : 선생님께서 보시기에 당시 북한 경제는 어떠했습니까?

▲ 박진산 : 북한 경제는 국교도 없고 왕래가 없으니까 모르지요. 나중에 아는 거지요.

▼ 곽진오 : 나중에는 어떠했습니까?

▲ 박진산 : 나중에 북에서는 토지개혁을 해서 인민들이 부유해 졌다는 소리를 들었습니다. 그리고 여러 가지 노동법령도 사회주의적으로 개혁이 많이 되어서 당시 북한에 대해서 상당히 좋게 받아들여지고 있었는데, 사실 내용은 그렇지 않고, 소식이 좋은 것만 전해 오니까, 환상을 가진 것이었습니다.

▼ 곽진오 : 북한에 대한 좋은 소식은 누가 어떻게 전해 주었습니까?

▲ 박진산 : 북한 방송을 청취했습니다. 그 당시 방송 시설이 좋지 않

으니까 러시아를 통해 전해 들어온다든지, 정보를 간접적으로 종합해서 상당히 과장해서 사회주의를 칭찬하고, 일본도 공산당 사회당이 대중을 끌고 가기 위해 이상적인 구호 선전을 자꾸 하니까 거기에 끌려갔죠.

▼ 곽진오 : 그럼 일본의 사회주의 행동 매체는 사회당, 공산당이 중심이 되었다면, 북한이 좋다는 언론 매체는 어떤 것이 있었습니까?

▲ 박진산 : 진보 언론이었습니다. 예를 들면, 아사히신문, 아사히저널, 세계(세카이) 심지어는 공산당 기관지인 '적기(아카하타)'도 한몫했죠.

▼ 곽진오 : 외교, 문화면에서 북한은 어떠했습니까?

▲ 박진산 : 그 당시 북한은 소련 위성국가이고, 사회주의를 지도하는 국가는 소련 공산당이었기 때문에 특별한 외교라든지 문화가 있었던 것이 아니고 소련중심 공산당 체제 그 자체가 북한의 외교, 문화라고 볼 수 있죠.

6 · 25와 조총련사회

▼ 곽진오 : 6 · 25 전쟁과 북한 사회에 대해서 재일조선인들의 입장은 어떠했는지요? 다시 말해서 조선의용군 참전이나, 재일조선인 북조선지원 방법에 대해서 질문하려고 하는데요. 먼저 6 · 25전쟁 당시 일본에 있던 친북세력이 조선의용군으로 참전했는지요?

▲ 박진산 : 일본에 있는 좌익세력은 '조선민주주의 민족전선', 즉 민
전이라는 조직을 가지고 일본공산당 안에 民族對策部라
는 부서가 있어서 일본에 있는 조선인 좌익 조직을 지도
하고 있었지요. 일본 공산당이 그 당시 반미, 반제국주의
투쟁을 벌이니까 조선인 민전도 극좌로 나가고 조선의용
군이라 해서 일본에서 군대를 보낸다든지 할 수 없으니
까, 조국방위대, 조방이라는 비합법 조직을 만들어서 일
본 내 주둔 미군 동향이라든지, 미군정보 수집을 한다든
지, 미군기지에 수류탄을 던진다든지 하는 여러 방해 공
작을 많이 한 것 같아요.

▼ 곽진오 : 실제로 일본에 있는 미군기지에 수류탄 던지고 했습니
까?
▲ 박진산 : 그럼요, 당시 우리에게는 큰 무기가 없었으니까 유치한
방법으로 타격 활동 했지요.

▼ 곽진오 : 일본에 있는 미군 기지를 방해하면서 미군 기지에 있는
군수물자가 남한에 들어가서 북한을 공격하지 못하도록
하는 그런 거였군요.
▲ 박진산 : 주일 미군이 남한에 가서 북을 공격하니까 미군의 힘을
약화시켜야 되겠다는 생각들이 일본 공산당의 방침이기
도 했지요.

▼ 곽진오 : 6 · 25때 재일조선인들의 북한지원 방법이 구체적으로
무엇인지 말씀해 주세요.
▲ 박진산 : 북한을 지원하려해도 할 수 있는 것도 아니었고, 돈도 보

낼 수 있는 것도 아니고 해서 전쟁이 끝나고 전후 건설 복구자금을 모집해서 러시아를 통해 비합법적으로 보낼 구상을 했는데 그 돈의 일부가 조선인연맹 간부들이 악용해서 문제가 생겨서 싸움을 했다는 소식은 나중에 들어서 알았습니다. 직접적으로 큰 역할을 한다거나 도움을 주지 못했지요.

▼ 곽진오 : 6·25 후 재일조선인 입장에 대해서 묻고 싶은데요. 재일조선인의 북한에 전쟁복구협조방법은 어떠했는지요? 지원자금의 규모, 자금모금형태, 송금방법, 사용처 등이 있는데요. 먼저 전쟁 후에 일본에 있는 조총련에서 북한을 돕기 위해서 자금의 규모는 얼마 정도였는지요?

▲ 박진산 : 일본경제도 전후복구 중이고, 동시에 조선전쟁으로 군수물자 생산과 조선전쟁 특수 때문에 빠른 속도로 부흥 되었지만 재일조선인들은 생활수준이 낮고 장사를 해도 영세하니까 큰돈을 모은다든가 기부한다든가 하는 것은 못했으나 하여튼 전후복구 기금을 모아서 지원을 해야 되겠다는 운동을 민전에서 벌여 가지고 상당히 모았는데 금액은 알 수 없습니다. 일부를 간부가 전후복구 기금을 남용을 했다 해서 시끄러웠던 적은 있었습니다.

▼ 곽진오 : 자금을 모울 때 어떤 형태로 모았는지요?

▲ 박진산 : 지역 조직을 통해서 몇 백엔 낸 사람도 있고, 몇 천엔 낸 사람도 있고, 그런 식으로 모았지요.

▼ 곽진오 : 지역 조직이라면 구체적으로 어떤 형태입니까?

▲ 박진산 : 현(県) 단위에서 시·군 단위까지 있었는데 미군정이 조 련을 해산 시키고, 민전을 비합법적으로 만들었기 때문 에 상당히 비공개적인 활동을 했습니다. 일본당국과 미 군은 민전을 비합법적이고 좌경적인 활동을 한다고 해 서 탄압했습니다. 그래서 민전은 1955년에 공개적으로 합법적인 단체로 조총련을 결성해서 사회주의 정책을 내걸지 않고 민족적인 정책을 내걸어 활동의 폭을 넓히 고 이탈한 동포들을 끌어 모으고 그래서 '조선총련'이 결성된 후에 동포들로부터 지지를 많이 받은 것 같아요.

▼ 곽진오 : 북에 송금 방법은?
▲ 박진산 : 나는 잘은 모르지만. 중국이라든가 소련을 통해서 보내 지 않았는가. 지하 조직이 있었을 법한데, 그 당시는 발 표가 없으니까 잘 모르지요.

▼ 곽진오 : 보냈다면 북에서의 사용처는 어떻게 됩니까?
▲ 박진산 : 그것은 잘 모릅니다. 전쟁 복구하는 기계 구입이나 생활 필수품에 사용했는지 군사 관계에 사용했는지, 대외 정 치 공작용으로 사용했는지, 저는 잘 모르죠. 발표가 없으 니까.

북한의 경제개발과 재일교포 북송

▼ 곽진오 : 1950-60년대 북한의 경제개발과 사회주의 건설인데요. 당시 北送자가 10만 정도였는데요. 북송자들의 입북방

법, 入北자들의 직업, 성별, 연령, 출신지 등, 당시 1959-60년에 이런 입북자에 관해서 재일조선인들은 어떻게 생각하고 또 일본 정부는 어떻게 생각했는지요?

▲ 박진산 : 합법적으로 북에 귀국한 것이 1959년 12월에 일본 적십자사와 관계에서 여러 협정을 통해 소련 여객선을 두 척 빌려 가지고 북으로 실어 날았습니다. 당시 소련배가 일본에 들어 올 수 있었던 것은 전승 국가니까 일본하고 국교가 있어서 왕래가 가능했지요. 아마도 니가타 항에는 한 달에 네 번씩 두 척의 소련배가 북한을 왕래했죠. 많은 교포들이 북송된 이유는 당시 재일교포 생활이 어렵고, 6·25 동란이 끝나서 일본 경제도 전쟁특수 끝으로 불경기라 직업 얻기도 힘들고, 일본 사회에서 생활하기 어려우니까. 북한에 가면 사회주의니까 잘 살 수 있다고 생각했기 때문이죠. 북은 지상낙원이라고 선전하니까 1959-60년에 10만 정도 갔습니다. 북송 동포 98%가 삼팔선이남 출신이지요. 그 사람들이 일제시대에서 못살아서 이곳에 왔고, 한국에 돌아가도 못살겠다 해서 일본과 북한의 선전만 믿고 많이 돌아갔지요. 북에 가서는 실망을 해가지고 상당히 곤란한 것을 알고는 2-3년 뒤부터는 많이 안 갑니다.

▼ 곽진오 : 어떻게 입국하게 되는지요. 전국적으로 일본에서 지역, 지부 단위로 사람을 모으지 않았습니까, 또는 젊은이들 중에는 오토바이 타고 니가타 항에 가서 청진에서 내려서 오토바이로 평양으로 갔다는 이야기도 있던데요. 입국 방법은 어떻습니까?

▲ 박진산 : 귀국운동이 1958년부터 시작합니다. 입국자들은 조선민주주의 인민공화국이 자기 조국이라고 해서 귀국한다 해 보내 달라고 하니깐 일본과는 국교가 없어 일본 정부는 협력할 수 없다고 해서 결국 일본 적십자하고 북의 적십자가 보내기로 협력했는데, 그 당시에 조총련의 조직이 각 현에 본부가 있었고, 지역에 따라 지부가 있고, 말단에는 군단위까지도 조직이 있고, 그런 식으로 희망자를 모집을 했지요. 귀국을 희망하는 사람한테는 북한이 살기 좋으니까 북에 가서 사업하라고 하고, 일본에 재산 가진 사람은 재산을 팔고, 대학을 나오고 수준 높은 학자나 기술자도 많이 갔는데, 조국건설에 이바지 하면 대우도 한다 해서 간거죠. 북으로 간 사람들이 청진 부두를 통해서 귀국 했는데 여기는 좋은 옷 입고 가는데, 마중 나온 사람들은 거지처럼 옷을 입고 나와서, 모두가 그때부터 속았다는 것을 알았다고 합니다. 그리고 그쪽에서 귀국자들이 마음에 안 들면 광산이나 이런 험한 직장에 보내고 또는 일본에 서신을 보낼 경우 편지를 검열하니까 당시 어려운 상황을 일본에 알리지 못하니까 그런 실정을 몰랐죠.

▼ 곽진오 : 귀국자들은 주로 어떤 직업을 가졌습니까?
▲ 박진산 : 광산이나 토목 공사장에서 일했습니다.

▼ 곽진오 : 일본에서 어떤 직업을 가진 사람들이 주로 북으로 갔습니까?
▲ 박진산 : 하루하루 돈벌이로 살아가는 사람, 고물상에서 말단으로

일하는 사람들, 돈 많이 모은 사람들은 안 가고, 생활이
어려운 사람들이 대부분이죠. 재일교포들 중 3분의 1이
경상도니까 귀국하는 사람들도 경상도, 전라고, 제주도,
북쪽에서는 함경도, 평안도 사람은 2%밖에 안 되지만 그
사람들은 많이 안 돌아갔습니다. 출신이 북쪽인 사람들
은 그 쪽에서 생활이 어렵다는 것을 알고 있었기 때문에
많이 안 돌아 갔습니다.

▼ 곽진오 : 북으로 간 사람들의 성별은 어떻게 됩니까?

▲ 박진산 : 재일동포들의 대부분이 일본강제연행이나, 밥벌이로 온
사람들이니까 남자가 많고, 여자가 적었지요. 그래서 귀
국에는 주로 남자가 많았지요. 가족 단위로 갈 때는 아이
들 하고 다 갔지요.

▼ 곽진오 : 남자들은 결혼도 시켜준다는 등 그런 선전은 없었습니까?

▲ 박진산 : 그건 잘 모르겠습니다만. 그곳에 가도 그쪽 사람하고 재
일교포 출신들하고는 잘 안 맞으니까, 귀국한 사람들끼
리 결혼한 것 같아요. 귀국한 사람하고 그쪽 사람하고 결
혼한 것은 열명 중 한 사람 정도지요.

▼ 곽진오 : 귀국자들의 연령은 어떻게 됩니까?

▲ 박진산 : 어린 아이부터 노인까지 뭐 다양하지요.

▼ 곽진오 : 입북자들에 대한 북한 정부의 처우 문제인데요.
입북자들의 북한사회 내에서의 활동에 관해서 말씀해 주
십시오. 입북자들의 북한에서의 생활상, 북한 사회 공헌

　　도, 북한 사회의 반응 등인데요. 먼저 입북자들의 북한에
　　서의 생활상에 대해서 말씀해 주십시오.

▲ 박진산 : 일본에서 대학을 졸업 한 사람들이 소수 있었는데 그 당
　　시 일본에도 대학을 졸업 한 사람이 적었으니까 일본에
　　서 계속 살면 중산층도 되는데, 북에는 조국이고 우대한
　　다고 희망을 가지고 갔는데 북에 가니까 탄광에도 보내
　　고 공장노동자로 보내고 해서 상당히 실망을 많이 한 것
　　같아요.

▼ 곽진오 : 왜 대학에 나온 사람을 탄광에 보냈을까요?

▲ 박진산 : 북한에서는 고등교육을 받은 지식인에 대해서는 부르주
　　아 사상이 많다고 생각했겠지요. 그래서 계급성이 적다
　　해서 노동자 계급사상으로 고친다는 계획아래 노동하는
　　데 전부 보내고, 항상 밑바닥에 있게 했죠.

▼ 곽진오 : 박진산 선생님께서는 북송자들이 북한 사회에 공헌한 것
　　들이 무엇이라고 보고 있습니까?

▲ 박진산 : 그쪽에서 사상과 일치한 사람들 일부는 의학이나 공업
　　기술에 상당히 기여한 사람도 있지만 그것은 일부이고
　　대부분은 기술능력을 살리지 못했지요.

▼ 곽진오 : 북한 사회에서 귀국자에 대한 반응은 어떠했는지요?

▲ 박진산 : 귀국자들이 생활수준이나 경제수준이 높으니까 그곳 원
　　주민들과는 많은 갈등을 겪었던 것 같아요. 그래서 불평
　　하면 불평한다고 여러 가지 처벌받고, 좌천되고 해서 귀
　　국한 동포들은 그곳에서 감시 대상이 되었지요. 그리고

시(市) 인민회도 말단 인민위원회에서 사업부서가 있는 곳에서는 입북한 재일교포를 감시대상으로 삼았죠.

▼ 곽진오 : 입북자들은 일본에서도 그렇지만 북한에 귀국해서도 역시 차별과 어려움으로 살았군요.

▲ 박진산 : 일본에서는 차별이 있어도 자기가 노력하고, 사회에 기여할 기술이나 지식이 있으면 발전할 수 있지만, 그곳은 독재니까 한번 천대받으면 평생 천대 받고 살아야 했지요.

▼ 곽진오 : 박진산 선생님, 오랜 시간 인터뷰에 응해주셔서 대단히 감사합니다. 앞으로 부디 건강하십시오. 감사합니다.

박진산 선생 구술인터뷰

신창석 선생 구술인터뷰

면담일자 : 2005년 10월 30일
장소 : 일본 동경
면담자 : 곽 진 오

1. 출신지와 약력
2. 6·25와 반미활동
3. 북송자들의 출신지와 성향
4. 나의 북한 체험기

신창석 선생 구술인터뷰

▼ 곽진오 : 먼저 이렇게 어려운 인터뷰에 응해주셔서 대단히 감사합니다. 선생님의 프로필에 대해서 말씀해 주십시오. 어디에서 태어나고, 어떤 사람이고, 어떻게 살고 있다는 것을 말해 주십시오.

출신지와 약력

▲ 신창석 : 제가 태어난 곳은 도쿄 다마가와 입니다. 저는 어려운 가정에서 태어났기에 많은 차별을 받으며 자랐습니다. 그리고 저는 소(초등)학교 때까지 조부모님과 함께 살았습니다. 1930년 5월 27일생입니다. 그러니까 지금 74살입니다. 제 과거에 대해서는 이정도로 하겠습니다.

▼ 곽진오 : 해방 직후 북한 정권의 형성 과정을 중심으로, 재일조선
　　　　　인이 본 북한의 초기 상황을 말씀해 주십시오. 정치, 경
　　　　　제, 사회, 문화, 외교를 중심으로요. 김일성이 어떻게 북
　　　　　한을 대표하는 인물이 될 수 있었는지, 그리고 일본과의
　　　　　관계는 어떠했는지 선생님의 생각을 말씀해 주십시오.

▲ 신창석 : 현재 우리가 말하는 북한문제는 당시 상황을 말 할 수 있
　　　　　다기 보다는 후일 교육을 받아 가지고 말하는 것이고, 신
　　　　　문이나 방송 등 언론을 통해서 북한사정을 이해한다고
　　　　　보면 되겠습니다.

▼ 곽진오 : 북한정권수립 초기에는 일본공산당이나, 지지하는 언론
　　　　　이 일본 국내에 있었는지요.

▲ 신창석 : 네 많았습니다. 특히 1949년 제주4.3사건을 전후해서 일
　　　　　본언론은 이승만 정권을 공격하게 됩니다. 당시 일본 언
　　　　　론 중에서 아사히 계열 신문과 잡지는 색체가 농후가 나
　　　　　타납니다.

▼ 곽진오 : 현재 일본에 재일교포가 많이 거주하고 계시는 데에는
　　　　　어떤 연유에서 입니까?

▲ 신창석 : 해방당시 일본 언론들은 한반도 사정을 자세히는 보도하
　　　　　지 않았지만, 많은 교포들은 한국 경제가 어렵다는 것을
　　　　　알고 있었습니다. 하지만 해방직후 200만 이상이던 교포
　　　　　들은 귀국을 서두르는데 경상도는 경상도로, 제주도는
　　　　　제주도로 돌아갑니다. 하지만 귀국하는 동포들에게 미군
　　　　　정 당국이 귀국자 재산을 1000엔 이하로 제한했기에 많
　　　　　은 사람들은 일본에 재산을 남겨두고, 당장 돌아갈 수 없

는 상황도 있었지요. 한편으로는 가지고 갈 재산이 없는 사람들도 있었기에 이래저래 일본에 남게 되는 사람도 많았지요.

▼ 곽진오 : 당시 미군정이 출국자 조선인에 대해서 일인당 천 엔씩 제한했기 때문에 많은 교포들이 일본에 거주하게 되었다는 것입니까?

▲ 신창석 : 꼭 그것만은 아니고 없어서 못 가져가니까 귀국 못 한 사람도 있었겠지요.

▼ 곽진오 : 재산이 없어도 그냥 고향으로 가면 되잖아요.

▲ 신창석 : 그래도 가져가야 되잖아요.

▼ 곽진오 : 북한 상황은 어떠했습니까?

▲ 신창석 : 우리는 그것을 모릅니다. 하지만 6 · 25 이후부터 재일교포들이 북한을 전격적으로 지지하게 됩니다. 다시 말해서 6 · 25는 재일조선인 사회를 남북으로 확실하게 분리시키는 사건이라고 볼 수 있지요.

▼ 곽진오 : 6 · 25와 재일조선인 그리고 북한 사회인데요. 6 · 25에 있어서 재일조선인들의 입장은 어떠했는지요? 특히 조선의용군을 통한 참전이나, 재일조선인 북조선 지원 방법은 어떠했는지, 미군이 북한을 폭격할 때 일본에 있는 조총련 사람들이 어떻게 북한을 도왔는지?

▲ 신창석 : 6 · 25가 일어나자 대부분의 재일교포들은 이승만에 의한 북침으로 생각했지요. 지금 생각해 보면 김일성에 의

한 일방적인 남침이었다고 다들 알고 있습니다만.

▼ 곽진오 : 6·25 당시 재일교포들은 나라가 미국에 빼앗긴다고 생각 했습니까?

▲ 신창석 : 그렇게 생각했습니다. 그래서 김일성 수령 따라서 모두 죽자고 했지요.

▼ 곽진오 : 여기에(일본) 있는 교포들이 조선 의용군에 참전했습니까?

▲ 신창석 : 그런 사람은 없다고 봅니다.

▼ 곽진오 : 재일교포 중 남쪽에 참전자는 있었습니다.

▲ 신창석 : 남쪽 이승만에게 학도병으로 참전한 사람은 많았습니다.

▼ 곽진오 : 수백 명 또는 수 천 명이 남쪽을 지원하기 위해 학도병으로 참가했습니까?

▲ 신창석 : 예, 그러나 북쪽으로는 많은 사람이 밀선을 타고 갔습니다.

▼ 곽진오 : 6·25 때 말입니까?

▲ 신창석 : 물론입니다.

▼ 곽진오 : 하지만 그 사람들이 조선의용군에 들어갔는지는 모르고요?

▲ 신창석 : 예,

6 · 25와 반미활동

▼ 곽진오 : 미군의 공격으로 북조선이 파괴되고, 사람들이 죽어 가
는데, 일본에 있는 조선인들은 어떻게 북조선을 도와줘
야 되겠다고 생각했는지요?

▲ 신창석 : 그래서, 재일교포들은 미군 인천상륙정보를 알아내서 북
에 타전을 했습니다.

▼ 곽진오 : 친북성향의 재일교포들이 일본에서 반미 활동도 했습니
까?

▲ 신창석 : 물론 했지요.

▼ 곽진오 : 미군 병기 제조창과 물류창고에 수류탄을 던지기도 했습
니까?

▲ 신창석 : 그것은 다릅니다. 소위 조선방위대가 있었는데, 조선방
위대를 통해서 북쪽에 지원을 하려고 노력했지요.

▼ 곽진오 : 그렇다면 미군 기지를 교란하는 방법이 재일조선인들이
북한을 지원하는 방법 중 하나였습니까?

▲ 신창석 : 그 중에는 구체적으로, 1950년 요코하마항 부두에서 노
동자들이 미군 물자를 선적하면서 조선으로 갈 미군군함
에 무엇을 얼마나 선적했나 그리고 어디로 가는지 등 날
마다 정보활동을 했습니다. 그리고 재일교포들은 미군작
업장에 들어가서 인천상륙작전 날짜를 알아내고, 이 정
보를 북쪽에 알렸다고 합니다.

▼ 곽진오 : 몇 명이나 부두에서 일했습니까?

▲ 신창석 : 우리보다 사상이 조금 앞선다는 사람은 밤낮으로 그곳에
서 일을 했습니다. 그러다 잡힌 사람들 가운데는 추방되
기도 하고 총살당하기도 했지요.

▼ 곽진오 : 6·25 후 재일조선인 입장인데요. 재일조선인의 북조선에
대한 전쟁복구협조방법은 어떠했는지요? 북한이 전쟁으
로 많이 파괴되었으니까 지원 자금의 규모나, 자금 모금
형태, 송금 방법, 사용처 등인데, 돈을 어떻게 모았습니까?

▲ 신창석 : 하나는 지부를 통해서이고, 하나는 민전입니다. 민전은
민족전선인데 모금된 자금이 유용되기도 했으며 다시 말
해서 오직사건이 발생하기도 했습니다.

▼ 곽진오 : 돈을 모았는데 누가 써 버렸다 이 말이지요.

▲ 신창석 : 그것은 내용적으로 문제가 있어 지금까지 결론이 안 났
습니다.

▼ 곽진오 : 모금 방법은 어떠했습니까?

▲ 신창석 : 1955년 5월 10일 한덕수가 선각자가 되어서 일본 내 각
지부를 돌면서 대대적으로 모금을 시작했습니다.

▼ 곽진오 : 선각자란 무슨 뜻입니까?

▲ 신창석 : 김일성과 뜻을 같이 했던 한덕수를 말합니다.

▼ 곽진오 : 선각자는 민족적인 사고방식으로 김일성과 뜻을 같이하
고 북한의 지령을 받는다는 것인지요? 한덕수 같은 경우

는, 일본에 있으면서도 일본 체계가 아니라, 북한에서 직접 지령을 받는 다 이겁니까?

▲ 신창석 : 당시 공산당은 一國一堂原則으로 일본에 있는 북한의 공산당은 북한의 지시보다는 일본공산당의 지시를 받아야 했지요. 그러나 한덕수는 그러지 않았다는 겁니다. 이게 선각자지요.

▼ 곽진오 : 한덕수는 몰래 김일성 만나고 그랬습니까?

▲ 신창석 : 네, 그리고 김근용이란 사람을 만나보면 알 것입니다. 이 사람은 개성 출신인데, 이 사람 형이 김충근 인데요 이 사람은 1955년에 민전 최고 책임자 중의 한 사람이었습니다. 내가 1956년도 8월 달에 북에 갔다 왔습니다. 이후 일본 조총련 사회는 김일성이 말하는 대로 하는 조직이 되었습니다. 그리고 자기 생각을 가지고 입으로 말하는 것은 반역자입니다. 나는 1989년 순항 공항을 이용해서 북한을 다녀왔습니다. 그리고 지금도 평양에서 들어오는 인터넷과 메일이 말해 주는 데요. 지금도 북한은 무력 통일이든 뭐든지 해서 북이 앞장서서 부산까지 해방시켜야 한다는 것입니다. 김정일을 모시고 말입니다. 지금도 북한은 남한을 적화시키려고 노력 중입니다.

북송자들의 출신지와 성향

▼ 곽진오 : 다음은 1959~1960년 귀국자에 관한 질문입니다. 어떤 사람들이 주로 북으로 귀국했습니까?

▲ 신창석 : 귀국한 사람들은 한마디로 가난한 사람들, 가난한 사람
들이 80~90%를 차지했습니다. 한편으로는 부자들도 있
었지요.

▼ 곽진오 : 왜 그렇지요. 왜 가난한 사람들과 부자들이 주로 귀국했
습니까?

▲ 신창석 : 취직도 못하니깐 가난하지, 부자는 돈 가지고 가서 건설
에 참가하겠다는 거죠.

▼ 곽진오 : 귀국자들의 직업은 어떠했습니까?

▲ 신창석 : 없는 사람들이 대부분이었지요. 예를 들면 자유노동자로
건설일이나, 고물장사 등이 주류를 이뤘지요.

▼ 곽진오 : 귀국자들의 성별은 남성과 여성의 비율은 어떠했는지요?

▲ 신창석 : 일대일이요. 가족 단위로 갔지요. 고등학생들도 많이 갔
지요.

▼ 곽진오 : 연령별로는 어느 연령대가 많이 갔는지요?

▲ 신창석 : 어린이에서 노년까지 다시 말해서 남녀노소가 다갔지요.

▼ 곽진오 : 남녀노소요?

▲ 신창석 : 그렇지요.

▼ 곽진오 : 그럼 귀국자들의 출신지는요?

▲ 신창석 : 99%는 남쪽. 원래 38선을 남북으로 볼 때 남쪽 사람들은
일본으로 이동 거리가 가까우니까 일본으로 오고, 북쪽 사
람들은 만주가 가까우니까 만주로 갔고 그런 문제입니다.

나의 북한 체험기

▼ 곽진오 : 1960~70년대의 재일조선인 입북자들의 북한 내 역할과 처우 문제인데요. 입북한 재일조선인들의 북한 사회 내에서의 활동에 관해서 말씀해 주십시오. 구체적으로 입북자들의 북한에서의 생활상, 북한 사회에 공헌도, 그리고 북한 사회 반응인데요. 먼저, 입북자들의 북한에서 생활상에 대해서 말씀해 주십시오. 입북자를 직접 만나보신 적이 있으세요?

▲ 신창석 : 나는 부모님이 지금은 세상을 떴지만 가서 만나 뵈었고, 내가 아까 말한 이승민이도 만나 봤고, 4년 전에 일본에 귀국한 일본부인도, 두 사람 만나 봤지요. 이 질문에는 총련에서 수십 번 가본 사람들 보다 내가 훨씬 더 잘 알아요. 이유는 첫째, 뭔가 하면 1981년도에 와세다대학에 입학한 아들과 딸을 데리고 북한에 갔을 때 일인데요 우리가족은 금강산호텔에서 잠을 자는데 바로 옆에 사우나가 있더라구요. 그곳에 머무는 동안 우리는 빨간띠를 두른 수백 명의 아이들을 보았습니다. 그때 내가 "애들아 어디 가니?"라고 물으니깐 혁명의 유적지를 찾아간다고 했습니다. 백두산으로 간다고 했는데, 어느 여학생이 표정이 어두워지면서 눈빛이 우리에게 총을 겨누듯 해서 깜짝 놀랐습니다. 그래서 안건데 벌써 그것이 교포들에 대한 경계 인식이라는 것을 알았습니다. 그것은 태평양전쟁 때 일본에서 외국인을 보면 간첩이라는 교육을 자꾸 받았지요. 바로 그것과 같았지요. 그래서 깜짝 놀랐어

요. 3일후에 특별히 허가를 받아서 구룡까지 갔습니다. 그곳에는 부친이 살고 있었는데 옆집에 아줌마를 만나게 되어서 "안녕하십니까?" 했더니 답이 없어요. 그리고는 개나 도적을 보듯이 우리를 응시하더군요. 집에 가서 물어보니까 귀국자라 그렇다는 거예요. 그리고 북에서는 새끼가 애비를 팔아먹는 그런 지경이라는 것을 느꼈다고 우리 선친이 말합니다.

두 번째 1985년에 국빈대우라 해서 북한에 갔지만 벌써 모친은 별세했고, 부친은 만나봐야 해서 구룡에 갔는데 삶이 형편없더란 말입니다. 그리고 금강산도 가보고 여러 군데 가봤지만 오히려 1956년도가 좋았다는 것을 느꼈습니다. 그때는 북한도 음식이 풍부했고, 사람들이 안색이 희망에 차가지고, 우리에게 친근감을 느끼고 했는데, 1985년에 방북했을 때에는 북한경제가 엉망이었다는 생각이 들었지요.

▼ 곽진오 : 1959년과, 1960년에 귀국한 재일교포들이 북한 사회에 공헌한 것이 무엇이라고 생각하십니까?

▲ 신창석 : 많이 있었지요. 예를 들면, 최신 벽돌공장을 건설해서 좋은 벽돌을 만들고, 일본식 오뎅(어묵)을 생산하고 그리고 과학적으로도 여러 가지 많은 것을 생산해 냈습니다만 좋은 것은 모두가 북한 현지 간부들이 자기업적으로 상부에 보고했기에 귀국자들은 김일성에게 칭찬 받은 사람이 거의 없었지요.

▼ 곽진오 : 일본에서 대북 송금등 돈을 기부했던 사람들의 이름이

남아 있는가 보죠?

▲ 신창석 : 그렇습니다. 총련에서 보고하지요, 그리고 이 사람은 5만 엔 기부한 사람, 1만 엔 기부한 사람 이렇게 한 것이지요. 그러면 북한에 귀국한 사람들이 어떤 대우를 받았는가 하면 지배인도 하고, 공장장도 하고, 부지배인, 부공장장 특히 이 문제에 있어서 모란봉 아시죠. 전수열이라는 사람이 있습니다. 이 사람 아버지가 나하고 친했는데, 전재식이라고, 이 사람이 대표적으로 북한 모란봉 식품으로 성공한 사람이죠. 하지만 귀국자 대부분은 기부를 많이 한 사람도 북한에서는 책임자 보다는 부책임자를 주로 했지요. 다시 말해서 북한이 귀국자는 못 믿으니까 모두 부책임자 자리를 주는 거지요.

▼ 곽진오 : 모란봉이라는 김치요?

▲ 신창석 : 김치지요. 지금 대장금 방송에서 전경화가 딸입니다. 이 딸이 대장금 요리 간사를 하고 있어요. 요리에 대해서 일이 많아서 한국에 자주 가지요.

▼ 곽진오 : 일본에 모란봉 음식 회사가 있고, 북한에도 있습니까?

▲ 신창석 : 네 있지요, 베이징에도 있고 공장이 여러 개 있습니다.

▼ 곽진오 : 선생님으로부터 귀중한 말씀을 잘 들었습니다.

▲ 신창석 : 이렇게 멀리서 와 주셔서 고맙습니다.

▼ 곽진오 : 선생님의 통일에 대한 열정과 노력에 경의를 표하며, 인터뷰에 응해주셔서 감사합니다.

제3부

민족교육과 귀국운동

이용국 선생 구술인터뷰

면담일자 : 2005년 3월 1일
장소 : 일본 동경
면담자 : 곽 진 오

1. 출신지와 약력

2. 조총련과 민족교육

3. 민족교육과 부메랑 효과

4. 북한의 조총련 교육정책

5. 애국 과수원 이야기

이용국 선생 구술인터뷰

▼ 곽진오 : 이렇게 인터뷰에 임해주신 것에 대해 진심으로 감사드립니다. 그럼 먼저 선생님의 약력에 대해서 간단히 알려주십시오.

출신지와 약력

▲ 이용국 : 저는 조선에서 태어나서 일본에 오게 된 것은 1941년 입니다. 조선에서 보통학교를 나와 일본에 왔습니다. 일본에 온 이유는 조선에서 학비를 댈 수가 없었기 때문이며, 고학으로 1946년에 중학교, 야간을 졸업했습니다. 그 다음에는 신문사에 취직했습니다. 신문사 이름은 「해방신문사」였습니다. 해방신문사 편집국에서 1948년 까지 일

을 했습니다. 그리고 건설통신사에서 일했는데 그 건설통신사는 나중에 「조선 통신사」가 됩니다. 그래서 1948년 10월부터 신문사에 있다가 통신사로 갔지요. 통신사에서 50년 12월 까지 있었습니다. 그리고 야간 대학에서 공부를 하고 51년에 법정대학을 졸업했습니다. 법정대학 졸업년도인 51년부터 조선 학생들을 모아서 공부를 가르쳤습니다.

▼ 곽진오 : 1949년 10월 조선학교 해산 전까지 일본에 조선학교 숫자는 대략 몇 개정도였는지요?

▲ 이용국 : 제가 잘 생각 안나요. 실제로 한 5백여 교 있었습니다.

▼ 곽진오 : 그럼 1949년 10월 미군정과 일본행정부의 조선학교 탄압 이후에 일본 내 조선학교 숫자는 많이 줄어들었겠네요?

▲ 이용국 : 예. 또 49년 9월 8일에 그 '조선인해산명령'이 되고 10월 19일에 '학교 폐쇄명령'이 나고 그랬지요.

▼ 곽진오 : 10월 19일이 일본 내 모든 조선학교가 폐쇄되는 게 맞습니까?

▲ 이용국 : 네, 그 당시에 일본 내 조선학교가 전국적으로 5백여 교 있었습니다. 예를 들면, 도쿄는 도쿄도립조선학교, 제1학교부터 제12학교가 있었습니다. 저는 처음에는 초급학교에 가서 일을 했습니다. 그리고 1963년에 조총련 중앙회 교육국에 있었습니다. 교육국에서 1966년까지 일하다가 1966년부터 대학에 와서, 서울대학에 한 2년 공부하고,

8년 쯤 있다가 '금강보험'에서 사업을 하다가 1993년에 정년퇴직해서 마쳤습니다.

조총련과 민족교육

▲ 곽진오 : 그러면 조총련중앙회 교육국은 무슨 일을 하던 곳인가요?

▲ 이용국 : 민족교육을 시키는 곳입니다. 일본학교에 다니는 학생들을 오후에 데려와서 공부 시키는 곳입니다. 다시 말해서 젊은 학생들이 일본학교에서 공부하게 되면 우리말을 전부 잊어버리고 학교졸업 후에도 민족정체성을 잃기 쉽습니다. 그래서 이들을 데려다가 교육시키는 곳입니다.

▼ 곽진오 : 그러면 선생님께서는 교육국에서 직접 교육을 담당하신 게 아니고 사무를 보셨습니까?

▲ 이용국 : 사무를 보다가 나중에 교육도 시키고 그랬지.

▼ 곽진오 : 이 때 재정적인 지원은 어디서 받았습니까? 북한에서 많이 받았지요? 북한으로부터 받았다면, 재정지원을 정식으로 받은 게 몇 년도 이지요?

▲ 이용국 : 1957년 입니다.

▼ 곽진오 : 1950년대 후반이라면 북한도 어려웠을 텐데, 어떻게 북한이 일본민족학교에 재정을 지원했습니까? 그리고 액수는 어느 정도구요?

▲ 이용국 : 상당히 많이 왔습니다.

▼ 곽진오 : 민족학교에 계셨던 동안 북한으로부터 가장 활발하게 지원이 왔던 때는 언제죠?

▲ 이용국 : 1957년부터 쭉 보내왔지요. 쭉 보내오다가 북이 경제적으로 조금 곤란할 때가 있었지요. 1975년, 76년까지는 정상적으로 보내왔습니다. 대체로 오후 야간학교 하면서 정상학교에 교원들의 인건비는 거의 충당할만한 돈이 왔습니다. 그러니까 굉장한 돈이었지요.

▼ 곽진오 : 그러면 북한이 경제적으로 어려울 때도 재일동포들에게 재정적 지원을 하는 특별한 이유가 있나요?

▲ 이용국 : 그런거 없어요. 역시 조국이 생각하는 동포애라 할까, 일본에 살고 있는 교포들에게 말과 민족정체성을 지키는데 필요한 돈이지요. 1956년 이후 북쪽에서 교육원조비가 오게 됨으로써 비로소 교원들에게 일정한 급료를 줄 수 있는 그런 토대가 됐지요. 그게 옴으로써 거기 있는 학부형들이 조국에서 돈이 옴으로써 우리도 가만히 있으면 안 된다, 이제 학교 지어야 한다고 그래서 동포들의 성금으로 학교를 짓기 시작한 것이 1950년대 후반이었습니다.

▼ 곽진오 : 그 조선대학도 마찬가지였습니까?

▲ 이용국 : 조선대학은 조금 다릅니다만 조선대학을 지을 때 많은 우여곡절이 있었습니다. 1950년대 후반 대학을 지으려고 땅을 사 놨답니다. 사 놨는데 일본 정부가 방해를 하고

지역 주민들이 반대를 해서 못 짓게 되고, 1967년인가, 68년인가 다시 투쟁을 해서, 그 때 마침 도쿄 도지사 '미노베'라는 도지사가 있었습니다. 이 도지사가 우리 조선사람에 대해서 지금까지 달리 아주 호의적이었습니다. 그러나 조선대학 인가를 받기 위해서는 여러 가지 어려운 일이 있었습니다. 하지만 최후의 권한은 도지사가 가지고 있었기 때문에 허가를 내줬어요. 그러니까 여기 학교 법인을 조선대학교로 법인을 했어요. 왜 그러냐면 학교법인을 안 하면 세금을 많이 물어야 되고 탄압을 받지요. 일본에 살고 있으니까 일본 법 규제에 맞게 해야 하니까.

▼ 곽진오 : 합법적으로 해야 하니까. '미노베' 지사의 용단이 많은 도움이 되었군요.

▲ 이용국 : 최후의 판단이었지요. 당시 일본사회는 일본에 조선대학교를 세운다는 것에 대해 일본 사람들은 부정적으로 말했어요. 안된다고 말했지만, 최후에 판단은 도지사가 하니까. 그 때 그러니까 도쿄가 도와주려고 하니까 일본 문부성이 압력을 가하고 했지요. 그렇지만 그거는 법이 그렇게 되어 있기 때문에 학교 법인에 대해서는 도지사가 다 권한이 있기 때문에 가능했지요. 지금 같으면 어림없습니다. 그래서 우리가 합법적으로 하는데도, 이놈의 문부성 놈들 있지 않습니까? 어떻게 생트집을 잡아서 방해를 하던지, 하지만 힘들게 조선대학교을 세웠습니다.

▼ 곽진오 : 민족교육 내용에 관해서 일본인들의 생각은 어떠했는지

요?

▲ 이용국 : 일본사람들은 우리 민족학교가 공산주의 교육을 한다고 우리학교 교육을 매우 부정적인 눈으로 보았지요. 저쪽 (북한)에서의 교육방법을 여기로 가져오려고 하니까 어려운 상황이었습니다. 하지만 우리 교육이 민족 교육이니까 민족성을 고수하는 그런 교육입니다. 그리고 역사·지리 교육이 제일 강조되는 교육이었습니다. 역사교육에서 우리는 일본의 일제시대를 자꾸 비판하니깐 일본 놈들이 반일교육 시킨다고 싫어했지요.

▼ 곽진오 : 일본에서 민족교육을 받을 수 있었던 것은 북에서 오는 원조가 컸기 때문에 동포들은 북에 대해 굉장히 고마워했겠네요?

▲ 이용국 : 그렇지요. 그러니까 처음에 교육을 시작한 게 뭐냐면, 1945년 해방이전에는 일본에는 약 230만 동포들이 살고 있어요. 그런데 해방이 되어서 많이 돌아가 버리고 약60만이 남아있지요. 그런데 처음에 귀국할 때 여러 가지 문제가 많이 있었습니다. 일본 놈들은 자기 민족은 해외에서 사람을 실어오지만 재일동포들을 위해서는 한국으로 안전하게 보내려고 안하거든요. 그래서 계속적으로 수송을 해서 보내야 한다고 했지요. 너도 나도 다 가려고 일본 전국에 있던 재일한국인들이 하카다, 시모노세키항으로 모였습니다. 그러나 일본의 비협조로 귀국할 배가 안 오니까 항구로 되돌아왔다가 다시 갔다가 했지요. 그렇게 했는데, 그 사이에 일본 정부가 귀국선을 마련했고, 귀국이 시작되었지요. 그러나 귀국은 좀처럼 쉽지 않았

습니다. 귀국을 1년 이상 기다려야 하니까 그것이 아마 1946년 12월 쯤 되는가, 조금 늦었습니다. 그래서 48년까지 계속 귀국을 했나? 그 사이에 귀국을 기다릴 때까지 한글을 배워야 한다 해서 한글공부를 하게 됩니다. 일본에서 살고 하니까 한국어를 잘 모르게 되고 귀국하면 할배·할매한테 가서 인사할 수 있도록 해야 되니까요. 그래서 이것이 첫 출발이 된 거에요. 그래서 국어 강습소를 시작했지요.

▼ 곽진오 : 국어강습이 최초의 학교네요?

▲ 이용국 : 학교가 아니지 뭐. 국어 강습소가 결국은 1945년, 그러니까 강습소가 학교가 되고, 맨 처음에는 '교연초등학원'으로 불려지다가 그러다가 나중에 '조선인학교'로 이름을 바꾸고 그랬지.

▼ 곽진오 : 민족학교 교육은 국어강습소에서 초등학교로 바뀌면서 사람들이 그 총련 쪽으로 많이 기울어졌나요? 그 보통 그 전에 있던 사람들은 특별한 성향이 없었을 것 같은데, 어떤 상황이었나요?

▲ 이용국 : 글쎄, 그 때에 역시 세력으로서는 처음에 1942년 10월 15일에 '조선인 연맹'이 결성되었죠. 그리고 민단이 결성된 것은 46년 10월 달이지요. 그러니까 그 때의 세력 역시 조선인연맹이 압도적으로 수가 많았지요.

▼ 곽진오 : 그러면 민족교육, 교육을 받을 수 있던 것 때문에 親北세력이 더 늘어난 게 아니고 해방이전부터 친북세력이 더

많았다는 것입니까?

▲ 이용국 : 아마도 해방 후 무료로 민족교육을 하기 때문에 동포들이 많이 모여들었겠지요.

▼ 곽진오 : 그러니까 사상적인 문제가 아니더라도 교육적으로라도 많이 늘어났겠네요?

▲ 이용국 : 그렇지요. 민단은 학교를 못했어요. 지금도 몇 없잖아.

▼ 곽진오 : 민단이 지금 학교가 세 개 정도 있나요?

▲ 이용국 : 그러니까 이 해외에서 교육활동을 하는 것이 많은 동포들을 규합할 수 있는 좋은 구심점이 되는 것 같아요.

민족교육과 부메랑 효과

▲ 곽진오 : 그러면 그 동포들이 다시 북한에 뭔가 도움을 주려고도 했겠네요? 그 만큼 도움을 받았으니까, 본인도 교육을 받을 수 있었고, 특히 2세들에게도 교육을 시켜주고 해서 말입니다.

▲ 이용국 : 그렇지요. 특히 저 쪽에 무슨 공장을 짓든가 할 때, 라면 공장도 짓고 많이 했지요.

▼ 곽진오 : 북한에 공장을 지었다든가, 조총련 안에서 무슨 기록 같은 게 있나요?

▲ 이용국 : 물론 있지요, 조총련중앙회에 있지요. 조총련 중앙회에서는 이렇게 말 못하니까.

▼ 곽진오 : 이렇게 떠도는 말로도 얼마만큼이나 뭐가 북한으로 가고 이런 이야기들을 안 하시나요?

▲ 이용국 : 우리가 봐도 그렇습니다. 남쪽에는 처음에는 아주 큰 혼란이 있었습니다. 특히 이승만 대통령 때 아주 혼란이 많았지요. 그중에서도 좌익과 우익의 세력다툼이 굉장히 세지 않습니까? 내부혼란 때문에 해외 교포들에 대해서는 돌아보지 못했지요. 그래서 일본에서는 처음부터 우리(북쪽세력)가 주도권을 잡았지요. 주도권을 잡는데 민단도 있고, 조선 연맹도 있었는데 옛날에 조선 연맹에 선배들이 많았어요. 그런데 그 분들은 대체로 두 가지 부류가 있습니다. 하나는 민족주의자하고 다른 하나는 공산주의자입니다. 그런데 조련을 결성한 주된 간부들이 다 일제시대 때 공산주의 또는 지하운동 하시던 분들이었습니다. 그래서 그 사람들은 강해요. 많이 강합니다. 그런데 일본인들은 그것을 알고 있으면서 탄압했지요. 자꾸 탄압 하지 않습니까? 그러나 그 탄압에 어떻게든 합법적으로 대응하려고 연구했지요. 여기서 탄압이란, 일본에 의한 조선인 단체를 말합니다. 그중에는 조선인 교육시설도 포함됩니다. 그리고 민족교육을 시작할 때 조선연맹에는 문교부(文敎部)라는 게 있었습니다. 문교부라는 건 교육을 지도하는 곳인데, 지금은 교육부라고 하지만 옛날에는 문교부가 있었지요. 문교부 안에는 교육 전문가가 많이 있었고, 학교지도도 잘 했지요. 대체로 조선학교가 체계적으로 잘 되게 된 거는 1946년부터였습니다. 민족주의자들하고 공산주의자들을 비교해 보면 공산주의 특히 일제 때 지하운동 하신 분들의 사상이 강해요.

그래서 동포들의 뜻을 반영해서, 이를테면 일본 정부와 교섭을 해서, 필요한 물건을 사가지고 와서 우선적으로 우리 동포들에게 주곤 했는데. 그 고무신도 없고 하니까 그걸 장화라든가 같이 만들어서 팔고, 그 때 그 혜택을 받아가지고 지금 조총련상공인들이 큰 업자가 되었습니다.

▼ 곽진오 : 그 교육의 혜택을 받고, 여기서 조직의 혜택을 받은 상공인들이 당시의 보답을 북한에 돌려줄 수 있었던 때가 1970년대였겠네요?

▲ 이용국 : 그건 벌써 46년, 47년, 48년 이 때 교련이나 조선 연맹이 강한 투쟁을 했지 않습니까?

▼ 곽진오 : 다시 돌려줄 수 있었던 시기는 1970년대겠네요?

▲ 이용국 : 아니예요. 여기 동포들이 북에 가서 봉사 한 것은 60년대 후반부터였지요. 1959년부터 1960년대 초 귀국동포들 그분들이 다 북에 봉사한 거지요.

▼ 곽진오 : 귀국동포들이 북한에서 활동했던 시기가 60년대 후반부터 70년대가 되나요? 귀국동포들의 북한 내 활동이 가장 활발했던 시기 말입니다.

▲ 이용국 : 그렇지요. 60년대부터 70년대지요.

▼ 곽진오 : 소문에 의하면 어떤 귀국자는 재산을 거의 북한에 기부했던 사람들도 많다던데요?

▲ 이용국 : 그렇지는 않지만, 일본에서 경제가 안 좋아서 여러 사람이 돈을 모아서, 이곳 상공회가 있어가지고 모아가지고

보냈는데, 나도 돈을 낸 적이 있지요.

▼ 곽진오 : 북한 경제에 많이 일조하셨겠네요?

▲ 이용국 : 했지요.

▼ 곽진오 : 친북 재일교포 숫자가 많지 않은데 어떻게 그렇게 많은 돈을 북에 송금 했을까요?

▲ 이용국 : 많이 했지요.

▼ 곽진오 : 그러니까 북한경제의 한 부분을 담당했다고 했을 만큼 많이 했나요?

▲ 이용국 : 북한에 공장을 세워준다든가 하는 거는 많이 했지요. 그리고 또 배 말입니다. 지금 다니는 배(만경봉호)있지 않습니까? 이것도 우리가 만들어 준 겁니다. 매달 매호당 3만 엔씩 내고 있어요.

▼ 곽진오 : 매달 3만 엔씩이요?

▲ 이용국 : 지금 그 배가 일본에 들어오고 있지만, 그러니까 교육 원조를 받으면서 감동을 해서 재일교포들이 북에 대해서 이러한 지원을 하게 된 거지요.

▼ 곽진오 : 한국 사람들 교육열이 강하잖아요. 지금도 그런 것 같은 생각인데, 그 당시에 배울 기회가 없었는데 그런 혜택을 주니까 심적으로 굉장히 고마웠겠네요.

▲ 이용국 : 특히 교포1세 분들은 자기들이 못 배웠으니까 자기 자식들에게는 꼭 교육을 시켜야 한다고 했지 뭐.

▼ 곽진오 : 한국 정서로는 이해가 되는 것 같아요.

▲ 이용국 : 그런데 일본정부는 우리민족학교 교육을 자꾸 빨갱이 교육이니 뭐니 한단 말이야.

▼ 곽진오 : 실제로 교육에 종사하시는 분들은 생각이 그게 아닌데, 정치적으로 이용되거나 탄압되었으니까 많이 힘드셨겠네요.

▲ 이용국 : 네.

▼ 곽진오 : 그럼 이 책은 어디서 나온 거죠?

▲ 이용국 : 이 책은 민족학교 교재이며 교육도서입니다.

▼ 곽진오 : 일본에서 출판된 책입니까?

▲ 이용국 : 네, 이것은 일본에서 출판했고 저책은 북에서 온 것입니다. 이거는 1958년, 처음에 이 교제로 공부하다가 나중에 이 책으로 공부했습니다.

▼ 곽진오 : 이건 1986년도에 나온 책이네요? 사전, 민족주의하고 공산주의도 강하게 표현되어있군요. 내용이라든가 그런 책자는 대부분 여기서(일본) 자체적으로 만든 겁니까?

▲ 이용국 : 여기에서 편찬된 책들은. 조총련에 있는 문교부 지도받아서 출판된 책들입니다. 일본에는 교육 전문가들 많지 않습니까? 지도를 많이 받습니다. 북에서 교과서가 오게 된 것은 전쟁 끝나고 1955년도쯤 되어서 왔어요. 그건 우리하고 맞지 않았어요. 그래서 일본에 맞는 공산주의식 교육 책자를 만들기 위해 학자를 평양에 보내고, 저

쪽에 교육학자들하고 같이 하자 그래서 북한에 재일교포들이 교육국인가 거기에 있잖아요. 그래서 교과서도 만들고 했습니다. 그리고 교육사업에서 가장 중요한 거는 학생이 많이 느는 거 아니에요? 그래서 교원 양성해야 해요. 교원을 양성하지 않으면 절대 교육이 안 됩니다. 그렇지 않아요? 그래서 교육을 잘 시켜야 학생들이 모이지요.

▼ 곽진오 : 조총련에 있는 그 교육국에서는 교육사업 외에도 북한에 도움을 줄 수 있는 사업도 같이 했습니까?

▲ 이용국 : 사업은 뭐, 저쪽(북)에서 원조를 많이 받았지.

▼ 곽진오 : 일본에서 교육자재 등을 조총련교육국을 통해서 다시 북으로 들여보내기도 했겠네요.

▲ 이용국 : 네. 일본의 교육 도서 같은 것도 북에 많이 보냈지요.

▼ 곽진오 : 어떻게 보면 도움을 많이 주고받았네요.

▲ 이용국 : 경제적으로도 많이 받고, 또 기술적으로 사람, 예를 들면 교원을 어떻게 양성하는지, 특히 예술, 예능교육이죠. 저쪽에 최승희 선생 아시죠? 이게 참, 북에서는 조선무용에 대해서, 최승희 무용학교가 있지 않습니까? 무용의 기본법도 다 이쪽에 보내왔습니다. 그래서 그걸 가지고 영화로 찍어가지고, '조선무용의 기본 법'을 지금까지 유지할 수 있게 되었지요.

▼ 곽진오 : 아주 좋은 교육 자료가 되셨겠네요.

▲ 이용국 : 그렇지요. 조선 춤을 아이들에게 시키고 하면 학부형들이 참 반가워해요. 일본에 있으면서 참으로 자기 민족의 넋을 깊게 생각하니까요. 교육이라는 것은 한글 가르치는 것뿐만 아니잖아요. 민족정신과 넋을 가르치기 때문에 민단과는 달라요. 민단은 아무리 많은 돈을 가져도 민족교육을 가지지 못하니까 단결이 없잖아요.

▼ 곽진오 : 그 당시에 북쪽에서 일본교포 교육 문제에 대해서 중심역할을 했던 사람은 어떤 사람입니까?

▲ 이용국 : 조선 대학에 학자를 오래하신 이진여 씨 ("이용국 선생님의 발음과 인터뷰한 테이프 음질이 좋지않아 이진여씨 또는 이진역씨로 식별할 수 있었으나, 여기에서는 이진여씨로 표기해둔다.") 가 있습니다. 이 양반은 서울 사람인데 정확한 서울말을 했어요. 대동아전쟁 때에 조선어사전을 만들었다가 탄압을 당했지요. 그 사전을 맨 먼저 조선연맹에서 사전을 냈지 않습니까? 그 사전이 우리 교육에 큰 도움이 됐습니다. 지금 이거는 1955년도 북에서 편찬한 것이지요. 그리고 이거는 서울에서 탄압을 당하니까 사전을 못 냈다가 해방이 되어서 출간되었지요. 한국에서 가져온 것이 아니고 일본에 있던 사람이 그 때 탄압 당해서 비밀리에 보관했던 것입니다. 그리고 여기 보면 이진여 선생이라든가 뭐 지금 있는 김보현 선생이라든가 그 분들이 많은 역할을 했지요.

▼ 곽진오 : 북쪽에서는 어떤 분이 재일교포에 원조를 해주려고 애썼습니까. 저쪽에서 정책을 결정했던 사람들이 있을 텐데요?

▲ 이용국 : 저도 잘 모르겠는데요.

▼ 곽진오 : 특히 많이 도와주고 한 사람 기억나는 분은?
▲ 이용국 : 지금 기억이 없습니다.

▼ 곽진오 : 그러면 재일교포 측에서 북한에 상공인들에 의한 재정적
인 도움 말고 기술적인 도움도 주고 그랬나요?
▲ 이용국 : 글쎄요, 잘 모르겠습니다. 기술은 이 쪽에서 많이 기여했
지요. 북쪽에 과학자 동네가 있지 않습니까? 일본에서 대
학을 나와서 대학교원도 하고 여러 가지 있지 않습니까?
그런 분들이 있는데 역시 선진 과학을 우리나라에 많이
소개를 하고 했지요.

▼ 곽진오 : 그것도 교육국에서 담당을 한 건가요? 아니면 그냥 따로
개별적으로 한건가요?
▲ 이용국 : 그거는 조선연맹, 또는 조총련에서 했고. 우리는 교육만
하지요.

▼ 곽진오 : 그 분들도 결국은 북한으로부터 어떤 혜택을 받았던 분
들이죠? 장학금이나 이런 형태로.
▲ 이용국 : 물론이죠. 교육 원조비뿐만 아니라 장학금도 많이 받았
어요.

▼ 곽진오 : 그것도 북한의 교육정책의 일환으로 도움을 받았고, 좋
은 대학을 나왔고, 본인이 좋은 위치에 있으니까 어떤 분
들은 북한에 기여하자는 부분들도 있었겠네요? 상공인은

상공인대로, 과학자는 과학자대로 자발적으로 했겠지만, 그런 것들을 교육국에서 관여하지는 않았나요? 장학생들 리스트나 그런 것을 말입니다.

▲ 이용국 : 그건 전부다 조총련에서 관리하지요.

▼ 곽진오 : 조총련에서요? 그럼 교육국은요?
조총련 산하의 교육국이니까 관리는 조총련에서 하고 교육국에서는 관여하지 않군요?

▲ 이용국 : 네. 조총련에서 다 하지요.

북한의 조총련 교육정책

▼ 곽진오 : 저는 재일교포들이 조총련에 가까워진 게 북한의 교육정책이라고 생각하거든요. 이에 대해 좀더 구체적으로 말씀해 주시겠습니까?

▲ 이용국 : 일본에 거주하던 모든 교포들은 1952년 샌프란시스코 조약 때 까지는 법적으로 일본 국적이었습니다. 하지만 1946년 4월 처음 일본 총선거가 있을 때 우리는 일본호적이 없었기 때문에 투표권 및 피선거권을 박탈 당했지요. 그거 아주 잘못됐어요. 그렇게 해서 하는데, 뭐랄까 우리는 해방이 된 민족으로서 중요한 건 60만이 어떻게 살아가야하는가 그게 제일 중요했거든요. 처음엔 경제적으로, 단계적으로 교육을 해서 우리가 했는데, 결국 그것이 자기들 눈에 안 들기 때문에 탄압을 한 거지. 맨 처음 조련이 결성 될 때, 옛날에 '조선 장학회'가 있었습니다.

그 장학회건물이 4층이었는데 거기는 재일교포 학생들의 장학금사무실과 또 하나는 학생들의 기숙사도 겸하고 있었습니다. 해방 후 많은 동포들이 귀국하고 없는데, 그 건물은 남아있었어요. 조선연맹 결성이후 처음에는 사무실이 없어서 그 건물을 사용했습니다. 다시 말해서 장학회건물을 빌려서 조선연맹이 시작되었습니다. 하다가 1946년인가 그 조선총독부출장소 아십니까? 조선 총독부출장소에 일본출장소가 있어요. 그것은 폭격 당하지 않았습니다. 그래서 그곳으로 들어가지 않았습니까? 그래서 들어가 있다가 46년에 들어가서 47년까지 있다가 결국 그 때 미국의 명령으로 미국이 쓴다고 해서 나왔지요. 그래서 할 수 없어서 이제 조선연맹은 일본노동조합의 사무실을 빌려 사용하다가, 조선연맹에 기부를 해서 '야에스부치' 동경역 앞 5층짜리를 사가지고 49년에 이사 갔지요. 하지만 토지도 건물도 미군정에 의해서 다 탄압받았어요.

▼ 곽진오 : 그런데 1966년 68년쯤 조선연맹에 계실 때, 그때 학생들이 북하고 어떤 형태의 관계였습니까? 예를 들면, 방학 때 수학여행정도를 간다든지 그런 것들을 기억하고 계십니까?

▲ 이용국 : 처음에는 못 갔지요. 왜냐면 북에 가면 일본에 돌아오기가 어려웠거든요. 그러나 나중에 북한정권에 충성심이 강한 대학생들은 갈 수 있었지만.

▼ 곽진오 : 그러니까 선생님이 조총련 교육부에 계셨을 때는 대학생 방북이 안 되는 시절이었습니까?

▲ 이용국 : 갔습니다. 그러니까 학생들 데리고 갔지만 수학여행으로 갈 수 있던 때는 북쪽이 허락해서 갔습니다. 그러니까 68년인가 70년쯤이죠.

▼ 곽진오 : 그러면 그 때 학생들 데리고 북에 가시지는 않았겠네요?

▲ 이용국 : 네, 저는 못 갔습니다.

▼ 곽진오 : 그러면 그 이후에요. 1993년에 선생님께서 정년퇴임하실 때 까지 북에 왕래한 학생들 숫자가 급격히 늘어난 때는 어느 시점이 있었습니까?

▲ 이용국 : 대체로 졸업할 때 까지는 다, 고등학교 학생도 그렇고 대학생도 그렇고 한번은 꼭 북에 다녀오곤 했습니다.

▼ 곽진오 : 기간은 어느 정도 걸립니까?

▲ 이용국 : 한번 가는데 40일 갔다 와요.

▼ 곽진오 : 수학여행을 40일간 갑니까?

▲ 이용국 : 그렇지요.

▼ 곽진오 : 그럼 처음에 가서는 왜 돌아오지 못했나요? 일본에서 못 들어오게 했나요?

▲ 이용국 : 일본에서 재입국을 허락 안 했지요. 그래서 조총련에서 북조선 왕래운동을 외무성에 집요하게 요구했지 않습니까. 그래서 겨우 허가되었지요.

▼ 곽진오 : 학생들은 의무이기 때문에 가는 겁니까, 아니면 조국을 한

번 쯤 방문하고 싶다는 생각을 가지고 북에 가는 겁니까?

▲ 이용국 : 물론 여러 생각도 있지만, 학교교육 방침으로 고등학교 대학 때는 갔다 와야 한다고 하니깐 다녀오기도 했지요. 그게 남쪽도 다녀 올 수 있으면 좋았을 텐데.

▼ 곽진오 : 교과서 문제 말인데요. 처음에는 교과서를 일본에서 만들어서 쓰다가 다음에는 북에서 받아가지고 사용하다가, 다시 일본에서 제작해서 사용하고 있는데요. 이런 현상은 근래에 재일교포 교육국 입장이 강해진 겁니까?

▲ 이용국 : 네, 그렇지요.

▼ 곽진오 : 그 내용들이 핵심이 뭡니까? 예를 들어서 바꿔야한다는 핵심내용 말입니다.

▲ 이용국 : 제일 많은 것은 조국에서 하고 있는 김일성, 김정일 우상화 정치교육 있지 않습니까? 그걸 빼달라는 거죠.

▼ 곽진오 : 북에서도 절대로 양보할 수 없는 그런 내용들이 있을 텐데요.

▲ 이용국 : 그건 잘 모르겠어요. 그 전부터 상당히 일본교육실정에 맞게 했지만 2003년부터 더 바꿨어요. 처음에 우리가 교원 할 때는 저쪽 교과서 그대로 가져와서 했는데 일본실정에 맞지 않고 해서 한 1 · 2년 하다가 일본실정에 맞게 수정하기 시작했지요.

▼ 곽진오 : 그런데 지금 조총련에 있는 민족학교들 수업료가 비싸지 않나요?

▲ 이용국 : 비싸지요. 학부모들이 다 부담해야 합니다.

▼ 곽진오 : 그런데도 지금 민족학교를 보내고 있습니까? 옛날에는 교육을 받을 수 없어서 그랬다고 하지만 지금은 일본학교가 무료이고 의무교육이기 때문에 일본학교 보내는 게 더 나을 수도 있는데?

▲ 이용국 : 지금 우리 동포들이 일본학교에 보내면 일본이 의무교육이니까 돈 낼 필요 없지요 그런데 여기는 다 돈을 내야 하니까. 수업료 내고, 문교비, 후원비 다 내지만 민족학교 보내는 이유는 민족의 뿌리를 심어주기 위해서이지요.

▼ 곽진오 : 교포 2세나 3세들은 한국말을 못하고 일본말이 훨씬 더 자유로우신 분들이 많은데 앞으로 민족학교 보다는 일본인학교로 많은 교포젊은이들이 진학하기를 바라시는 건가요?

▲ 이용국 : 그런 거 없습니다. 역시 해외에서 살아도 자기 말과 글을 알아야 하고, 그러니까 우리말과 글을 알면서 동시에 일본말을 알아야 한다고 생각해요. 우리말을 중심으로 하면서 일본 말도 하는 것이 바람직하다고 생각합니다. 처음에는 우리가 일본어 교육을 1주일에 세 시간 밖에 안했지만 지금은 여섯 시간하고 있고 앞으로 더 많은 시간을 할애하려 합니다. 그렇지 않으면 일본에서 활동하기 어렵기 때문이지요.

▼ 곽진오 : 그런데 高級학교나 조선대학 같은 경우는 정식학교로 인가를 못 받고 있잖아요?

▲ 이용국 : 고급학교는 일단 인정을 안 해줍니다. 대학도 인정 안 해
줍니다.

▼ 곽진오 : 그러면 조총련사회에서 불만들이 있을 텐데요?
▲ 이용국 : 물론 있겠지요.

▼ 곽진오 : 그럼에도 학교를 보내는 부모들은?
▲ 이용국 : 역시 일본고등학교, 대학교 나오면 사람이 넋이 없지요.
민족다운 넋이 없지요. 쓸모없어요. 단단하지 못해요. 생
각도 일본식으로 생각하기 때문에 역시 민족학교를 나와
야 강하고 또 일본사람에게도 강하게 보이구요.

▼ 곽진오 : 그러면 고급학교, 조선대학 졸업한 학생들이 다시 조총
련에 와서 일을 하겠네요?
▲ 이용국 : 그렇지요. 조총련에서 일 하고, 또 일본 사회에 가서 일
하더라도 자기가 민족에 대한 긍지를 가지고 있어야 해
요. 당당하게 자기 이름을 쓰기도하지요. 또 일본이름도
있어요. 그러니까 자기 민족의 넋이 강하지지요. 그러니
까 결혼식에서 어떤 사람이 이렇게 말해요. 조선대학이
위대하다고요. 왜 그리 위대하냐 하니까 동경에서 결혼
하면 北海道나 九州에서 먼 거리를 마다하지 않고 달려
오니까요.

▼ 곽진오 : 일하고 싶어도 일자리가 없어서 못하는 사람은 뭘 합니
까?
▲ 이용국 : 여러 가지 합니다. 빠칭코, 부동산도 하고 대체로 자영업

은 모든 업종을 다 합니다.

▼ 곽진오 : 선생님이 말씀하신대로 그렇게 조선대학 갈 정도의 사람들은 북한을 위해 청년멤버로서 활동하겠다는 생각으로 대학에 갔을 거란 말입니다. 그런데 졸업하고 막상 취업하려고 하니까 일을 못하게 될 때 거기서부터 발생되는 불만이랄까 그런 것들은 없습니까.

▲ 이용국 : 있겠지요. 하지만 대부분이 우리 민족성을 지키기 위해서 활동해 주기를 바란다고 그렇지요.

▼ 곽진오 : 선생님이 은퇴하실 때 연세가 어떻게 되셨나요?

▲ 이용국 : 1926년생 이니까 78세였습니다.

▼ 곽진오 : 그러면, 아까 정년이라고 말씀하셨는데 정년이 몇으로 되어 있습니까?

▲ 이용국 : 처음에는 정년이라는 게 없었습니다. 최근에 와서 정년이라고 하고. 대체로 60세. 그 때는 아주 뭐, 처음부터 일본 정부가 그렇게 안 해서. 60세라 하지만 지금 70, 80 되어서 일하는 사람들도 있고. 학교 관계는 그렇게 해요. 대학은 60세로 정해져 있지만요.

▼ 곽진오 : 서울도 마찬가지이지만 요즘은 젊은 사람이 일자리가 없으니까 빨리 물러나라고 그러거든요. 조총련에는 그런 거 없습니까?

▲ 이용국 : 조총련 업무는 그런 돈 받는 것도 아니고 무슨 기업체도 아니고. 대체로 일본에서는 기업으로 돈을 좀 벌지요. 조

선 사람과 한국 사람은 일본정부가 공무원으로 채용해
주지 않지요. 취직 하더라도 조선 사람은 안 받아들이지
요. 자리가 없어요. 그러니까 결국은 자영업이라든가 그
런 일을 시작 했지요. 또 고물상, 지금은 잘 안되지만. 그
고철을 조선 전쟁 때 아주 좋았습니다. 그리고 최근에 와
서는 음식점. 지금도 야키니쿠 등 일본 사람들이 이상하게
도 조선 음식을 좋아하지, 김치라 하면 달려들거든. 옛날
엔 뭐 '조센징' 하면서 참 멸시하고 했잖아요. 지금도 그
렇지만, '조센징' 이라고 하고 뭐 우린 그렇게 당했거든.

▼ 곽진오 : 그럼 이제 조총련에서 연금을 받고 계십니까?

▲ 이용국 : 우리는 조총련에서 연금을 해 놨습니다. 얼마 안 되지만
경로 수당 같은 거지요.

▼ 곽진오 : 무조건 다 가입을 하셨나요?

▲ 이용국 : 그렇지요. 그것도 조총련 연금을 한 것이고, 학교는 달라
요. 학교교원을 채용 하더라도 연금 주지만, 일반 조총련
사람들은 도중에 했기 때문에 그렇게 연금 금액이 많지
않습니다.

▼ 곽진오 : 받으시면 얼마 쯤?

▲ 이용국 : 뭐 한 30, 40년 했으면 한 20만엔 이상은 받지 않을까요?

▼ 곽진오 : 그 당시 얘기를 좀 해 주세요. 조선신보에 대해서 말입니
다.

▲ 이용국 : 실은 해방신문이라는 것은 처음에는 사장이 김계담이라

는 사람이 있습니다. 김계담이라고 그 분인데, 그 분은 함경도 풍산 사람입니다. 그분은 오랫동안 지하운동을 했어요. 그리고 해방이 되어서 신문을 내야 한다고 해서 신문 경험자가 다 모였어요. 모였는데, 계담씨가 신문 일을 전부 자기에게 맡기라고 했지요. 그래서 그분 사무실에서 신문을 인쇄했는데 그것도 일본말로 찍은 게 아니라 조선말로....조선말을 아는 사람이 거의 없지 않습니까. 그때가 해방직후여서 하지만 김계담씨는 조선신문 전신인 해방신문을 한글로 출판했지요.

▼ 곽진오 : 해방 신문에 창립 멤버이셨어요?

▲ 이용국 : 그렇지요. 그러다가 그 때 참 조선 활자가 없었어요. 자모를 아십니까? 자모를 못했어요. 그 후 자모를 구해서 신문을 찍기 시작했어요. 46년부터요. 그래서 46년 8월에 '민중신문' 을 '우리신문' 으로 이름을 고쳤는데, 교포들이 이상하다 그래서 결국은 1호만 내고 2호부터는 '해방신문' 으로 다시 개명을 했습니다.

▼ 곽진오 : 민중신문에서 우리신문으로, 우리신문에서 다시 해방신문으로요?

▲ 이용국 : 우리신문은 1호 밖에 못 냈지. 그 때 대판(오사카)에 대중신문이 있었어요. 그런데 그 대중신문도 민중신문하고 합해서 우리신문으로 하다가 해방신문이 됐지요. 그때 대판에 있는 분들이 다 동경으로 올라 왔지요. 그래서 냈는데, 그 것도 해방 신문이 3일 마다 한 번 씩 우리 활자로 인쇄됐어요.

▼ 곽진오 : 지금도 3일에 한번씩 나오나요?

▲ 이용국 : 그렇지요. 그러니까 그 교육에서 가장 어려운 것이 학교 운영이지만 하지만 교육은 민중을 틀어잡는 큰 무기지요.

▼ 곽진오 : 「조선신보」로 이름이 바뀐 것은 언제부터 바뀌었지요?

▲ 이용국 : 1960년대인데. 그때 내가 해방신문에 들어갔지요. 그때가 1946년 이었습니다. 그때 뭐 편집 보조로 말입니다.

▼ 곽진오 : 그러니까 연세를 보면 20세 때 그 일을 하셨겠습니다.

▲ 이용국 : 그렇지요. 젊었어요. 그 때 주필이 김도형이라는 분이 있었거든요. 사장은 김계담 씨고, 홍보담당은 김천해씨고. 이분들은 일본에서 좌익 운동하던 사람들이죠. 김천해씨가 어떤 분이냐 하면 조선 공산당 일본총국 책임자였던 사람이에요, 옛날에는 잘 모르지만 일제 때는 감옥에 들어가서 형무소에서 쭉 있다가 해방 후에 일본공산당 간부들하고 같이 석방 되었지요. 그러니까 해방 후에도 일본공산당 중앙위원으로 활동을 합니다. 민족주의와 공산주의 사상이 아주 강해요. 그 분은 우리 신보사에 고문이었고, 주필은 김도형 선생이고. 그리고 유종환 선생이 편집국장이었습니다. 유종환 선생은 그때 30대였는데 그 양반이 총각이었어요. 이분이 저를 이용국 동무라고 하면서 우리 신문사에 오겠다고 하니까 나를 편집국에 보조원으로 넣어 줬지요.

그것이 내가 해방신문에 편집국으로 가게 된 하나의 경위입니다. 그러나 역시 보통학교 5학년까지 조선말을 공부한 것이 나를 해방신문사에 들어가게 했지 역시 교육이란 게 중요하더군요. 특히 자기 민족의식을 갖는 교육 말이요.

애국 과수원 이야기

▼ 곽진오 : 선생님 고향이 어디십니까?

▲ 이용국 : 경북 안동입니다.

▼ 곽진오 : 북에 마지막에 다녀 오신 것은 언제신지요?

▲ 이용국 : 2000년, 아리랑 축전 때 다녀왔습니다. 그때 북한에서는 우리 일행을 '소나무회' 라고 했어요. 왜 소나무회냐면 소나무같이 사시사철나무처럼 늙지 말라고 한거지 그런데 그 소나무회에서 조국건설에 이바지 할 수 없나 해서 여러 가지 생각하다가 조국에 과수원 하나 만들자 해서 그래서 애국 과수원 만들었던 적이 있습니다.

▼ 곽진오 : 어디다가 만들었어요?

▲ 이용국 : 강원도 고성군 온정리에다 만들었지요. 금강산 바로 밑입니다. 거기에는 당시 우리 소나무 회원들이 일본에서 가지고 간 단감 묘목을 8천 그루가 심어져있습니다. 그리고 배 2천5백 그루, 복숭아 2천 5백 그루도 말입니다. 하지만 북쪽이니까 단감이 될까 의문이 많았었습니다. 그런데 거기 농업대학에 심 뭐라는 교수가 있는데 그 사람의 노력으로 지금도 단감나무가 잘 자라고 있다고 합니다.

▼ 곽진오 : 과수원 만드신 게 언제 이야기세요?

▲ 이용국 : 1989년부터 1990년 중반까지 이지요.

▼ 곽진오 : 과수원 만드실 때 어려운 점은 없으셨는지요?
▲ 이용국 : 89년부터 해서 95년까지인가 묘목을 보냈습니다. 헌데
그것은 비밀리에 한 것도 아니고, 일본 정부로부터 정식
수출 허가를 받아가지고 북에 보낸 거지요. 그리고 묘목
도 보내고 비료도 보내고 농기구도 보내고 다 보냈습니
다. 재원은 조국에 기여하기 위해서 오백엔, 천엔, 만엔
등을 거두기도 했지요. 그리고 매년 3월 말 경에 보내서
4월에 북에 도착할 수 있도록 했지요. 복숭아는 당도도
있고, 배도 굵고 그래서 우리는 보람을 느끼고 있지요.
아시다시피 북에는 단감이 없지 않습니까.

▼ 곽진오 : 그래서 그 과수원 밭 이름은 어떻게 불려지고 있지요?
▲ 이용국 : 애국 과수원, 거기에 비석도 붙여주고, 동포들의 애국심
을 감사한다는 내용의 글도 있지요.

▼ 곽진오 : 크기는 몇 평정도 입니까?
▲ 이용국 : 그거는 굉장히 넓어요. 바로 금강산 보이는 데인데요.

▼ 곽진오 : 부지는 북한에서 확보해 주었기에 땅값은 안 드셨겠네
요.
▲ 이용국 : 그래요. 해마다 화학비료도 갖다 주고, 농기구도 갖다 주
고, 중고트럭도 갖다 주고 했어요. 다 상공인들이 기사노릇
해가지고 하니까 북쪽사람들이 나이 많으신 어르신들이 참
조국을 사랑하는 마음이 이만저만이 아니라고들 했죠.

▼ 곽진오 : 2000년에 가셨을 때도 애국 과수원에 방문 하셨어요?

▲ 이용국 : 네. 그러니까 북에 가면 금강산은 외금강, 내금강, 해금강이 있지 않습니까? 외금강은 군사 비밀로, 지금은 갈 수 있지만 예전에는 갈 수 없습니다. 경치가 좋습니다. 거기도 가 보았고, 해금강도 갔습니다. 가는데 지뢰를 매설해 놨기 때문에 군인아저씨가 가라는 데로 갔지요.

▼ 곽진오 : 북에 가서서 애국 과수원에서 수확한 과일 좀 드셨어요?

▲ 이용국 : 물론이지요. 이 쪽으로 가져옵니다.

▼ 곽진오 : 그런데 지질에 따라서 농작물들 심어놓았는데 잘못 될 때가 있잖아요?

▲ 이용국 : 그래요. 그게 해가 지나면 그 단 맛이 자꾸 줄어들어요. 크기는 보통 과일과 마찬가지인데, 그런데 저 쪽 사람들이 욕심이 많아서 우리가 어린 열매 일부는 떼어내라고 하는데 안 따고 그러니까 과일 크기가 작고 맛이 없어지지요. 그런데 그것도 저 쪽에서 감도 그렇고 복숭아도 그렇고 배도 그렇고 새로운 묘목을 만들어서 다른 지방에 배급해 주고 있어요.

▼ 곽진오 : 어디서 배급해 준다구요?

▲ 이용국 : 애국 과수원에서 다시 묘목을 만들어서 북한 다른 지역으로 묘목을 분양한다 이거지. 그런데 북한에서는 우리처럼 기술 지도를 안했기 때문에 잘 안됩니다. 기술 지도를 해야 해요. 우리는 애국 과수원에 일본인 시무라교수라는 분을 두 번 데리고 갔어요.

▼ 곽진오 : 그 시무라 교수는 어느 대학 교수세요?

▲ 이용국 : 도쿄국립농공대학에 있습니다. 아주 좋은 분이에요. 지금 정년퇴직 했지요. 나는 북쪽을 94년부터 99년, 2000년 까지 자주 갔다 왔습니다. 거의 매년 갔습니다. 그러니까 저 쪽에서도 연락이 됩니다. 지금도 뭐 고성군에 군수라는 사람인데, 저 쪽은 군당비서라고 하지요. 내가 북한에 갔을 때, 군당비서가 우리 일행을 삼일포, 그 경치 좋은데 가서 식사 대접하고 그랬지요. 왜냐하면, 우리가 북쪽에 보내는 돈이 얼마나 큰 돈입니까. 그것도 다 노인들이 만엔씩, 십만엔씩, 모아 가지고, 개중에는 빠칭코 하는 사람들도 갖다 주는 돈인데 말입니다. 그런데 그 돈을 우리가 해가지고 북쪽에 가지 않으면 안 되잖아요. 아시다시피 북은 가난하지 않습니까? 처음 북에 갔을 때도 많은 동포들 데려가서 애국 과수원 견학을 시키고, 10주년 때도 데리고 가서 견학시키지 않았습니까? 자기가 묘목을 기부한 사람이니까 애국 과수원에 가면 감회가 새롭지요.

▼ 곽진오 : 10주년이라면 99년입니까?

▲ 이용국 : 그렇지요. 자기가 눈으로 보고 감 따먹고, 그리고 자기가 낸 돈이 이렇게 잘 쓰이고 있으니까 우리도 기쁘고 북쪽도 우리를 신뢰해 주지요. 애국심이 그대로 꽃피우고 있다는 것을 느끼게 됩니다. 앞으로 기회가 주어진다면 남쪽에도 이런 일을 하고 싶습니다.

▼ 곽진오 : 선생님은 남쪽에는 한번도 못 다녀오셨습니까?

▲ 이용국 : 다녀왔습니다. 2001년에 조총련 조국방문단으로 갔다 왔습니다. 인천 공항으로 갔어요. 그것이 57년 만에 조국 방문이었지요. 부모님 돌아가시고 동생이 다섯이 있기 때문에 안동에서 다 만나고 왔어요. 참 감동적이었습니다. 우리는 한국 정부가 그렇게까지 배려해 줄을 생각지 못했습니다. 그리고 조총련 간부들도 갈 수 있도록 해야지 해서 한국 정부하고 교섭해서 갔다 왔습니다. 지금은 고등학교 학생들도 한국을 방문하고 있습니다.

▼ 곽진오 : 그런데 과수원 다 만들어 주셨는데도 아직도 이 조직이 계속 그대로 존재합니까?

▲ 이용국 : 그렇습니다. 또 15주년 때 갈까 하는데 돈을 모아야 하는데, 그리고 서울도 다녀올 생각입니다.

▼ 곽진오 : 최근 조선신보를 보면 교포들 중에는 평양에 가서 한 두 명이 평양에 주재를 하고 있지 않습니까? 그 전에는 평양에 머무르면서 조국소식을 전한다거나 그러지는 못했습니다.

▲ 이용국 : 그 전에는 전부 다 중앙통신 소식을 통해서 북한소식을 일본에 전했습니다. 그러나 지금은 솔직히 뭐 두 명이나 세 명이 카메라를 들고 북한에 들어가 상주하고 있지 않습니까. 그래서 내 조카도 평양에 가서 기자하고 있는데 이름이 이송학이지요.

▼ 곽진오 : 아, 그런 관계세요?

▲ 이용국 : 이송학 이라고 내 처남의 아들이거든. 이것도 말하면 조

선대학 외국어학부 나왔어요. 솔 '송'자에 학연 '학'자
에요. 조선대학 외국어학부 나왔는데, 처음에는 조선신
보 영어판 기자로 가려고 했는데 안 보내준다니까 투덜
거리다가 지방에 있으면 할 게 없으니까 기자생활을 한 2
년 하라고 해서 작년부터 쭉 조국(북한)에 가 있지요.

▼ 곽진오 : 건설 통신사 쪽은 언제 그 쪽으로? 건설통신사 그 때 만
　　　　　들어질 때 계셨어요?

▲ 이용국 : 당시 우리 조총련에서는 남조선 모스부호를 받아야 했습
　　　　　니다. 그래서 북도 모스부호이지만 남쪽의 모스부호를
　　　　　배웠습니다. 그래서 조신 통신을 48년 10월 달에 근무하
　　　　　게 되었지요.

▼ 곽진오 : 그럼 조선통신으로 바뀐 거는?

▲ 이용국 : 바뀐 것은 53년이지요.

▼ 곽진오 : 오랫동안 말씀 감사했습니다.

정대성 선생 구술인터뷰

면담일자 : 2005년 10월 26일
장소 : 일본 동경
면담자 : 곽 진 오

정대성 선생 구술인터뷰

▼ 곽진오 : 정대성 선생님께서는 한국 식(食)문화원장으로써 대학교 수를 역임 하셨고, 일본에서 한국문화 소개 등 대단한 활동을 하고 계십니다. 그럼 정대성 선생님의 인터뷰에 앞서 선생님의 자기소개가 있겠습니다.

출신지와 약력

▲ 정대성 : 저는 일본에서 1933년 8월에 교토에서 출생했습니다. 그리고 일본 소학교 6학년에 해방을 맞이하게 되는데 해방될 때 까지 일본 교육을 받아 말과 글도 모르고 자랐습니다. 해방되기 전을 이야기해야 하는데 우리 외삼촌이 관동 대지진때 학살당했습니다. 1923년에 학살당하고 태평

양전쟁 당시 우리아버지는 토목공 이었습니다. 해방 후 1년 동안 조선말과 글을 배우고 일본 중학교 가고 고등학교 그리고, 대학을 오사카 시립 대학을 가서 그곳에서 식품학, 발효학을 공부하고 대학원 석사과정 마치고 1년간 조수 과정과 그리고 1962년부터 도쿄에 있는 조선대학교에서 교원을 했습니다. 그곳에서 18년간 주로 자연과학 생물계통 강의를 하고 1980년 대학을 나와서 모란봉 주식회사에서 식품 연구 소장으로 15년간 민족 음식, 민족 요리를 상품화해서 일본에 내놓았는데 대표적인 것이 불고기 양념장을 개발하여 지금도 시판되고 있으며 김치도 상품화했습니다. 그리고 1986년부터 오사카 경제 법과대학 객원교수로 가서 식(食)문화론, 1995년부터 시가현립대학에서 인간문화학부 교수로 있다가 2004년 3월까지 교수로서 주로 식문화론, 비교식문화론 그리고 조선지역 문화특론 등 우리 음식 문화를 가르치는 강의를 했고, 금년 4월부터 도쿄 우에노에 있는 한국 식문화연구소장으로 사업하고 있습니다.

▼ 곽진오 : 해방 직후 북한 정권의 형성 과정을 중심으로 질문할 건데요. 재일조선인이 본 북한의 초기 상황을 말씀해 주십시오. 정치, 경제, 사회, 문화, 외교를 중심인데요.

▲ 정대성 : 어머니의 사촌이 일제 때 학살당한 경험이 있고, 1942~43년 아버지가 토목공 책임자로 있다가 파업을 해서, 그때 노임을 올려달라해서 일을 하지 않았는데 그것이 일본 경찰에 잡혀 감옥 생활을 하게 되어, 저는 어릴 때부터 일본 제국주의라고 할까 일본 당국에 불만을 상당히 가

지고 있지요. 차별과 멸시를 받았기 때문에 그래서 해방이 되어서 우리의 세계관이 바꿔지고 우리가 민족성을 찾고 살 수 있구나 했지요. 어렸지만 부모를 보고 자랐기 때문에 해방은 새로운 사회를 맞이한다고 봤죠. 하지만 해방이 되었지만 조선 땅이 살기 어렵다는 인상이 있었지요. 남북이 분열되고 일본에서는 조련이 먼저 조직되어 있어서 우리는 조련에 속했습니다. 제가 살았던 곳이 교포가 집단으로 사는 마을이었는데 그곳에는 전부가 조련이었습니다. 그래서 내가 해방 후 배운 노래가 많습니다. 회의도 집회도 열고 기억에 남북을 신탁통치 하느냐 안 하느냐가 문제 되었는데, 처음에는 신탁통치 반대하다가 갑자기 다음날 찬성 한다는 국면을 어릴 때 봤습니다. 우리는 어릴 때 하도 고생을 해서 아무쪼록 하나가 되어서 힘을 하나로 모아서 발전하기 위해 분열되면 안 된다는 것이었지요. 그런데서 봤을 때 분열된 것이 상당히 안타까운 심정이지요. 그리고 지금 기억으로 소위 공작원이라는 사람들이 들어오는데 이 공작원들은 남로당 지시를 받고서 남쪽에서 와서는 전부다 경상도말 쓰는데 우리 부모들을 만나 북이 좋다고 선전하고 다녔죠. 내가 지금 기억에 공작원이었던 같아요. 남로당 여성이었습니다. 제가 살던 동리가 경상남도, 전라도 출신이 대부분이었고 북쪽 출신은 거의 없었습니다. 이승만 욕만 했지요. 나쁜 놈이라고 완전히 북조선을 지지하는 분위기가 확립되었죠. 저는 그런 곳에서 자랐습니다. 그때 남조선은 나쁘고, 북조선은 좋고, 옳고, 사회주의는 정의고 자본주의는 악이라는 개념이 머리에 박혔죠.

▼ 곽진오 : 선생님께서는 그 당시 북한의 경제 사정은 어떤지 알고 계셨습니까?

▲ 정대성 : 모르지요. 어리니까.

▼ 곽진오 : 북한 사회는요?

▲ 정대성 : 그렇지요. 듣는 거지요. 이론적으로 사회주의냐 자본주의냐 따질 때 사회주의란 말은 옳은 말이다. 그렇게 생각했을 뿐이죠.

▼ 곽진오 : 당시 공작원들이 남한에서 왔단 말입니까?

▲ 정대성 : 나는 그렇게 생각했습니다.

▼ 곽진오 : 남한에서 남로당에서 교육받은 여성들 말입니까?

▲ 정대성 : 그 당시 남로당이란 말은 모르고 어쨌든 교양하는 것 보니까 지금 와서 보니까 공작원이지 않은가 하는 거죠.

▼ 곽진오 : 그 당시 해방 초기에 45-49년 북한과 일본과의 외교 관계는 전혀 없었겠네요.

▲ 정대성 : 예.

▼ 곽진오 : 공작원 정도가 최상의 일·북 교류였겠네요.

▲ 정대성 : 그렇지요.

▼ 곽진오 : 두 번째 질문으로 조선 전쟁과 재일조선인 그리고 북한 사회란 것인데요. 조선 전쟁에 있어서 재일조선인들의 입장은 어떠했는지요?

▲ 정대성 : 나는 그때 고등학교 1학년이었습니다. 조선전쟁 당시 나는 전쟁은 북조선에서 먼저 시작했다고 생각했지요. 나중에 미군이 침략했다 하는데 나는 그것은 믿지 않았습니다. 북에서 쳐들어 왔다고 생각했습니다. 하지만 조선전쟁 당시 이 기회에 민족이 하나가 되었으면 좋겠다고 생각했지요. 그래서 우리는 민전(민주주의 통일전선)을 만들었습니다. 이 민전은 북조선을 지지하자는 조선인 단체지요.

▼ 곽진오 : 전쟁에 참전하기 위해서 만든 겁니까?
▲ 정대성 : 그건 아니고, 우리가 살고 있는 일본에 미군기지가 있었고 그 미군기지에는 조선반도로 이동할 전쟁물자가 많이 있었기에 북조선을 돕는 길은 미군기지의 전쟁물자가 남조선으로 못 가게 하는 것이었죠.

▼ 곽진오 : 이것이 북한에 대한 지원 방법이었군요.
▲ 정대성 : 그렇죠. 애국심이죠. 우리가 가만히 있을 수 있었나요. 지금 북조선 젊은이들은 조국을 위해 피 흘리고 죽어 가고 있는데 이곳 미군기지의 전쟁 물자가 남조선으로 들어간다면 큰일이지 그래서 전쟁물자가 전선으로 가는데 막아야 되지 않느냐 해서 전쟁 반대 데모 한거죠.

▼ 곽진오 : 남한에 대해서는 어떠했습니까?
▲ 정대성 : 이승만이가 나쁜 놈이다는 식의 태도였죠.

▼ 곽진오 : 남한의 민중에 대해서는요?

▲ 정대성 : 불쌍하다는 거죠. 김일성이 옳고, 이승만 그르다는 거죠.

▼ 곽진오 : 왜, 그런 논리가 지배 했습니까?

▲ 정대성 : 하나는 우리가 쓰라린 일제 시대의 차별을 받으면서 살았지 않습니까. 그래서 차별받는 우리의 입장에 선 사람들이 대부분이 일본 공산당원 이었죠. 일본에서 제일 조선인이 일본 제국주의에 차별받고 고생하는 것을 반대한 단체는 사회주의자였습니다. 그리고 많지는 않지만 그 사회주의를 지지하는 사람들은 감옥 가고, 조선 사람들을 지지해준 사람들이기 때문에 일본 공산당을 지지하게 된 거죠.

▼ 곽진오 : 그것만으로도 일본 공산당 소속의 조선인들이 북한에 대해서 충성심을 가졌을 까요. 아니면 일본에서도 진보 언론들이 많이 홍보를 했겠지요.

▲ 정대성 : 그렇지요. 일본사람들도 소위 학자, 문화인 이런 사람은 미국을 믿지 않았지요. 소련 사회주의 국가를 더 지지했죠. 패전 후 미국의 통치를 받다보니, 미국이 더 미워지는 거죠. 하지만 사회주의자들은 소련을 지지해주는 약자(교포)를 도와주니까 사회주의 국가가 좋은 거죠.

▼ 곽진오 : 6 · 25 전쟁 때 혹시 젊은 학도병이라고 해서 젊은이들이 이승만 정권과 미군을 무찌르기 위해서 인민 해방군에 참여한 경우는 있었습니까?

▲ 정대성 : 그런 것은 없었습니다. 모릅니다. 우리는 지원한 사람이 없었습니다만 그러나 민단은 전쟁 때 학도 지원병으로 나갔지요.

▼ 곽진오 : 그것에 대한 반응은 어떻습니까?

▲ 정대성 : 반응은 모르겠지만, 남조선으로 간 학도병들이 진짜 충성스런 마음으로 지원 했는지 의심스럽습니다. 사실은 간 거니까. 그러나 가서 죽으니까 우리는 개죽임이라고 했습니다.

▼ 곽진오 : 세 번째로 조선 전쟁 후 재일조선인 입장입니다. 재일조선인 중 북조선에 대한 전쟁 복구 협조 방법은 어떠했는지요? 지원 자금의 규모, 자금모금형태, 송금 방법, 사용처 등에 대해 말씀해 주시면 되는데요 먼저 지원 자금의 규모에 대해서 말씀해 주십시오.

▲ 정대성 : 그것은 모릅니다. 그러나 전후 모금 운동이라 등가 복원 운동이 있었던 것은 사실입니다. 어떻게 했냐면 우리 마을은 다 조선 사람이라 농악대가 집을 돌면서 돈을 모으는데 그때 구호가 "전쟁 직후, 조선 전쟁 협상 중이라 북조선이 어려우니까 우리가 가만히 있으면 안 된다 해서 다만 한 푼이라도 돈을 모으자" 해서 농악대를 조직했어요. 1세대가 있으니까 저도 구경했어요. 농악대가 집집마다 방문해서 기금을 모아서 보낸다고 했지요.

▼ 곽진오 : 송금방법은?

▲ 정대성 : 모릅니다.

▼ 곽진오 : 송금된 돈은 어떻게 사용됐는지요?

▲ 정대성 : 모릅니다. 모금된 돈은 아마 누가 밀항선 타고 가져갔겠지요.

▼ 곽진오 : 러시아나, 중국을 통해서 송금 된 것은 아닙니까?

▲ 정대성 : 그런 것은 모릅니다.

▼ 곽진오 : 모금액에 대해서 횡령 같은 것은 없었습니까?

▲ 정대성 : 그때 일한 사람들의 정신으로는 그런 것은 없었을 겁니다. 자기 돈을 보탰으면 보탰었지 횡령할 만한 사람은 없습니다. 내가 아는 친구가 있는데 자기 혼자서 돈을 모아서 배를 구해 동경항에서 직접 조선에 간 사람도 있습니다. 지금 그 사람 있습니다. 제가 소개할 까요. 그 사람이 대단한 사람이요. 학생운동도 했지만.

▼ 곽진오 : 지금은 남쪽으로 전향했나요?

▲ 정대성 : 아니요. 지금도 북조선 욕하면서도, 김정일이 옳다는 게 아니라 인민 때문에 도와야 한다죠. 그 사람 소개할까요? 나중에 소개할게요.

북한경제개발과 귀국운동

▼ 곽진오 : 네 번째 질문인데요. 1950~1960년대 북한의 경제 개발과 사회주의 국가 건설인데요. 당시 입북자들의 상황에 대해서 말씀해 주십시오. 먼저 재일조선인 입북인데요, 입북방법, 입북자들의 직업, 성별, 연령, 출신지 등인데요. 고향이 어디 사람들이 갔냐. 사실 남쪽 사람들이 많

이 갔거든요. 먼저 입북 방법에 대해서 말씀해 주십시오.

▲ 정대성 : 그 당시 대부분 사람들은 이상적인 사회는 북조선이고, 못 사는데가 남조선이라고 했지요. 이런 것이 당시 남북에 대한 교포들의 시각이었습니다. 북조선은 잘 살고 있다 희망이 있다. 다 사회주의를 바라고 있는 거지요. 사회주의는 좋다 그러니까 통일은 사회주의로 해야 한다는 생각이었지요. 그런 사람들은 그때 일본에 조선인에 대한 차별이 많았고, 살기가 곤란하니까 우리는 이런데서 살기 싫다는 사람들이 더러 있었지요. 또 하나는 조총련이 생긴 것이 1955년 재일본조선인총연합회(조총련)가 생기지요.

그리고 1957년부터 귀국 운동이 시작됩니다. 그전까지의 북한 귀국은 밀항으로 간다든지 밀항으로 북에 다녀온 것입니다.

▼ 곽진오 : 북한에 귀국 시 이용수단은 무엇이었습니까?

▲ 정대성 : 내가 알기에는 전부 다 배로 밀항이지요. 그때 만해도 밀항으로 북조선 고관들이 들어온 것으로 알고 있습니다. 나중에 알았습니다. 조선 전쟁 때 압록강 수력발전소가 날아가지 않았습니까? 그것을 부흥하는데 북한 정부 간부가 일본에 와서 발전기 사서 돌아갔습니다. 밀항으로 그런 일도 있었습니다. 마음대로 왔다 갔다 했습니다. 일본에서 배로 갔다 온 사람도 내가 소개하죠.

▼ 곽진오 : 입북자들의 직업은 어떠했습니까?

▲ 정대성 : 귀국 운동 이야기 하죠. 귀국운동은 1957년부터 벌어져

1959년에 성사되어서 1959년 12월 달에 제1선이 북한으로 갑니다. 내가 아는 사람도 제1선으로 갔습니다. 그때 다 전부 눈물 흘렸습니다. 일본 전국에서 가는 방법은 일본 적십자가 귀국 인원을 조직해서 기차를 태워 니카타 항으로 보냅니다. 그때 나는 오사카 시립대학 대학원생이었는데 조선 고등학교에서 강사를 하고 있었습니다. 그때 일부 고등학생들도 희망을 걸고 북조선 들어가는데 역에 까지 마중 나갔습니다. 환송하러 갔다가 모두 눈물 흘렸습니다. 그래서 그 귀국 운동이 하나의 흐름이 되어서 한달에 배가 몇 번이고 오죠. 그때 배는 소련 배입니다. 터버리스크 하고 또 하나가 있었는데 5월 달에는 우리 이모와 이모부 그리고 사촌하고 60년 5월 달에 돌아갔습니다. 고향은 대구인데 그 사촌은 지금도 평양에 있습니다. 그리고 당시 귀국운동에 동참했던 사람들에 대한 제 생각은 귀국운동이 지금도 그 당시의 옳은 일이라고 봅니다. 그러나 문제는 그 사람들에 대한 대우가 어떻게 됐는가가 문제지, 가기 전에는 민족성을 가지고 다 희망을 가지고 간 사람들이었죠. 당시 일본에 있는 조선인들은 직업도 재대로 없고, 뭐 공무원이 될 수 도 없었죠. 그리고 큰 회사에 직원이 될 수도 없었습니다. 그러니까 살아 갈 방법이 없으니까, 귀국 이 외는 살아 갈 방법이 없었지요. 그래서 희망을 가지고 많은 사람들이 속아서 귀국했지요. 귀국자가 많아지니까 일본에 거주하던 재일 조선인들의 범죄율이 쭉 떨어집디다. 일본 통계 보십시오. 간 사람들은 고사하고, 남은 사람도 일본에서 옳게 살자. 희망이 있다. 갈 데가 있다는 거죠. 다시 말해서 귀국운동은 나쁜 길에 가지 말고 그런 긍정적인 영향을 주었습니다. 앞으로는 통일되는 조선을 만들기 위해서 조선말 배워야 되겠다 해서 전부 조선학교로 들어옵니다. 그때에 조선학교에 학생들이 제일 많아집니다.

▼ 곽진오 : 입북자들의 성별은 어떻게 됩니까?

▲ 정대성 : 잘 모르지요, 가족 단위죠. 젊은 사람들이 많이 갔습니다. 왜냐면 조선학교 졸업자들은 대학교도 돈이 없어서 제대로 갈수도 없고 하니까요.

▼ 곽진오 : 입북자들의 출신 지역은 어떻게 됩니까?

▲ 정대성 : 일본에서 살고 있는 사람들이 경상도, 전라도인데, 제일 많은 게 경상도고 다음이 제주도 그 다음 전라도, 아마 이 비율로 입북했을 것입니다.

북한사회의 귀국자들

▼ 곽진오 : 일본에서의 출신 지역은요?

▲ 정대성 : 오사카지요. 오사카, 도쿄 순입니다.

▼ 곽진오 : 다섯 번째 질문인데요, 1960~70년대의 재일조선인 입북자들의 북한에서의 역할과 처우 문제인데요. 입북한 재일조선인들이 북한에 가서 그 사회 내에서의 활동에 관해서 말씀해 주십시오. 입북자들의 북한에서의 생활상, 북한 사회의 공헌도, 북한 사회의 반응 중 먼저 입북자들

의 생활상에 대해서 말씀해 주십시오.

▲ 정대성 : 그것은 내 친구도 갔기 때문에 편지를 받은 일이 있습니다. 처음에는 좋았다는 사람도 많습니다. 일반 사람들도 처음에 간 사람들은 전부 대우 잘 받았습니다. 그곳에서 귀국자들에 대해 대우를 잘해 주니까, 다른 북한 사람들이 질투를 하지 않았겠습니까. 자기들은 일본에서 온 사람들 보다 못사니까 억울하죠. 그리고 자기들이 건설해 놨는데, 하면서 국내인의 불만이 많아지자. 그러자 점점 대우가 나빠집니다. 그래서 북한사회는 귀국자 재일동포를 재포, 귀포(귀국교포) 이렇게 차별했다는 거지요. 지금도 재일동포들이 그곳에서 옳게 대우를 받지 못하고 있습니다. 지금도 감시 대상이지요, 요주의 사람들이죠. 그래서 귀국자들의 불만은 조선 노동당 당원이 되지 못한다는 것과 군대도 들어가지 못한다. 직업은 주지만은 좋은 직업은 주지도 않고, 위로도 올라가지도 못하고 그런 불만이 많이 있지요.

▼ 곽진오 : 위의 내용들이 서신으로 왔습니까?

▲ 정대성 : 서신은 주로 암호글로 사용했는데요. 우리 친척 중 한분이 귀국 전 이렇게 말했습니다. 내가 북한에 가서 후회할 경우는 이런 글을 보내겠다. 예로, 만약 북한이 불행한 사회면 지금 두 달 된 조카를 시집보내고 귀국하라고 편지할 것이다. 다시 말해서, 지금 두 달 된 조카가 시집가려면 최소한 20~년은 걸릴 것이다. 그러나 20~30년 후쯤 귀국하라면 이는 불가능하다는 얘기가 된다는 것이었다. 다시 말해서 귀국하지 마라는 암호가 되는 거죠.

▼ 곽진오 : 귀국한 동포들의 북한 사회에서의 공헌도는?

▲ 정대성 : 나는 공화국에 20몇 번 정도 다녀왔습니다. 간 사람들을 만나 직접 이야기 듣지 않습니까. 공헌도는 있긴 있습니다. 공장에서 또는 생산 현장에서 있긴 한데 그 성과를 전부다 북조선 사람들이 모두 자기 공적으로 상부에 보고합니다. 개인적으로 제가 기술 자료도 많이 보냈습니다. 돈도 모아 자재 사서 보내고, 사람도 보냈습니다. 조선 대학에서 실습시켜 가지고 기술을 개발해서 보냈습니다. 그러나 다 위에 사람들이 자기 이름으로 해서 출세하고, 만약 조총련에서 불만으로 그것을 정식 문서로 항의하면 항의한 사람들 목이 날아갔어요.

▼ 곽진오 : 구체적인 공헌도, 사회에서 무엇을 개발했는지요?

▲ 정대성 : 거기까지는 잘 모르지만, 일단 상부에 보고는 북한 상급자들의 실적으로 기록되거든요.

▼ 곽진오 : 귀국자에 대한 북한 사람들의 반응은?

▲ 정대성 : 반응은 환영이 아니지요, 반갑게 하지 않죠. 자기들이 고생해서 건설하고 있는데 귀국자 이 사람들 때문에 집도 새로 짓고, 자기들은 들어가지 못한 집에 일본에서 온 사람들이 먼저 들어가 사니까 그게 불만이었죠. 그래서 귀국자를 미워하고 그 사람들이 차별을 받았지요.

▼ 곽진오 : 귀국자들을 북한에 대한 인질이라고 하지요. 북한은 북송 후에 귀국자 가족을 통해서 많은 돈을 받았다고 하는데.

▲ 정대성 : 결과적으로 인질이지요. 나도 지금 몇 칠전에 가는 사람

통해 제 사촌에게 돈을 보냈습니다.

▼ 곽진오 : 제대로 전달되는가요?

▲ 정대성 : 직접 손에 들고 가야지 인편으로 보내야 합니다. 어쩔 수 없지요.

▼ 곽진오 : 북에 가신 분들 중에 조선 사람과 결혼한 일본 여자 들은 어떻게 됐습니까?

▲ 정대성 : 그것은 잘 모릅니다. 일본 가족들 중에는, 아마 북한과 협조하고 있는 사람도 있을 것입니다.

▼ 곽진오 : 북송된 일본가족들은 이상하게, 그곳에 간 자기 가족친 족을 싫어하던데요?

▲ 정대성 : 이는 왜 따라갔느냐 하는 식이죠. 그것이 조선 사람들을 멸시하고 차별하는 것이지요. 조선 사람하고 결혼한 것 을 그렇게 보는 거죠.

▼ 곽진오 : 좋아서 결혼 한 것 아닙니까?

▲ 정대성 : 일본사람들은 원래 조선 사람에 싫은 감정을 그런 식으 로 표현합니다. 지금도 일본하고 북조선이 대립 각을 세 우고 있는데 그런 것이 있어요.

▼ 곽진오 : 오랜시간 인터뷰에 응해주셔서 감사합니다. 교수님의 명 예가 훼손되지 않는 범위에서 자료로 활용하겠습니다. 감사합니다.

제2장
독일

제4부

한국전과
동독 기술인재 교육사업

김재철 선생 구술인터뷰

▼ 김 면 : 선생님, 오늘 우선 북한현대사 관련 진술을 위해 귀한 시
간을 내주셔서 감사드립니다. 구동독과 북한의 (과거) 교
류에 관해서 인터뷰를 하고자 합니다. 먼저 제가 질문을
드리겠습니다.
동독에 오시겐 된 경위라든지 그 이전까지 북한에서 선생
님이 어떤 일을 하셨는지 생각나시는 데로 전반적으로 편
안하게 이야기 해주시기를 바랍니다.

출신지와 선발과정

▲ 김재철 : 내가 동독으로 온 게 1953년 7월, (음) 8월에 동독에 왔
고, 고향은 황해도인데, 황해도 운율, 구월산 밑에서 입
니다. 동독으로 오기 전에 고등학교를 다니고 있었지요.
그때 거기서 외국으로 유학 추천을 받아가지고. 그 때 당
시 운율고등학교에서 두 명이 대학반으로 추천을 받았는

데, 우리 그 때 당시만 해도 차가 없고 전쟁때라 걸어서 황해도 도 주재소가 신천에 있었어. 거기 신천까지 우리 둘이 한 이틀 걸어갔지.

도착해서 거기 모인 학생들 시험이 있어가지고 유학생시험을 치고서 (..어..) 거기서 또 심사를 받고 거기 황해도 도위원회 교육부에서 추천을 받아가지고 그때 당시 스토리를 잠깐 말하면 황해도에서 그때 한 이십명 아니 한 오십명이 왔었는데 한 이십명이 추천되었지. 거기서 평양을 그 때, 그것도, 철원 화물선을 타고, 걸어서 평양을 거쳐 신의주 용천까지 갔어. 그 용천에 유학생강습소가 있었지. 고 바로 전에 에피소드를 잠깐 말하자면, 그 당시 우리 유학생 도당위원장 김 열이 있었는데, 김 열이라고 했는데, 그 소련을 가서 유학을 한 분이야. 유학하는 사람들이 모여가지고 마지막 인사말을 하면서, 거 내가 그 사람이 말하는 것을 들으면서 여러 말을 하였지만 기억되는 것은 그 분이 말할 때 우리 외국에 가서 그 여자와의 관계를 조심하라. 자기의 에피소드를 말하는데, 자기도 그 때 소련서 유학하면서 처음에 구라파 여자들이 노랜 냄새가 나거든 나한테 좀 좋지 않았는데, 그 사랑하다가 보니깐 그 노랜 냄새가 고소한 냄새로 변하더라고. 그런 말을 들었어. (웃음) 그러면서 조심하라고 하더라고.

우리 그때 마지막으로 거기서 떠났어. 도에서 떠났어. 걸었지. 오랫동안 걸었지. 그때 차도 없을 때니깐 신의주 용천 강습소까지 찾아갔지. 그때가 아마 3월쯤이 되었을 거야. 고향에서 떠날 때 우리 진달래꽃이 피었었어. 진달래꽃이 피는 때 유학생 강습소에 도착해서 언제까지 있었냐하면 7월까지 있었으니, 한 4개월 있었지. 유학생강습소에 있으면서 유학준비를 하고 여러 과목으로 공부도 했지. 외국가서 공부를 할 수 있는 준비를 했지. 하면서 소련어도 배우고 여러 가지 그러면서.

▼ 김 면 : 전공 같은 것도 배웠습니까?

▲ 김재철 : 그런데 그 때 당시 벌써 전공과목이 나왔어. 전기학부, 전기공학을 하라고 전기공학, 엘렉트로닉이지. 그런데 그때 처음 우리가 강습소 생활을 하면서 나온 게, 여러반이 나왔는데, 우리 독일반이 처음 발령이 나왔지. 육삼조라고 했어. 6월3일에 우리 독일반이 구성됐지. 그래가지고 벌써 6월달에 떠날려고 했는데, 1953년 6월 17일 사건 있지 않았어? 동독에서. 동독의 사건 때문에 떠나지 못하고 지연이 되었지. 7월.. 그 사건후에 20일인가 종전재판날이 7월 20일 맞지? 소련이 종전재판한 후에 차, 기차 타고 가다가 들었거든 7월 18일 인가 20일쯤 떠났겠지. 글쎄 우리가 떠나면서 우리유학소가 신의주 용천에 있었는데, 매일 거 비행기들이 와가지고 신의주를 폭격하는 것을 보았지. 우린 피난 방공소에 들어가 벌벌 떨었지. 그때 폭격이 많았어.

그러면서 거기서 3-4개월 그런 일을 했는데, 그 후 이제 유학을 떠나기 전에 새 옷을 받고 우리는 그때 독일에서 원조물자가 와가지고 독일반에서는 옛날 히틀러식의 노동자들이 입던 옷을 주었어. 보통 옷을 만들어서 주는데 독일에 가는 사람이라고 독일의 원자물자를 노동자들이 입던 (...)뭐야(...) 그 퍼런 허물건한 옷을 주었지. 그것을 주어가지고 그것을 입고서 그 속옷을 만들어서(...) 다 바꾸었지. 목욕하고 그러니깐 용촌에 있을 때에 이가 많았어. 밖에 나가서 이 사냥을 하여야 했어. 옛날에 입었던 옷은 그대로 입었거든 떠나기 전에야 새 옷을 받았지. 받고 나서야 목욕하고 옷은 독일에서 준 옷을 입고서 떠났지. 떠나가서 그래 압록강 다리 건너 걸어서 그 땐 다 걸어서 다녔지 신의주까지 가서 압록강 건너 갔지. 다리 건너면서 벌써 폭격하는 걸 보면서 색색기들이 와서 폭격하는 걸 보면서 건넜지. 그건 안동이야. 그건 안동이라고 그러지. 거기 가니 평화야 빨래도 걸고 평화적으로 살고. 북한은 폐허야 거긴 완전히 세상이 다르더구만.

그때부터 내 모든 생활이 달라졌지. 처음 거기가서 대접받는 것이 한국 고기집이야. 고기집에 갔어. 처음 밥에 고기국을 먹어봤어. 그때 나는 아무 탈이 없었는데, 다른 이들은 그것을 먹고서 배탈 나고 너무 갑자기 바꿔먹으니 그렇게 되었지. 그때부터 돈도 꽤 많이 받고 그때 가서 보따리를 들고 다녔지. 보따리를 들고서 트랜스시베리스아이젠반(시베리아 횡단열차)을 안동에서부터 타고서 시베리아, 만주 타고, 북경을 통해 나갔지.

▼ 김 면 : 얼마나 기차여행이 걸리던가요?

동독으로의 여행길

▲ 김재철 : 여기서 기차로 만주가 3일이던가, 아니 중국이. 바이칼

호를 지나가는 것이 이틀이고 그 다음에 시베리야 저쪽
으로 가는 게 (...) 하야튼 동독까지 13일 걸렸지. 기차를
타고 갔지.

처음 모스크바에 와 가지고, 모스크바에서 그때 보따리
를 끌고 다녔거든 그때 사람들이 우리를 보고 묻길, 어디
서 일하러 가는지 하고. 우리를 노동자로 알아보았지. 우
리는 일하러 가는 게 아니라 유학생들이라고 했지. 우리
는 처음엔 모스크바에 가서 한 사람이 상점에 가서 코퍼,
가방을 사가지고 왔어. 한 사람이 가방하나를 사니깐, 다
른 이들도 상점에 가서 다 가방을 샀지. (웃음)

모스크바에 가니 우리 독일대사관에서 사람이 나와서 우
리를 좋은 식당에 모셔서 음식을 사줘서 좋은 모스크바
구경도 했지. 그리고 나서 다시 또 기차를 타고 모스크바
에서 또 갔지.

▼ 김 면 : 소련에서 중간에 내리시거나 한 분은 없었습니까?

▲ 김재철 : 없었지. 우리는 기차에 독일반만 타고 갔어.

▼ 김 면 : 동독에 가시는 분들만이 기차에 타셨군요. 동독에서 어디
　　　　서 내리셨어요?

▲ 김재철 : 동백림에서 내렸지. 내리니깐 사람들이 나와있지. 1년전
　　　　에 온 우리 사람들도 나오고, 독일 사람들도 나왔지. 그
　　　　분들은 독일말을 하지. 우리는 그때 독일말을 한마디도
　　　　못했기에, 독일말을 하는 걸 보니 그들이 무슨 말을 하는
　　　　지 하나도 모르잖아. 야--내 어떻게 여기서 살아가야 하
　　　　는지 말도 못하면서 생각이 나는데. 전에 먼저 온 사람이

말하는 걸 번역해서 나한테 우리한테 전해주었지. 여기서 그 사람을 보니 1년이 되었는데 독일말을 하니깐 여기서도 독일말을 배울 수 있겠구나하는 생각이 들었지. 독일말이 완전히 낯선 말이지. 영어도 아니고 독일어니깐. 그래가지고 밤에 거기서 환영을 받고서 젊은 사람들이 유디오트있지, 유니호름 들어봤지. 꽃다발도 받고 주고 그랬어. 버스를 타고서 라이프찌히에 왔어. 동독 백림에서 라이프찌히에 왔지. 처음 거기서 독일 음식을 먹었지. 그래 가지고 숙소로 들어갔지 이제 독일생활이지

동독 유학생활 – 라이프찌히 언어교육소

▲ 김재철 : 우리는 라이프찌히에서 독일어를 배웠거든. 우리 뿐만이 아니라, 여러나라에서 왔어. 인터내셔날한 쉬프라헤슐레(국제언어학교)였어. 우린 거기엔 라이프찌히 칼 막스 유니버지테트(대학)에 속해 있었어. 숙소에 있으면서 독일말을 배우기 시작했지. 거기서 1년 있었지.

▼ 김 면 : 그리고 나서 정식으로 대학에 입학하여 가신 건가요?

▲ 김재철 : 그럼 거기 대학준비로 독일말을 배웠지. 거기서 우린 압록강 건너면서부터 완전히 나의 생활이 달라졌지. 그전엔 항상 배가 고파서 허기가 졌어. 유학생강습소에 있을 때도 강냉이 밥 그런 거 먹고 살았거든. 밥이라는 게 보리밥, ... 먹을 게 없어서 항상 배고파 그러면서 있었거든. 그리고 항상 이는 많았지 (웃음) 가난한 생활을 했지.

▼ 김 면 : 당시 동독생활은 어떠했습니까?

▲ 김재철 : 그래가지고서 압록강 건너자마자 내 생활이 완전히 달라졌거든. 고기국도 먹었지. 돈을 그렇게 많이 주었지. 기차에 가니깐 먹을 게 많아. 사모가드도 있고 차도 마시고 기차간에서 주는 음식도 완전히 다르잖아? 조선음식이지만 뭐 아나나스도 먹고 처음 바나나라는 걸 먹었어. 거 일생 먹지 못하던 음식들을 먹기 시작했지. 동독의 유학생활 말이지 북한하고 생활하던 거와 완전히 달라졌지. 그렇게 해서 동독에 도착해서 ..처음엔 한번 말해보아야... 처음에 주니 까니, 빵하고 버터하고 그거 브루스트(소시지) 그런 거 있지. 그 우리가 그런 걸 먹어 보았나? 버터는 주었지만 뭔지도 모르지. 못 먹어보고 보지도 못했으니깐 버터는 먹지 않고 빵에다가 잼. 말메라데 그런 걸 발라서 먹었지. 버터는 그냥 내버렸지. 처음엔 몰랐어. 그래서 거기서 일하던 동독사람들은 좋아했지. 그때만해도 동독은 그랬거든 보통 제일 고급음식을 동독사람들이 우리한테 주었어. 독일사람들도 먹지도 못하던 음식을 우리한테 주었는데, 그걸 어떻게 내버렸지.

또 하나 재미있는 말은 한국 변소에는 (동작묘사) 이렇게 보는 게 대변보는 게 변소인데, 기차를 탔는데, 기차에서는 앉는 것을 모르고 조그라서 손잡이 잡고서 변기위에서 하자니 얼마나 불편해. 그걸 누구도 말 안하니깐 붙잡고서 ..그걸 몰랐어. 동독의 숙소에 있었을 때도 몰랐어. 노친네들이 변소를 청소하는데 있잖아 변기위가 더러워지거든. 청소하는 할머니들이 왜 그런가 하고 베슈베렌(불평) 했지. 아 (웃음) 여기는 그런 게 아니고 앉아서 그렇구나 조그라서 하는게 아니고 그래서 처음 그것을 알았지. 그게 아주 재미있었지. 않고서 소변도 대변도 보는 거지. 당시 그걸 몰랐어.

▼ 김 면 : 유학공부는 힘드시지 않았나요?

▲ 김재철 : 공부는 오전에 3시간 있었고, 오후에 2시간 있었어. 하루에 다섯시간 있었어. 자유시간이 많았어. 많이 자유시간을 주었어.

▼ 김 면 : 그 시간엔 주로 무엇을 하셨나요?

▲ 김재철 : 혼자 나가서 아이스크림 집에도 가고 홀에도 나갔고 그렇게 자유로왔어 누가 뭐라고 하는 사람도 없었어.

▼ 김 면 : 기숙사와 학교는 가까웠나요?

▲ 김재철 : 항상 매 저녁때마다 질서가 있어. 반시간. 우리 사는 숙소에 거기에 식당이 있었거든. 거기서 고급 대우를 받았지. 오자마자. 거기서부터 말해야지. 오니깐 그때 노동자옷을 입고 오지 않았어?
독일사람들이 처음 우리를 백화점으로 데리고 가서 신사복으로 고를 수 있었지. 신사복을 하나 얻어 입었지. 밴드도 골라서 입을 수 있었지. 독일사람이 해 주고 그 다음에는 뭐야 에드룩 유니폼을 받았어. 구두도 받고 그래서 그렇게 대우가 좋았어. 식사도 고급식사고 그 사람들은 항상 우리보고 뭐라고 했냐면 헬덴하프트 코리아니쉬 폴크, 즉 영웅적 조선민족 이라고 했지. 영웅대우를 했지.

▼ 김 면 : 학교생활은 독일사람이랑 같이 공부를 했나요?

▲ 김재철 : 학교생활에 함께 한 게 아니야. 한국사람들만. 세미나도 매 반마다 12명 내지 15명 그렇게 되었지. 그게 한 5반 있었나? 한국사람들만 있고, 외국사람이 없었지.

▼ 김 면 : 전공은 미리 다 정해주었나요?

▲ 김재철 : 순전히 독일어만을 배웠으니깐 전공하고는 상관없지. 여자, 남자 그렇게 해가지고 15명있었지.

▼ 김 면 : 여자유학생분들도 있으셨어요?

▲ 김재철 : 여자학생도 있었지. 많지는 않았지만 한 10명 되었나? 그래 가지고서. 클라스(반) 마다 담임선생이 있고, 담임선생하고 우리 하고는 아주 친절한 일이 있었어. 우리를 집으로 초대도 하고 그랬지. 우리 담임선생 중 그 사람들은 당원이지, 열성적인 그런 사람들이지. 그 우리여자선생은 몸이 큼직하고 그래서 노랜 냄새가 좀 났어. 그게 처음에는 우리도 싫더니, 오래 있으니깐 그 노랜 냄새가 없어지고 말더라. 우리 한국 사람도 이상한 마늘 냄새가 나잖아... 그때 우리가 거기에 있을 때 말하면 독일 사람들이 우리를 초대를 많이 했어. 여기저기서. 소련사람들도 우리를 초대하고 카세르네(병영)에서 그때 아주 재미있었어. 우리가 그때 열아홉때 아니야.

▼ 김 면 : 그 보다 나이가 위인 신분들도 있었나요?

▲ 김재철 : 연세가 높은 사람이 혹 간혹 있었지. 그렇게 많지는 않았어. 군대에서 온 사람들이 있었어. 학교에서 온 사람들은

내 나이지. 그러면서 1년동안 아주 좋게 보냈지. 처음에는 사진관에 가서 신사복 입고 넥타이매고 사진 찍었어. 집으로 보내고 그랬어. 언제 신사복 입고, 넥타이 매어 보았나. 집에서 얼마나 좋아하겠어. 아들이 가서 큰 출세나 한 것 같지. 고향에서 촌에서 한 사람이 독일로 와서 부모님들이 얼마나 좋아 했겠어. 그래서 사진관에 가서 사진 찍었어. 그리고 또 재미있는 것은 우리 돈을 많이 받았어. 돈이 그때 처음에 장학금으로 받을 때는 300DM 동독 마르크를 받았어. 그리고 거기서 숙소비로 그때 80DM(동독마르크)를 내었어. 남는 게 220DM(동독마르크)가 남잖아. 그 남는 돈은 먹는 데에 쓰는 거지 뭐. 어떤 놈은 카메라도 사고 그러고 다니는데, 난 먹는데다가 썼어. (웃음) 아이스 먹고 그전에 먹어보았나. 그래서 매일 저녁 사먹고, 그 근처에 그런 술집이 있어 가지고 가서 맥주를 마셨지. 그리고 한번은 식당의 고급 음식을 먹고 싶었어. 그런데 독일말을 못하니 값만 보고서 제일 비싼 것을 청했지. 혼자가 아니라 세명이 가서 아마도 좋은 음식이 나올 줄 알고 그랬지. 그때 칼트 플라테로 부루스트(소시지), 케제(치즈) 여러 가지 종류가 있는데, 간제 그로세 텔러(풀코스)가 나오더구만. 그런데 도무지 보지 못하던 음식 아니야. 우리는 그걸 몰랐지 (웃음) 그게 비싼 거였지. 우리가 그걸 먹을 수 있나. 먹을 줄 모르니깐. 대충 먹어 보았지. 모르는 걸 청하지 말았어야지. 그게 처음 경험이었어.

▼ 김 면 : 동독에서 공부하시면서 책은 지급되어 나왔나요?

▲ 김재철 : 그때 당시 한국단어(사전)가 없었어. 일본 콘사이스사 있었어. 일어-독어 사전이 있었고 그 다음에는 저 우리 배우는 게 소련어였지. 우리가 북한에 있었을 때 소련말 배우지 않았어. 소련어 책으로 독일어를 배웠어. 그리고 단어장은 일본 콘사이스를 받았지.

▼ 김 면 : 일년동안 독일어 언어만을 배우셨나요?

▲ 김재철 : 언어수업만 했지. 그해 처음 여름에 휴양을 보냈어. 오스트제(독일 동해) 인젤(섬)에 갔는데, 피어니어 라게가 있어. 일주일인가 여름 휴양을 했지. 그러면서 매일 저녁 춤도 있고 그랬어. 그때 처음 독일여자 아이들을 사귀었지. 계집애들 말이야. 우리는 열아홉살인데, 그 애들은 백림에서 왔는데, 열 다섯, 여섯 살이었지. 그 때 우리는 구텐모르겐(아침인사), 구텐탁(점심인사), 비게트에스이넨(안녕하세요)만 했었지. 그래도 재미있었지.

▼ 김 면 : 당국에선 공부 안 한다고 뭐라고 그렇지 않던가요?

▲ 김재철 : 그랬지. 여름이니깐 독일에 온지 한달도 못되고 휴양갔었지. 간단한 말만 했었지. 엔트슐디겐(실례합니다)도 한글로 했지. 다음해 오월일일에 라이프찌히 오시야쯔라고 있어. 한국 사람도 초대하고 그랬어. 갔지. 거기선 항상 우리는 대우받았어. 한국 사람이라고. 영웅이라며 소개하고 위신이 좋았지. 거기서 또 여자를 사귀었지. 주소를 주었는데, 그 여자가 편지를 보냈어, 그녀가 사진을 보냈는데, 가슴한쪽을 낸 사진이었어. 그 편지가 처음에 나한테 안 왔어. 조사가 된 모양이야. 그러니깐 검열이 돼서

그게 걸려들었갔어. 그 다음엔 독일선생이 들어와서 일어나라고 해. 혼났지. 나도 그렇게 편지를 보내니 놀랐지. 남여관계가 한국과 다르다고 느꼈어. 자유롭다고. 그런데 영화관에 가도 항상 앞자리에 앉도록 해주고 대우가 좋았어. 그런데 다른 독일인들은 저런 대우 받는다고 좋아안했는데, 독일당원들은 우리를 불쌍하다고 해서 그런지 좋아했어. 최고대우를 받았지.

독일어 공부를 마치고 하고나서 드레스덴으로 갔지.

동독 – 드레스덴 대학교 시절

▲ 김재철 : 드레스덴에서 전문과목에 들어갔지. 처음에 가서 첫학기부터 포어빌라트 즉 실습이 있었어. 공장에 가서 일을 해야 했어. Handwerkarbeiter(수공업자)같이 그런걸 배워야 했어. 6개월, 공부하면서 방학때에 가서 일하는 거야. …그때의 에피소드가 있었지… …(개인의 사랑이야기로 생략함).. 라이프찌히에서도 학교수업시간에서도 춤을 배웠지. 방학 때마다 공장에 가서 일을 했는데 재미있었어.

▼ 김 면 : 어느 공장에 기술을 배우러 다니셨나요?

▲ 김재철 : 처음엔 드레스덴 힐프트공장, 모터 만드는 공장에 갔지. 거기서 돈을 받았어. 자유도 많았어. 발전소에 나가서 혼자서 하숙생활도 했지. 거기서 아무도 간섭하지 않았어. 자유로운 생활을 했지.

▼ 김 면 : 공장에서 어떤 분야의 것을 공부하셨어요?

▲ 김재철 : 나는 전기하지 않았어? 전기하니까니 아직 포어디플롬차이트(학위취득과정전)이니깐 아직 쉬페지알(전공공부)하지는 않았어. 그런데 마지막에는 안라게(설비조작)했는데, 처음에는 그런 걸 몰랐지. 그런데 나는 발전소계통에 벌써 그때부터 나가가지고 송전하는 것을 …배전소라고 하나… 페어타일렌(전기배급)같은 걸 일했지. 그때 좋았어. 돈받고 자유도 있고. 나뿐만이 아니라 다른 학생들도 마음데로 다닐 수 있었지. 내가 공장에 편지를 쓰면 공장에서는 야(좋다)라고 오라고 하지. 가서 실습하는 거지. 돈받고 좋았지.

▼ 김 면 : 대학학위과정동안 공장에 계속적으로 다니셨나요?

▲ 김재철 : 그럼. 매 제메스터(학기) 과정마다 갔지.

▼ 김 면 : 공부마칠 때까지 몇 제메스터(학기)이지요? 그 다음은 어떻게 되나요?

▲ 김재철 : 포어디플롬(학위 전과정)이 6제메스터(학기)이지. 그다음에는 하우프디플롬(주요과정)으로 들어가지. 다시한번 파흐(전공)로 내가 발전소에 갔지.

▼ 김 면 : 거긴 얼마나 되나요?

▲ 김재철 : 내가 3개월간 공부했지.

▼ 김 면 : 공부하기 어렵지 않으셨나요?

▲ 김재철 : 북한에서 공부하였다고 하지만, 그 당시 전쟁때니깐. 방

공호에서 공부하고 그러니깐 그런 완전한 기초지식이 없었지. 수학, 물리 그런 거... 기초지식이 없이 유학을 떠났거든. 그래서 처음에는 아는 게 있으면 알아듣겠는데, 언어도 모르지, 기초지식도 없지 처음엔 참 힘들었어. 그 당시 독일에서 무엇을 해주었냐면 내 숙소에 들어갈 때부터 독일인 베트로이어(지도원)이라고 한 사람을 썼어. 그 친구하고는 항상 같이 자고 같이 밥먹고 같이 생활하지. 그 친구는 독일정부에서 나한테 배치해 주었지. 그렇게 함으로써 그 사람은 숙소에 들어와서 살 수 있고 돈도 받고 한 모양이야. 내 방조자(傍助者)지. 베트로이어라고 하지. 그 사람이 같이 학부를 가니깐. (독일어로) 강의하면 나는 적을 수도 없잖아. 그러니깐 그 사람이 적은 것을 집에 와서 그걸 다시 기술해 가지고 단어장 보면서 의미를 찾아야지. 무엇을 했는가. 그런데 1~2년동안 강의 내용을 몰랐어. 강의가 무엇을 하는지. 그래서 그때 당시만 해도 시험을 치룬 다고 해도 내용을 암기해서 겨우 시험을 통과할 수 있게 노력했지. 암기할 수 밖에 없잖아? 독어를 이해를 못하니깐 내용을 모르지. 그렇게 했지. 그래도 독일사람이 있으니깐 그런 걸 도와주고 설명해주고 모르면 그 사람한테 물어보면 그래도 대답을 해주어요. 난 그 독일사람한테 방조를 많이 받았지. 그 사람이 없었으면 난 독일에서 공부를 못했지.

▼ 김 면 : 다른 사람들도 다 지도원들 배치되어 있었나요?

▲ 김재철 : Jeder hat eine gehabt.(모든이들이 한명씩 배치되었어.) 어제 그 윤박사가 그런말 하지 않아? 방에 들어가면

독일사람이 두사람, 한국사람이 두사람있었다고. 네명이 살았어. 한방에 베트(침대)가 돕펠베트(2인용)돼 가지고.

▼ 김 면 : 그 사람들은 가르치는 것보다 같은 학생이었나요?

▲ 김재철 : 같은 제메스터(학기), 같은 학생이지. 그러니깐 그 사람들은 우리 때문에 같은 숙소에 들어 올 수 있었고. 여러 가지 혜택을 받은 모양이야. 그 사람들은 특수한, 똑똑한 사람들이지. 바보들을 우리에게 배치해주겠어?

▼ 김 면 : 그들은 일반 동독학생들보다 대우가 좋다는 것이지요?

▲ 김재철 : 그렇지. 대우가 좋지. 우리가 대우 받으니, 그 사람들도 대우를 받지. 식당에서도 같은 음식을 먹었거든.

▼ 김 면 : 전공도 함께 공부하셨나요?

▲ 김재철 : 그 사람들은 그들 전공하는 거고 우리는 따로. 실습가는 것은 각자 가지. 공부할 때만 함께 있지.

▼ 김 면 : 학생들의 유학공부중에 북한으로 송환되는 일도 있었습니까?

▲ 김재철 : 많이들 송환되었지. 포어디플롬(학위전과정)에서 있잖아. 그 과정에서 시험에 통과 못되면 소환되는 거지. 뭐. 공부 못해서 한 20%는 소환되었지.

▼ 김 면 : 전체적으로 유학생이 몇 명 정도였는데요?

▲ 김재철 : 우리그룹에 53년도에 온 사람이 한 처음에 80명되었나? 드레스덴에 한 50명 있었고 할레, 로스톡에도 있었지. 드

레스덴에 제일 많았어. 라이프찌히에도 있었고. 드레스덴공업대학에 한 50명 있었어. 53년도 온 사람들 말이야. 우리보다 먼저 온 사람들은 육십명 되지 않았어? 윤박사말이야.

▼ 김 면 : 다른 이유로 북한으로 소환되고 그랬나요?

▲ 김재철 : 그렇지. 정치적 문제.. 말 잘못하면 그랬어. 매일 공부하는데도 힘든데도 정치학습을 해야 했어. Jeden Tag eine Stunde (매일 한시간씩)

▼ 김 면 : 매년 북한 유학생들이 왔나요?

▲ 김재철 : 매해 북한유학생들이 왔지. 53년, 54년, 56년, 57년까지 왔지. 김석실(가명) 그 분이 57년에 왔을 거야. 그 분이 3년 아니 4년 후인가. 그때만 해도 우리는 자유가 많았는데, 그 이후에는 통제가 심했지. 그 사람들은 여러 군데 제대로 못가고 간섭이 많았지. (웃음)
제일 자유가 많았던 때는 50년에 온 사람들이야. 그 때는 대사관도 없었거든 ...마영광이라고 당시 대사노릇도 했지.

▼ 김 면 : 사건이 일어났을 때 법적으로 상담해 주는 사람은 없었습니까?

▲ 김재철 : 우리는 와서 독일 공민증, 독일 아우스바이쓰를 받았지. 우린 여권은 넘겨주고 그러니깐 독일법의 적용을 받았지. 그러면 되는 거지.

유학생 북한 소환 사건

▼ 김 면 : 공부하면서 기억나는 사건이 있으신가요?

▲ 김재철 : (생략) 공부하면서 북한의 김일성 독재에 관해서 알고 있었지. 그래도 우리를 나라에서 장학금 주고 동독으로 보내지 않았어? 그러니깐 고마운 점도 있지 않았어? 우리는 항상 김일성을 숭배했지. 김일성 동지 건강하길..그러면서 생일파티도 했지. 그러나 속으로는 생각이 달랐거든. 그 말을 못했지. 그러니깐 동독에 오니깐 다 볼 수 있지 않아. 신문도 볼 수 있고 자유롭지..그러나 자본주의 사회가 완전히 어떻다는 것은 몰랐지. 그래도 우리 (북)한국제도가 어디, 어디가 문제가 있다는 것은 알았지. 자유가 동독에만 해도 많았거든. 그런데 우리 북한은 자유가 적은가 생각했거든. 한가지 사건이 있었어.

그때 사건이 무슨 사건이냐 하면, 한 분이 김일성종합대학에서 공부한 사람인데, 김일성종합대학에서 오랜 제메스터(학기)를 공부하고 온 사람이야. 그래서 처음에 두 사람이 왔는데, 한 사람은 기계공부를 했는데, 박사과정으로 들어갔지. 머리가 비상한 사람이니깐, 우리하고는 많은 관계는 없었지. 그 사람은 나이도 있고 박사과정에 들어가 공부를 했으니깐. 한국여자가 와 있었는데, 한국여자를 다쳤어. 그래서 한국여자가 애를 가지게 되었거든. 그런데 이 사람이 당원이었어. 그리고 김일성 종합대학도 나온 아주 모범적인 사람인데 그런데 그때 당시 그 여자가 애를 가지니 병원에 갔는데 대사관에서 그 여자를 북송했지. 남자한테도 말을 하지 않고, 그러니깐 알고 나서 남자가 얼마나 분하겠어. 그러나 그 남자가 대사관에 가서 대사한테 무슨 말을 한 모양이야. 그때 대사가 소련에서 공부한 사람인데, 한데 무슨말을 했는지 그래가지고서니 대학에서도 말이 많았어. 반대했지. 동부독일 사람들이 서명도 하고.. 그것은 unmenschlich(비인간적)이지 않아. 임신한 사람을 비행기에 실어가지고 북한으로 내보냈다는 것은 너무하지. 반대를 많이 했어. 서명도 하고 그런데 그 다음에는 그 남자가 그 박사과정에 있었는데 소리도 치고 했으니 당회의를 해가지고 그 사람을 당에서 출당시키고 비판시키고 그랬어요. 그 사람은 잘못한게 없지. 잘못한 것은 그 대사가 했지. 그 사람이 했나. 그러면 그 사람한테 말을 해야하지 않아. 상상도 할 수 없었지. 독일사람들도 분노해가지고 말이 많았어.

그 사람은 그래서 소환돼서 북한으로 갔어. 박사학위도 못하고 그랬어.

▼ 김 면 : 그전에 철저한 공산주의자인지 아닌지 유학생그룹사이에 서로 알 수 있었나요?

▲ 김재철 : 그럼 알 수 있지. 친구들이 모이면 서로 말은 못하지만 알 수 있지 그런 사람들이라고 해서 그러나 완전히 북한을 반대하는 사람들은 아니지. Nur(단지) 불만있는 사람들이지. 제도에 불만있는 사람들이지. 독재, 여러 가지 자유가 적고 여러 가지 불만이 있다고 해서 도망가는 사람들은 아니었지. 그때 도망가려는 사람은 도망갈 수 있었거든. 당시 서백림하고 동백림하고 터져있는데 도망하려면

어디든 도망가지 그때 당시만 해도 서부쪽으로 오게 되면 자본주의 사회 아니야. 자본주의 사회는 아직 착취계급이야. 거기는 모든 게 무질서하고 우리 머리에 그렇게 들어 있었지. 그러니깐 북한을 욕은 하지만 그래도 거긴 공산주의 사회라 이거야. 공산주의 사회를 배반은 하는 게 아니지. 그 제도를 배반하는 게 아니고 불만이 많은 거지. 내가 서독으로 넘어올 때도...죽자하니깐 넘어 온 거지. 그때 당시만 해도 국가에서 하라는 대로 하지 않았어? 다 해 주었으니깐 그대로 살았는데 여기선 내가 모든 걸 올가니지어랜(구성,조정)해야 돼잖아? 내 자신이 내가 할 걸 해야지. 누구가 나를 위해 해주는 사람이 없잖아. ..어.. 그렇다는 걸 우리가 알았지. 여기를 떠나서는 모험인 걸 알았어. 뭘 기다리는 지 몰랐지. 그러니까니. 난 착취계급에 여기가면 착취를 받는다...어.. 공장에 갔으면 8시간 매 그냥 일만 하는 줄 알았지. 휴마니테트(인간다움)가 있는지 생각하지 않았지. 생각을 못했지.

▼ 김 면 : 김일성 수상이 1956년 동독을 방문할 때 만나셨나요?

▲ 김재철 : 김일성을 보았지. 그 때 가서 보았지. 바로 그 옆에서. 김일성, 박정애 몇 사람이 왔어. 그래가지고서 모리츠부르크에 우리 고아원이 있었어. 거기에 오라고 해서 갔지. 바로 앞에서 봤지. 그때 처음 보았어. 말은 몇 마디 하지 않았어.

▼ 김 면 : 유학생들하고는 악수도 하지 않았나요?

▲ 김재철 : 악수는 하지 않았지.

▼ 김 면 : 유학생들이 많았나요?

▲ 김재철 : 그럼, 유학생들이 다 초대되었지. 독일 가스트게버(주최
인)도 있지 않아?

▼ 김 면 : 생각나시는 일화가 있나요?

▲ 김재철 : 그런데 한번은 유학생 다 모이래 그래서 다 모였거든. 기
계, 전자학부(?)가 참석못했어. 김일성이가 만주에 가서
유학생한테 말한 게 있는데. 말을 했는데, 나는 잘 기억이
안되는데, 하여튼 말을 한 그대로 적었어. 우리 유학생들
에게 그 사람이 말을 했으니깐 이건 Gott(신)이 말한 것
처럼 외우라 이거야. 그래가지고 김석봉이 읽어야 했어.
들어보니깐 너무 유치하게 말을 했어. 잘 기억이 안되는
데 (당시) 웃음이 났어. 웃음이 나는 걸 참으려고 하니 얼
마나 힘들어. 그런데 김일성이 말을 잘못하는 모양이야.
그 사람이 오리기날 톤이 고대로 있거든. 그 사람이 말을
하면 누가 적어주면 읽을 수 있지만, Frei(자유로이) 말
을 못하는 것 같아 아주 프리미티브(유치)하게 이야기가
나왔어. 유학생들은 그 사람이 어떠하다고는 생각을 하
지. 우리 순진하게 은밀하게 이야기하는 건 그 사람이 진
짜 김일성이 아니라, 가짜 김일성이라는 거지. 김일성이
그 옛날에 왔다갔다하고 그 사람이 될 수 없다고 의심을
했지. 그때 김일성이 왔을 때 난 실망했어. 북한에서 그
렇게 못살고 할 때, 굶고 먹지 못하는 시기인데, 김일성
이 너무 먹었어. 목하고 주름이 생겨서 아니 어떻게 그럴
수가 있어. 주름이 잡혀 목이 없어. 그리고 그때 연설을
적어가지고 읽었어. 내가 한 가지 본건 한 사람이 이리로

가라고 하는 것 같아. 그런데 김일성이가 그 사람 손을
치두만. 내가 우연히 목격한 거지. 다른 사람들은 못 보
았을거야. 그 사람이 행동하는 게 내가 옛날에 숭배하던
그런 사람이 아니야. 인상이 좋지 않았어.
(당시) 박정애. 그분이 키가 좀 작아. 한복입고 나왔어.
최형곤인가 그 사람이 왔던 것 같아. 그 때 간부들이 몇
분이 왔던 것 같아.

▼ 김 면 : 동독의 수상을 포함하여 간부들도 나오셨나요?

▲ 김재철 : 그렇지 높은 사람들이 나왔지. 수상이 나왔을 거야.

▼ 김 면 : 유학생 중 북한에서 현재 활약하고 계신 분이 있나요?

▲ 김재철 : 북한에서 무엇을 하는지는 모르지. 한사람. 동독에 왔다
　　　　　지. 김영수라고. 동독에 다시와서 박사학위를 하고 갔다
　　　　　지. 그 다음에는 무엇을 하는 지 못 들었어. 높은 자리 하
　　　　　겠지.

▼ 김 면 : 그때 유학생들은 기술자만 오셨나요?

▲ 김재철 : 기술자지. 다른 분야는 의사가 있었고. 인문계통 유학생
　　　　　은 없었어. 할레에 하나, 건설에 인재가 필요하잖아?
　　　　　Geisteswissenschaft(인문학분야)는 없었어. 우린 각자
　　　　　전공을 맡아 가지고 난 전기를 맡아 가지고 jeder(모두각
　　　　　자) 하나씩. 플랜을 한다고 했는데. 그게 그대로 돼나?

▼ 김 면 : 전기이외에 어떤 분야가 있었나요?

▲ 김재철 : 다 여러 분야가 있었어. ....

▼ 김 면 : 다른 나라 사회주의 학생들도 왔었나요?

▲ 김재철 : 운간(헝가리), 폴렌(폴란드), 루메니엔(루마니아), 몽골라이(몽고), 알바니아 거기 사회주의 국가에서 왔지. 유학하기에 제일 좋은 데가 동독이었지. 소련보다도 낫지. 모든 생활에서 장학금도 많이 받고 생활수준도 제일 높았지. 우린 다 카메라도 좋은 것을 다가지고 있었지. 그때만 해도 동독이 제일 낫지. 생활수준이 제일 높았지.

▼ 김 면 : 유학생들이 공부할 나라를 선택했나요?

▲ 김재철 : 소련으로 간 사람이 제일 엘리트들이 갔지. 정치계통에서. 그 사람들이 정치적으로 높은 데로 올라가는 사람들이고, 자연과학 계통에는 동독이지. 그런데 자기가 가고 싶다고 갈 순 없잖아. 당이 정해주는데 내가 독일에 가고 싶다고 독일에 보내주나?

▼ 김 면 : 전기를 공부하고 싶다면 동독에 가야지 않나요?

▲ 김재철 : 여기 온 사람들은 모두 다 하고 싶다고 해서 온 게 아니고 다 당이 정해서 온거지. 내가 개인이 독일에 오고 싶다, 이걸 공부하고 싶다는 것은 어림도 없지. 나라가 정해준 데로 akzeptieren(받아들여) 해야지. 거긴 공산주의 사회지.

▼ 김 면 : 동독내 여러 대학이 있었는데요. 예를 들어 드레스덴에서 다른 지역대학으로 옮길 수는 없었나요?

▲ 김재철 : 그건 있었어. 할레로, 이쪽으로 옮길 수 있었어.

▼ 김 면 : 전공도 바꿀 수 있었나요?

▲ 김재철 : 전공은 못 바꾸었지. 그런데 공부를 못해서 대사관에서 다른 데로 보내는 사람이 있었어. 생각해가지고서 다른 데로 대학이 아닌 직업학교로 보낸 사람이 있었어. 그건 '토마토'(속과 겉이 같은 진짜 공산주의자의 은유표현)야. 성분이 좋고 그런 사람들은 공부는 못하니깐 생각해서, 졸업은 시켜야 되잖아. 충실한 사람이니깐 공부는 시켜야 되잖아?

▼ 김 면 : 유학생중 저 사람은 공부가 아니라 순전히 당성 때문에 동독유학을 왔구나하는 것을 알 수 있군요.

▲ 김재철 : 알 수 있지. 그 대사가 자꾸 와서 개인조사 그것도 하지. 매사람 담화도 하지. 저놈은 어떻다는 걸, 무슨 놈이란 걸 알지. 개인이 결정하는 건 없어. 하라는 대로 해야지. 가만히 그대로 하면 좋은 거고. 딴 생각하면 아니 되지.

▼ 김 면 : 동유럽으로 여행을 하신 적은 있나요?

▲ 김재철 : 그런 건 없어. 독일내에서만 하지.

1958년 북한 방문

▼ 김 면 : 거기 동독에 유학하시면서 북한을 다녀오고 하셨나요?

▲ 김재철 : 개인적으로 다닐 수는 없잖아? 거긴 개인이라는 게 없지 않았어. Nur(단지) 단체적으로 나라에서 허가를 해 주었

으면 갔는데, 우린 그때 당시에 저 57년인가 58년인가 일차로 북한에서 방학 때 구라파에서 공부하는 학생들을 초대했어. 북한의 건설하는 걸 보라고 평양에서 모였지. 일차 57년, 이차 58년 몇 명만, 다가는 게 아니라 초대되어서 뽑아가지고 난 58년도에 갔다 왔지. 그때 평양에 가서 김책공업대학에 가 있으면서 주정국하고 정치훈련을 받고, 그러면서 돌아다니면서 우리 건설하는 걸 보라고, 그러면서 북한에 갔다 왔지. 58년에 갔다 왔지. 그 다음에 59년도 인가 그 친구들은 갔다가 못 돌아왔어. (웃음) 59년도에 간 친구들은 숙청된 모양이야. 정치...저...비판해가지고, 정보가 잘못 들어간 모양이야. 유학생들이 평이 나쁘다고 착 들어갔지. 그래가지고서 그때는 그 사람들이 많이 갔어. 그렇게 하려고 그랬던 모양이야. 올가니지어랜(조직)해가지고. 60명 갔는가. 거기서 20명 오고 다 떨어졌나봐. 못 왔지. 거기 가서 자아비판을 했데. 거기 옛날 과거를 속인 사람, 가족 성분 속인 사람 등 여러 가지가 있잖아? 그게 다 드러나게 되는 거지. 그랬어. 속여서 온 사람들 있잖아? 어떻게 속인 걸 말하라니 다 말한 가 보지. 그러니깐 걸렸지. 걸려서 한 40명 (돌아)오지 못했지.

▼ 김 면 : 처음에 유학생 선발할 때 솔직하게 이야기 안하시나 보지요?

▲ 김재철 : 안했지. 안한 사람들이 많았지. 그때는 전쟁때이니깐 다 조사 안했지. 조사는 한다지만 철저하게 조사는 못하잖아. 그래서 내 친구 하나가 그렇게 되었잖아.

▼ 김 면 : 1958년도 북한 방문시 이야기 좀 더 해주시지요?

▲ 김재철 : 58년에 방문하니깐 평양에 가서 그 다음에는 3-4일간 허가를 맡아 가지고 고향으로 갈 수 있었지. 나는 혼자서 버스타고 기차타고 배타고 고향에 찾아갔는데. 완전히 옛날의 집들을 알아 볼 수 있는 집들은 하나도 없고 방공호에 아직도 사람들이 살고. 58년. 전쟁이 끝난 후 몇 년이 되었나? 5년이 지났는데 아직 다 복구건설을 하지 못했어. 그런데 사람들이 처음에는 우리 고향 사람들... 거기서 당위원장, 면위원장이 우리 고향사람이 아니고, 저 함경도 북쪽에서 온 사람들이야. 저쪽에 살던 사람을 남쪽으로 이주 보내고. 아마도 이쪽으로 온 모양이야. 고향 사람들한테 물어보니 사람들이 먹지 못하고 죽었데. 많이 굶어죽었다고 ...당시 만해도 그래서 아주 실망했지. 보니깐 말이야. 그런데 그 때 당시 평양에만 있을 때 그런 걸 못 들었는데, 그 때 그렇다구만 왜 굶어죽었냐면 그건 일하는 사람들이 식량생산을 잘못했는데 중앙에 보고 할 때 마치 많이 생산한 것처럼 보고하니깐 중앙에서는 현물세가 나오지 않아? 여기 얼마 없지만 내놓아 하잖아. 그만치 생산을 못했는데도. 그나마 있던 생산을 다 빼앗아가지. 중앙에다가 명령이 내려왔으니 다 바쳐야 되잖아. 간부들이 데려다가 주니깐 굶어죽는 수밖에 없지. 간부들이 잘못한 거지. 도당의 간부들이 중앙에 보고를 그렇게 해놓으니깐 그러니깐 사람문제야. 사람이 그렇게 문제를 만들어 놓은 거야. 그래가지고 도당위원장도 숙청되어 떨어져 나가고 그렇게 허위 보고했다고 중앙에 소식이 들어간 모양이야. 사람들이 그렇게 만들었

어. 그래서 사람이 그렇게 많이 죽었데. 그때 당시 내가 생각하기 시작했어.

이 공산주의 사회가 어떠한 사회인가. 이전 공산주의 제도, 시스템은 좋은데 사람들이 그것을 악용하니깐 어디를 보나 그거야. 그래가지고 동독으로 돌아와 가지고 그때부터 생각을 많이 했어. Was ist das hier Gesellschaft?(여기 사회란 무엇인가?) 북한이 여기 그때 동독과 같이 사회주의 사회만이라도 해도... 북한은 그게 아니었어. 이건 원시적 사회지.

▼ 김 면 : (북한)방문하실 때 북한은 공장 및 복구건설이 이루어지고 있었던가요?

▲ 김재철 : 그때 당시 압록강 수력발전소도 가보고 그리고 이승기 박사 보고. (그분) 알지. Chemie(화학), 나일론 했잖아. 독일도 왔다갔지.

▼ 김 면 : 함흥쪽에서 일하고 계셨나요?

▲ 김재철 : 그때 당시 나일론으로 유명할 때야. 방문도 갔지. 함흥도 다 가보았지. 공장에 갔는데 모든 게 그 사람이름은 적게 나오고 모든 게 김일성이가 직접 지도를 했데요. 김일성 위업이래. Alles(모든 게) 김일성 이름이야

▼ 김 면 : 방문시 북조선에 와있던 독일인들을 만나셨나요?

▲ 김재철 : 그때 당시는 건설할 때지 함흥은 독일에서 맡았거든. 신동삼씨가 그때 당시 함흥 건설에 나가지 않았어? 그 사람이 건설이거든. 그래서 함흥으로 나가서 ..거.. 흥남(건설)

을 했지. Dolmetscher(통역관)도 하고 그런 모양이야.

▼ 김 면 : 공장건설은 주로 일제 때 있었던 것에 관한 복구건설인가
　　　　요 처음 신설인가요?

▲ 김재철 : 전쟁 후 새로 했지. 지하에도 만들었지. 저수지도. 뭐 그
　　　　때 건설을 많이 했어. 60년도까지 북한이 부호시기였어.
　　　　내가 있을 때만 해도 북한이 59년도 만해도 다 닦았다고
　　　　했어. 건설속도가 빨랐어. 정말로. 일본에서도 북한으로
　　　　교포가 오고 부호시기였지. 그런데 지금 그렇게 되었지.

서독으로의 망명

▼ 김 면 : 서독으로 망명하여 오시게 된 이야기 좀 하시겠어요?

▲ 김재철 : 김박사 이건 이야기하지 마세요... 유학생 방친구가 있었
　　　　는데, 먼저 서독으로 탈출하였어. 그 사람한테서 연말카
　　　　드가 왔어. 그래서 탈출한 사람과의 관계에 대해서 추궁
　　　　되어 급하게 그날 서독으로 망명하게 되었지.

▼ 김 면 : 서독쪽으로 넘어오신 분들은 여러 이유가 있었지요?

▲ 김재철 : 정치적으로...그런 말하지 않아. 나도 여기 올 생각을 하
　　　　지 않았지. 우연히 내 친구가 그렇게 되가지고 하루 생각
　　　　해가지고 도망한 거지. 집에 가는 걸로 했지. 나도 그렇
　　　　지만 다른 사람들은 개인 사정이 있었겠지.

▼ 김 면 : 당시 서독으로 넘어오실 때, 어디로 주로 국경을 넘어오셨

나요?

▲ 김재철 : 여기 백림을 통해서 서백림으로 해서 넘어왔지.

▼ 김 면 : 언제 서독으로 몇 년에 넘어오셨나요?

▲ 김재철 : 여기로 60년도에, 1960년에 1961년에 마우어(베를린장
벽)가 생기지 않았어? 61년 8월에 생겼지. 마지막으로 왔
지. 우리가 마지막에 왔어. 그 후엔 못 왔지.

▼ 김 면 : 북한유학생들이 탈출한 사건뒤에 더 검열이 엄격하였겠네
요?

▲ 김재철 : 위험한 일이지 감시가 심하고 ...

[이후 개인탈출경유와 서독에서의 정착 생활에 관한 이야기가 1시간
30분에 걸쳐 더 이어졌으나 녹취를 바라지 않으시기에 녹취는 이루어
지지 않았음]

김재철 선생 구술인터뷰

신동삼 선생 구술인터뷰

면담일자 : 2004년 2월 23일(월)
장소 : 독일 마인쯔시
면담자 : 김 면

1. 출신지와 유학선발

2. 동독대학 유학생활

3. 함흥복구 사업

4. 서독으로의 탈출

신동삼 선생 구술인터뷰

▼ 김 면 : 선생님, 오늘 우선 북한현대사 관련 진술을 위해 귀한 시간을 내주셔서 감사드립니다. 구동독과 북한의 과거교류에 관해서 인터뷰를 하고자 합니다. 먼저 제가 질문을 드리겠습니다.

동독에 오시게 된 경위와 북한에서 선생님이 어떤 일을 하셨는지, 예를 들어 함흥재건사업에 관한 것 등 생각나시는 데로 전반적으로 편안하게 이야기 해주시기를 바랍니다.

출신지와 유학 선발

▲ 신동삼 : 저는 1930년도 봄에 함경남도 함흥 전평군에서 태어났습니다. 전평에서 소학교를 다니고 중학교를 전평에서 다니다가 중퇴하고 함흥 공업중학교에 들어왔습니다. 들어와서 48년도 북창, 북측말로 말하면, 깡패들을 만나서 월남한다고 해서 속초 양양선을 탔다가 북측 경찰에 붙잡

혀서 일주일동안 감옥소 생활도 하고 했습니다. 그러다가 50년도 말에 전쟁 시작하기 직전에 흥남비료공장에 작은형님이 있었는데, 형님 집에 가서 흥남공업중학교 졸업시험을 치는데 미군 B-29가 와서 비료공장을 폭격하는 장면을 보았습니다. 그리고 50년도 7월 중순에 (북한)인민군대에 들어가게 되어서 결국 함흥에 모여서 북청에 들어가서 한 반년 훈련하다가 결국 1950년 미군이 인천, 원산으로 들어올 때 우린 몰랐는데 최고사령부에서 함흥에 내려가서 미군과 싸우게 된다고 했습니다. 그래서 일주일동안 행군을 해서 함흥은 고사하고 절반쯤 가다가 미군과 싸우다가 부상당했지요. 그래서 우리부대는 소위 말하면 동해안 방어 0575라고 학생부대 였습니다. 그래서 우리는 흥남 공업 중학교 학생들로써 조직된 여단이었지요.

▼ 김 면 : 어디를 다치셨나요?

▲ 신동삼 : 팔을 다쳤지요. 총을 쏠 수 없었지요. 그래서 만주 하얼빈 야전병원에 한 3개월간 있다가 그래 다시 회복돼가지고 오니깐 김일성 종합대학 법부 교수님이 왔는데, 그분들은 이전 남한에서 서울대 교수님들이더군요. 여기서 처음으로 소위 말하는 서울말, 표준말 하는 것을 처음 들었습니다. 속성으로 3개월간 법학교육을 받고 그리고 지금 말하는 평양북도 자강도 강계시 시위원회에서 한 일년 일했습니다. 일년 일하니깐 52년도 초 이겠군요. 52년도 초에 그 자강도 도교육부 위원들이 유학생 모집이 있는데 응시하라고 해서 응시했지요. 응시해서 저쪽에서

소위 말하는 "유학생 강습소 특별 교육반" 평양북도 압록 강 하류 촌에서 1952년 5월 달에 모였습니다.

모으니까 옛날의 동창생, 군대에 들어갔던 동료들 혹은 고향친구들을 만나고 그래서 반년동안 1952년 9월 달까지 수학, 물리 등. 옛날에 잊어버렸던 과목들을 재공부하고 그랬지요. 그래 어느 날 1952년 9월 달에 평양무교부에서 어떤 간부님이 와서 이름을 부르더군요. 저의 이름을 부르길래, 따졌습니다.

- 무슨 (한)자입니까?
- 납 신, 동녘 동, 석 삼입니다.
- 예, 접니다

그리고 나갔지요. 그래서 교육부에서 나온 선생님이 말씀하시기를, 이 그룹 반은 동부독일로 갑니다. 그래서 그때 그 감정은 하늘에서 호박을 딴것처럼 좋았지요.

▼ 김 면 : 언제 동부독일로 출발하시게 되었나요?

▲ 신동삼 : 그래서 52년 9월 달에 평양에서 기차를 타고 안동으로 갔지요. 신의주, 안동을 넘으니까니, 안동 종구여관에서 백반을 주더군요. 백반. 군대생활을 하다가 굶다가 백반을 먹어서 배탈 난 사람도 많고 그랬지요. 시베리아철도를 타고 바이칼까지 가는데, 여행 중 하루는 기차 안에서 폭동이 일어났지요. 말썽이 일어나서 가보니깐, 몽고로 가는 몽고그룹 반이 자기네는 촌 같은 몽고로 가고, 너흰 왜 좋은 구라파에 간다고 아우성해서 불평을 말해서 한..

한시간동안 싸운 기억이 납니다.

▼ 김 면 : 처음 유학가기 전에 무엇을 가르칩니까?
▲ 신동삼 : 응시하게 되면 합격한 다음에 군대에서 딴 거하다 공부
　　　　　다 잊어 먹었으니깐 제 복습하기 위해서 만나는 곳이 평
　　　　　안도 압록강 하류에 있는 촌이었는데, 안전한 만주옆이
　　　　　지요. 독일 1952년 5월 달에 왔지요. 오니깐 후에 매부도
　　　　　만나고 그리고 ... 식당 당번 하거든요. 5, 6, 7, 8월 공부
　　　　　했거든요.

▼ 김 면 : 무엇을 공부하셨어요?
▲ 신동삼 : 그러니깐 수학, 러시아말. 옛날 고등학교에서 공부하던
　　　　　거 제 복습했지요.

▼ 김 면 : 독일어는 안하셨어요?
▲ 신동삼 : 독일어는 뭐 안했죠. 선생님들이 러시아말 하니깐 러시
　　　　　아 한국 사람이에요. 러시아말하고 4개월 동안 공부하고
　　　　　하루는 평양 문교부에서 와서 이름 부르더군요. 당신은
　　　　　체코, 몽고, 불가리아, 동부독일...하더군요.

▼ 김 면 : 동부독일에 가고 싶어 하던가요?
▲ 신동삼 : 많았죠. 동부독일이니깐.

▼ 김 면 : 몽고는 가고 싶지 않던가요?
▲ 신동삼 : 몽고는 축산업 아닙니까? 양 등.. 몽고는 잘 못 살았지
　　　　　요.(웃음)

▼ 김 면 : 얼마나 여행이 걸렸나요?

▲ 신동삼 : 계속해서 2주일 후에 동백림에 도착했지요. 아참 그전에 모스크바에서 아까 말씀드렸지만 일생에 처음으로 멋있는 목욕탕에 가서 목욕을 하고 갔지요.

▼ 김 면 : 독일발 열차는 어떠했습니까?

▲ 신동삼 : 52년도 가을에 유학허가를 맡아 가지고 평양에서 신의주를 지나 안동까지 갔습니다. 안동에 가니깐 백반을 주더군요. 바이칼 지나가는 2~3일까지는 좋았습니다. 호기심도 많고 그랬는데, 4~5일 지나 싫증이 나고 기차 문 열고 닫고 기차 안에서 물장난하고 뛰어다니기도 하고 차장하고 싸우기도 하고, 내 개인에피소드로 Speise(요리) 밥먹는 열차로 가게 되면 줄을 서야 돼요. 앞에 먼저 서서 밥 먹고 쉬고 마지막에 한 번 더 가는 거예요.(웃음) 며칠 하니깐 필요 없더군요. 시베리아는 몇 일을 가도 끝이 없고 주로 90%이상 백양나무가 죽 있고 동물을 본 적이 없고 그래서 소련 영화 생각도 나고 모스크바 사람이 그 시베리아를 점령할 적에 어떻게 큰 대지를 정복했으며 말을 타고 어떻게 그 사람들이 고생했는가 하고 이주일 후에 백림에 도착하니깐 사람들이 사는데 더군요. 기억나고 있어요. 좌우간 전쟁하다가 왔으니, 독일 사람이 보기에는 이상하게 봤을 겁니다. 우리도 그렇게 보고 낯설어 가지고요. 말도 모르고. 기억이 나는 데 한번은 군중대회 대중들이 모이는 회의에 참가했는데 군대처럼 시위 행위를 하는데 우리는 군대에서 배웠으니깐 열을 서서 나오니깐 박수를 쳐 주더군요.

우리 군대식으로 하고 참 그렇게 시작했습니다. 공부할 때는 악단단장님이 6시에 나팔을 불어서 6시에 일어나서 7시반에 식사하고 8시~12시까지 공부하고...
시베리아 열차는 2~3일은 타고 싶습니다. 구라파는 사람이 많이 있지만 시베리아는 딴 세상이니깐요.

▼ 김 면 : 시베리아 열차에서 다른 나라엔 안 가나요?

▲ 신동삼 : 백 킬로 가다가 좀 쉬고 10분 쉬다가. 우리 전쟁으로 그렇게 되었을 겁니다. 2차대전에서 브레스트에 서니깐 소련의 공업계 고등학교 여학생들이 나왔더군요. 그 사람들은 활발하고 접촉성도 많고 사진을 일차교환하고 러시아말은 일차 알았으니까. 그랬습니다. 지금 생각하면 다시...

▼ 김 면 : 도착해선 일정이 어떠했습니까?

▲ 신동삼 : 동백림에 도착하니깐, 백림에서 한 200km 떨어진 라이프찌히 종합대학교에 가서 독일말을 배운다고 해서 도착했습니다. 도착하니깐 기숙사에 모였습니다. 기숙사안에서 한명 내지 두명 혹은 세명, 그렇게 기숙사생활을 하고, 오전 8시부터 12시까지 독일말을 배우고 오후에는 자유시간으로 축구나 농구, 혹은 배구 그렇게 했습니다. 반년 후 1953년 여름까지 그렇게 공부했습니다.

동독대학 유학생활

▼ 김 면 : 동독을 제외하고 사회주의 건설을 위해 어디로 유학을 보

내셨나요?

▲ 신동삼 : 체코, 헝가리, 불가리아, 몽고, 루마니아, 동부독일 등 동
부진영사회주의 국가는 다 갔지요.

▼ 김 면 : 유학생들은 그들 나라에서 경비를 받나요?

▲ 신동삼 : 거기에도 그 나라에서 초대를 하는 겁니다. 그게 95년도
불가리아 국무총리가 나갔어요. 북한에서 온 유학생이
통역으로 같이 나갔지요. 그 국무총리하고 그 유학생이
동창생인거야. 우연히 그 사람을 만났어요.

▼ 김 면 : 계속 라이프찌히에 계셨습니까?

▲ 신동삼 : 1953년 9월 달에 드레스덴 공대로 넘어가게 되었습니다.
그래서 후에 말씀드리겠지만요 그때 동부독일 라이프찌
히 칼 막스 종합대학 예과에서 그 독일 유학생들에게 독
일말을 처음 가르쳐준 그 부인들을 2~3년전에 백림에서
만나게 되었습니다. 그중 한분은 후에 훔볼트 종합대학
Koreanistik(한국학) 한국어과 학장도 되고 했는데, 만
나서 옛날 이야기도 많이 하고 그랬습니다. 종종 만나서
서로 문건, 연구자료도 교환하고 앞으로 교섭이 많을 것
같았습니다.
그리고 1954년 드레스덴 공대에 입학하게 되었지요.

▼ 김 면 : 전공은 무엇을 하셨나요?

▲ 신동삼 : 그때는 저는 건축을 맡고, 다른 이들은 화학, 전기, 기계, 항
공 그렇게 들어와 있고, 라이프찌히에서 특별히 신문학과
계통이 있었고 그 다음에 파르바찌히 약학과 그리고 의학

이 있었습니다. 그래서 90% 이상은 자연과학이었습니다.

▼ 김 면 : 전공의 배치는 당 간부 자제들에게 유리 했습니까?

▲ 신동삼 : 추측인데 말하자면 소위 빽 있는 자제들은 자기가 정한 과목으로 될 수 있었는데, 후에 곤란한 것은 그 후 정부가 가족을 반대하는 반대자라고 숙청할 때 그 사람들도 같이 소환되어 가는 것이지요. 그런 건 있었어요. 내가 건축을 해야겠는 데 화학부에 해당되었다 그러면 내가 건축부로 돌려 주십시오라면 승낙되긴 되었어요. 라이프찌히 칼 맑스 종합대학교에 한 사람이 신문과 즉 저널리스트를 공부하게 되고 딴 사람들은 다 자연과학, 의학 했지요. 99%는 자연과학으로 공부했지요.

북조선은 1946년부터 벌써 소련으로 소위 말하는 공산대학, 정치 공부시키고 자연과학 그리고 혹은 인문과 모스크바 루보르습키대학도 보냈습니다. 동부진영 동부독일, 불가리아, 헝가리, 체코, 루마니아, 몽고 1950년도가 유학생 파견이 처음 이었습니다.우리들은 전쟁 때지만 행복한 유학생였지요.

하루는 신의주에서 열차 역 귀빈실이 있더군요. 들어가니깐 모스크바 공산대학으로 들어간다는 할아버지, 나이 먹은 영감들이 와 있더군요. 우리는 젊은 사람들이고. 우리 같은 방에 있었는데 그 젊은 여학생이 독일로 가는 데 들어왔어요. 들어오니깐 한 할아버지가 아니 서양에서는 여자가 들어오면 일어나야 된다는 데 내가 일어나서 자리를 드려야지요... 여학생이 말하길, 아니요 할아버지 그러지 마시오. 기억이 납니다.

▼ 김 면 : 여학생도 유학생에 포함이 됐나요?

▲ 신동삼 : 우리 갈 때 7명이 있었습니다.

▼ 김 면 : 다 기술직이었나요?

▲ 신동삼 : 다 기술직이었지요. 아픈 사람은 평양에 돌아갔지요. 연
예해서 아이가 생겨 소환된 사람도 있고요.

▼ 김 면 : 인원은 몇 명 정도이지요?

▲ 신동삼 : 드레스덴 고대 제 1기 평양 유학생이 37명이었고, 차차
숫자가 많아져서 클라이막스는 한 200명 되었을 것입니
다. 그 다음에 드레스덴지방에 소위 말하는 고아, 전쟁고
아로 부모님들이 없는 점은 애들이 그 전문반으로 유학
도 와서, 우리하고 축구도 하고 게네들이 우리를 이기기
도 했습니다. 김일성 주석이 한번 우리를 방문하고 그랬
습니다.

▼ 김 면 : 독일공부는 어렵지 않으셨나요?

▲ 신동삼 : 물론 반년동안 독일어만을 했지만, 수학, 자연과학은 간
단하지만 어떤 건 독일말을 많이 쓰는 난점이 있었지요.
몇 년 지나면서 그 다음에 공부하는데 지장이 그리 많지
는 않았습니다.

▼ 김 면 : 생활비는 얼마나 받으셨지요?

▲ 신동삼 : 독일기숙사에 들어가니깐 동부독일돈으로 100마르크 월
급 주는데 10마르크 하고 …10마르크는 식사비하고 기숙
사비로 내고 200마르크는 자유로 쓸 수 있었습니다. 그

래서 결국 장학비가 300동부 독일 마르크였지만 뭐 잘하
게 되면 맥주도 좀 먹을 수 있었고 무도장도 조금 다닐
수 있었고 그랬습니다.

그 난점은 서독으로 돈을 가지고 넘어오는 거와 결부되
는 데 …대사관 여기서 말하면 문교부, 저쪽은 학생지도
원이라고 중앙당에서 동원된 일군이 왔는데, 일군이 몇
번씩 와서 감시도 하고 해가지고 그런 감시사업이 많고
지장이 많았습니다.

▼ 김 면 : 동독내 학생들과의 관계는 어떠했습니까?

▲ 신동삼 : 동독학생들은 후에 결국 중국유학생들은 자기네 고향에
　　　　　 서 준 퍼런 단체복을 다 입고 학교도 퍼런 도레지오를 쓰
　　　　　 고 다니는데, 우리는 북한에서 온 그때 잘 해준다고 온
　　　　　 양복이지만 우리가 부끄러워서 2, 3월에 벌써 독일식 양
　　　　　 복을 사 입고 그랬습니다. 한방에 독일 학생이 담당하고
　　　　　 같이 있었어요. 소위 말하는 Betreuer(지도원)이지요.
　　　　　 그래서 그쪽에서 물론 동부진영, 불가리아, 헝가리, 월
　　　　　 남, 이집트, 인도 유학생 등 많았는데 우리가 제일 친하
　　　　　 게 교섭한 것은 독일 사람, 불가리아, 소련 사람이었지
　　　　　 요. 폴란드 사람하고는 좀 성질이 맞지 않아서 축구하다
　　　　　 가도 알력이 생겨서 잘 되지 않고, 월남사람들은 미국 사
　　　　　 람하고는 전쟁은 잘 했는데 우리하고는 체격도 맞지 않
　　　　　 고 잘 화합이 되지 않았습니다.

▼ 김 면 : 동독대학의 성적과 평가 그리고 학기는 어떠했습니까?

▲ 신동삼 : 1점에서 5점이지요. 보통 난 2점 혹은 3점 받았지요. 수

학하기 어려워서곤란한 사람도 몇 명 있었지요. 그 사람들은 전문학교에 넘어가든가 막데부르크의 단과대학으로 넘어갔어요. 드레스덴 공대는 옛날부터 들어오고, 동부독일에서 입학은 모두 하는데, 예과시험에서 한 1/3 떨어져 나가고, 그 다음 본과에서 vielleicht(아마도) 10%정도 떨어져 나가고요 동부독일 우리가 이전에 다녔을 때 서부독일과 달라서 자기가 공부하는 데는 제한이 없고 10-15 Semester(학기) 내가 아는 독일사람의 아들은 21 Semester(학기)까지 공부하는 걸 보았습니다. 서부독일로 넘어오니까니 Nein(아니더군요). 장학금 때문에 혹은 시험 그것 때문에 탈락이 되니 5년~6년 넘어가게 되면 안 된다고 하데요. 그런 제한이 있는 걸 보았습니다.

▼ 김 면 : 전공내용 이외의 사상교육을 배우셨나요?

▲ 신동삼 : 전공이라는 건 자연과학이라고 하더라도 칼 맑스 레닌주의가 있지요. 의무적으로 배웠지요. 좋은 것은 강의실에 들어가게 되면 맨 첫줄은 독일 같이 공부하는 그 사람들이 독일 학생들과 맨 첫 줄에 앉았고, 그 둘째 줄은 우리 외국 손님학생들을 위해서 좀 자리를 내어주시오. 그래서 우리는 늘 상 앞줄에 앉아있었지요.

▼ 김 면 : 동독정부의 대우는 어떠하던가요?

▲ 신동삼 : 월마다 300마르크씩 준 돈이 독일정부에서 주는 돈일 겁니다. 초대된 유학생이라고 해서 그러다 보니깐 운동복도 주고 축구하는 사람은 축구화도 주고 53년도인데도 독일도 45년에 전쟁이 끝났거든요. 독일서도 경제적으로 입

장이 불리할 때였지요. 동부독일에서는 아시겠지만 소련에서 공장을 다 뜯어 가지고 갖거든요. 서부독일에서는 마샬플랜이 생겼는데, 그건 남지 않는 일이 있었습니다.

▼ 김 면 : 공부하시다가 소환되고 그런 학생이 있었나요?

▲ 신동삼 : 그래요. 아시겠지만. 김일성 주석 그분이가 자기 반대파들을 소위 말하는 숙청한 적에 그 반대파들의 자식들은 소환되었지요. 그래서 우리처럼 소위 빽없는 사람들은 유리하고 그래서 떨려간 사람이 많고 그랬지요. 그 다음엔 56년도가 57년도에 1/3 유학생들이 평양에 소환되어 가지고 뭐 정치 학습한다고 그래 가지고 나가서 뭐하다가 몇 명이 못 돌아왔습니다. 유희생활한다고, 맥주를 너무 마신다고, 그런게 있었습니다. 우리 1기생에서는 한 1~2명 소환되고 그랬어요.

▼ 김 면 : 정치적인 이유가 소환대상이군요. 다른 특별한 이유는 없군요?

▲ 신동삼 : 소환하는 것은 제일이 사상문제지. 저 녀석은 사상적으로 좋지 않다, 나쁘다고 저쪽 말하면 그것이 제일 주요한 조건이지요. 공부는 저쪽에서 성적이 나빠도 자주 시험을 다시 칠 수 있으니깐 그리고 대학에서 공부를 잘못하는 사람은 전문학교로 넘어가든가 혹은 아까 말씀드렸지만 막데부르크에 있는 단과대학에 넘어가고 전과시키고 그러한 편리한 방법으로 그랬습니다.

▼ 김 면 : 56년 김일성 주석이 베를린 방문할 때 보셨습니까?

▲ 신동삼 : 예, 그때 신태인씨가 아까 말씀한 동창생이, 그 동부독일 주재 북한대사가 그 분이 통역을 했어요. 그래서 통역을 하다가 묻거든요. 통역에 대비했지요. 후에 그 신대사가 한 옥타브가 높더군요. (웃음) 현재 새로 공부하고 있는 사람을 김일성이가 통역을 시킨 것이지요.

그 옛날 나이 먹은 할아버지가 통역으로 따라왔더군요. 그런데 옛날 독일말 쓰더군요. 옛날의 30년대 예를 들어서 우리는 '두르히'(Durch)라고 하는데, '두르흐' 라는 그런 말을 써요. 그분이 말은 하긴 하는데 일본식말로 했지요. 학생 때 일본 동경에 가서 혹은 서울대학교 독문과를 다닐 수 있었던 것 같았어요. 함흥에 나갈 적에 통역으로 두 선생님이 서울에서 왔는데 뭐 우리보다 20세는 더 먹은 분들인데 서울대학교 독문과에서 왔데요. 그런데 독일어실습이 없으니깐 문장은 되는데 통역이 힘들었지요. 우리가 독일에서 살다가 가니깐 잘 했지요.

▼ 김 면 : 김일성을 만나셨나요?

▲ 신동삼 : 김일성주석님이 오셔가지고 우리 유학생들도 모으고 소위 말하는 전쟁고아도 모으고 우리에게 당부하는 말씀은 "우리 앞으로 조선이 한국반도가 통일 되게 되면 좋은 사회주의 국가를 만드는 데 이바지해 주십시오" 라고. 그 다음에 지금 기억으로서는 모습도 떳떳한 분이고 그런 기억이 납니다. 통역은 같이 공부하던 동창생이 했지요. 같이 통역으로 왔던 늙은 분이 옛날 독일 말을 하데요. 그때 당시에 전문반하고 대학반이 축구를 했는데 유감스럽게 0:2로 진 기억이 있습니다.

▼ 김 면 : 김일성주석이 어떤 분들과 함께 같이 오셨나요?

▲ 신동삼 : 북한의 민족보위상, 여기 말하는 국방부장관의 측근들이 왔었습니다. 2주일동안 통역하느라 돌아다녔습니다. 또한 동부진영에서 건설장관님들을 모아서 소위 말하자면 조립식 건축을 하는데, 일주일간 통역을 맡았었습니다.

▼ 김 면 : 유학 생활중에 기억나시는 사건이 있었나요?

▲ 신동삼 : 유학생들에게 정치적인 훈련이 많고 영화관이나 산보를 하더라도 혼자 가지 말고 단체로 나가라고 해서 한명이라도 같이 나가라했고, 독일여성들하고 교제는 안하는 게 좋겠다고 했지요. 그런 게 있고 물론 그렇지만은 젊은 청춘이라 독일 어여쁜 애들을 보면 가만히 있을 수 없고 친한 경우가 많고 심지어는 그 독일여성과 사귀어서 아이를 낳은 적도 있어요. 우리가 그걸 카바해 준거야. 그 백림대사관에서 모르게 하고 그래서, 한 예를 들어서, 사람도 크고 아이는 크고 해서 자기는 평양에 나가서 독일여성 데리고 오고 그 한 친구가 당신이 독일여성을 평양에 데리고 가서 산다는 것은 되지 않는 말이다고 했지요. 그 친구가 독일여자를 독일 민주청년단에 가담시켰지 그 다음에 노동당에 가담시키고 다 준비를 시켰지. 중앙당에서 그렇게 하면.... 아이를.... 넘고 사선을 넘었지. 우리 혼자 넘어 온 사람도 많고 두명씩 넘어온 사람도 있고 우린 세명이 왔지.

37명중 유학생 총책임자가 마영광씨였는 데 그 양반은 김일성종합대학교 2학년까지 다녔던 분인데 유학생 총책임자라고 하게 되면 권한이 많지요. 그런데 53년도 동

백림 민주청년 동맹 큰 잔치가 있었어요. 우리가 드레스
덴에서 백림으로 갔거든요. 가서 저녁도 먹고 맥주도 마
셨는데 너 조용히 하라는 거지. 왜? 우리 책임자가 죽었
다는 거야. 평양에서 가정도 있었던 사람인데 독일에 와
서 독일여자와 큰 사랑이 있었지. 그런데 문제는 자기친
구가 그렇게 되었는데 어떻하면 좋겠느냐. 자기 책임자
이니까 토론할 사람이 없었지. 혼자 고민하다가 대학교
화학부에 들어가서 자꾸 물어보더래. 그 독일 아가씨는
정부요원의 아가씨였어. 그것은 53년도 우리 정전때 3주
일 휴양가라고 해서 독일여자와 같이 간 거지. 그런 사랑
을 통해 가지고 우리하고는 그 친구는 공부도 잘하고 출
구가 없어서 두 사람은 죽었어요. 자기도 죽고. 독일처녀
도 죽고.

▼ 김 면 : 자살인가요?

▲ 신동삼 : 자살이지. 하나의 비극인데 인간생활에서 사회상의 모순
　　　　　이지요.

▼ 김 면 : 유학생사이에서 갈등은 없었습니까?

▲ 신동삼 : 갈등이란게 그렇지요. 결국은 누가 누구를 말할 수 없지
　　　　　요. 어느 사람이 누구를 검열하는지 모르니깐요. 그런데
　　　　　물론 우리 친한 사람이 셋 있지요. 북한의 민족보위, 즉
　　　　　저쪽에서 말하는 국방부장관을 간호하던 육군중위라고
　　　　　임씨, 원산에서 온 탁구선수 그 사람은 이씨지요. 우린
　　　　　나가게 되면 셋이 나가게 되는 거예요. 친했지. 물론 우
　　　　　리야 김일성에 대해서 말할 필요도 없고 그런데 국방부

장관의 그 보병이던 그 친구는 53년도에 ..병으로 죽었어. 그 다음에 다른 친구는 친한데 정치얘기를 안하고 할 필요도 없고.

▼ 김 면 : 독일어로 진행하는 수업은 어렵지 않으셨나요?

▲ 신동삼 : 그렇더군요. 일제시대에 일본말 배우고 해방 후 조선말 하게 되었는데 체인지되고, 그 다음에 46년엔 중학교에 영어를 배우라는 거야. 48년엔 러시아 말을 배우래. 물론 그 때 함흥에는 함흥중학교 있고 그 다음엔 에반겔리쉬에서 온 영생중학교있었고 병원도 있었고, 그런데 함흥중학교, 영생중학교 그 학교에 못들어간 사람은 용정, 만주에 가는 거야. 용정중학교에 가게되면 그 한글 맞춤법 최현배 선생. 그 선생이 쓴 책으로 배웠어. 해방후 훔볼트 Koreanistik(한국학) 강좌 선생님의 책을 보니깐 그 최현배 선생 책이더군요. 그 최현배선생. 우리 그때 용정 다닐 때 선배님들이 선생님이 되었지요. 해방 후 되어서. 그 사람들은 일제시대 배우던 그 책을 우리도 그냥 배웠지요. 그 때까지 영어를 배우고 그 다음에 50년에 전쟁하다가 또 독일어배우라는 거야. 그러니깐 수학을 잘하는 사람이 어학을 반드시 잘 한다고 말할 수 없어. 어학을 잘하는 친구는 반드시 수학을 잘한다고 말할 수 없고. 그 때 100명중 한, 두 사람은 다같이 잘하는 사람도 있어. 운동을 잘하는 이가 있고 연예를 잘하는 사람도 있는데 운동을 진짜 잘하는 이는 연예할 줄을 모르고 그렇더군요. 반년이라는 게 뭐 길다고 보면 길다고 볼 수 있고 짧다면 짧다고 불 수 있고. 자기재능에 따라서 잘하는 사람

은 잘하고 못하는 사람은 못하고 그렇잖아요.

▼ 김 면 : 동독 유학생들과 독일인 여자분들과의 교제가 있었나요?

▲ 신동삼 : 연예하는 사람들은 많았지요. 그렇잖아요.(??)금지하는 것을 더 호기심이 있어 하잖아요. 한 이야기로 모스크바에 유학간 학생들도 20살 전후지요. 그때 러시아아가씨를 사귀어 평양에 데려간 거예요. 몇 년 살다가 부부생활이 안 되는 거예요. 평양에서 어떻게 생활이 되요? 특히 독일여자들은 바쁘거든요. 남자들은 일하고 회의하고 밤 11시, 12시에 집에 들어오는데 또 정치행사에 동원되어 만세! 만세! 하는데 됩니까? 내 주변에서 서양여자를 데리고 와서 행복하게 산다는 이야기를 못 들었어요. 서울이라면 모르겠는데. 여기 있는 사람들이 그래요. 동양사람이 서양여자와 같이 살 때에 그 남자가 서양에 있으면 모르겠는데 여자가 동양에 가게 되면 좀 난점이 있다. 그 말이 맞는 것 같아요. 남자는 서양인처럼 해 주는데 동양에 가면 우리식으로 하니깐 여자가 곤란하지요.(웃음)

▼ 김 면 : 유학중에 겪으신 정치적 사건은 없었습니까?

▲ 신동삼 : 53년 7월 17일 백림에서 건설현장 노동자들이 폭동을 했지요. 그것이 백림 스탈린 알레(거리)에서 시작되면서 불이 번지듯이 동부독일에 퍼져가지고 라이프찌히도 그러고. 우린 종종 동부독일 청년동맹 단체복이 있어요. 퍼런 와이샤츠를 들고 나갔거든요. 나갔는데 우리 친구들이 독일놈에 맞고 들어온 거야. 너 어떻게 된 거야 물었거든요. 당시 우린 독일말도 모르고 그것이 1953년도 공산주

의를 반대하는 국민들이 폭동을 했지요. 데모했지요. 그리고 나서 1956년 헝가리 폭동이 있었지요. 1953년도 세계축구대회에서 서부독일팀이 이겼습니다. 그때 우리는 드레스덴 공업대학에 입학했거든요. 입학해서 기숙사에 흑백TV가 있어서 독일학생 한 20명이 아우성치고 있어요. 왜 그러냐 물으니. 축구 시합한다고 해요. 무슨 축구 시합하냐 하니 세계축구 시합 한다고 하데요. 헝가리와 서독이 붙었는데요. 우린 취미도 없고 멋도 모르고. 야 이겼다는 거야. 그것을 여기서 40년 후인 독일 2006년에 다시 독일에서 월드컵 하거든요. 그것을 회상시키는 겸 독일 사람들이 그것을 자꾸말하냐면 1945년도 자기네 전쟁을 져가지고 세계에서 인정 못 받고 곤란했거든요. 그 다음에 헬싱키 48년에 뭐 있었지요. 올림픽도 출전 못하게 하고 그런데 54년에 이겼거든요. 헝가리 사람들이 지고 딴 길로 돌아갔데요. 너 이기지 못하고 나라의 수치다. 독일에서는 이렇게 되었지요. 54년도 하고 56년도에 좀 연결이 있는 게 헝가리 사람들이 공산주의에 대해서 말이 있었는데, 공산당들이 정치도 못하고 해서 축구도 지고 국가정치를 잘못한다. 54년도에 그렇고 56년도에 일어났지요. 그래서 우리는 동부독일에 있었을 적에 아 헝가리에서 여러 사건이 있고 폭동이 났구나. 그래서 우린 그랬어요. 서부독일에 온 남조선 학생들이 있겠는데 우리 축구도 같이 하자. 그랬더니 대사관에서 하는 말이 왜 학생들이 그럽니까? 그래서 축구는 물론 못하고 50년도엔 남한에서 독일로 유학을 몇 안 왔으니까요. 와봤자 몇 사람. 철학, 신학 공부하시는 분들이겠지요. 60년도에

서독으로 오니깐 몇 사람 있더군요. 그것이 기억되는 군요.

▼ 김 면 : 공부 차 실습은 어디를 가셨나요?

▲ 신동삼 : 물론. 우리는 공장에 가지 않고 개인 연구소에 갔지요. 전기, 기계는 자기가 가고 싶은 공장이 있지요. 반드시 Praktikum이라는 실습증명서를 바쳐야 해요. 그건 좋 더구만요. 벽돌공장에도 가고. 목재소에도 가보고. 측량 하는 것도 일주일에 측량현장에 나가야 하거든요. 측량 쓰고...좋았지요. 300동부마르크를 받았으니까요.

▼ 김 면 : 실습 때 그런 돈을 받으셨나요?

▲ 신동삼 : 대학졸업하고 그 다음에 평양에서 오라는 데 반년 정도 여유가 있는 거예요. 그때 직장에 나가 돈 버는 거예요. 그래 돈 벌어가지고 가지요.

▼ 김 면 : 드레스덴 주변 공장으로 가셨나요?

▲ 신동삼 : 전 독일로 갔지요.

▼ 김 면 : 독일여행은 자유로 왔나요?

▲ 신동삼 : 여행이 아니지. 학교를 다니는 대신에 실습을 가는 거지 요. 물론 그러면서 독일 사람과 친하기도 하고 그러지요.

▼ 김 면 : 유학생활하시면서 독일음식은 괜찮으셨어요? 50년도엔 한국과 많이 차이가 났지요?

▲ 신동삼 : 합숙소에서 주니깐 괜찮죠. 전쟁에서 혼나고 배고프니

깐. 30명이 독일에 도착하니깐 독일빵 브뢰첸Broetchen 주잖아요. 그래서 21개를 먹었어요.(웃음) 한 녀석은 더 먹었어요. 산수갑산에서 온 친구가 하나 있었어요. 그곳이 산골아니예요? 카르토펠이 감자 아니예요? 그런데 먹고 또 카르토펠 noch mal bitte! (더 주세요) 라고 했어요. 감자를 잘 먹어 우리가 감자바위가 왔다고 했지요. 함흥에 가니깐 김치가 좋더라구요.

함흥복구사업

▼ 김 면 : 고향인 함흥을 방문하셨습니까?

▲ 신동삼 : 1956년도까지 예과를 졸업하고 그 다음에 신태인씨가 우리 유학생동창인데, 후에 동부 독일주재 북한 주재로 있던 그 분이 함흥 재복구 독일 기술진의 제 1차 통역원으로 나갔습니다. 55년도 말에 그 분이 한 이후로 제 2차 통역원으로 56년도 4월에 함흥에 나오게 되었습니다. 48년도에 고향을 떠나서 56년도에 가니 8년만에 처음으로 고향을 찾게 되었습니다.

▼ 김 면 : 왜 함흥에 다녀오셨지요?

▲ 신동삼 : 54년 신태인씨가 제 1차, 나는 두 번째 통역으로 함흥에 나갔지요.

▼ 김 면 : 언제 갔다가 오셨나요?

▲ 신동삼 : 56년말에 들어왔지요. 함흥복구 독일기술진이 54년도에

발촉 했는데, 그 원인은 동독에서 52년도 주네분인가 거기에서 제3나라의 수상들이 총리들이 모였는데, 오토 그로테볼(Otto Grotewohl)도 동부독일 국무총리가 또 갔지요. 북한 외무부 장관하고 우리 동부독일에서 북한의 한 도시를 건설해 드리겠다고 주겠는데 당신네 결정하는 도시에 우리 사람을 보내 주겠다. 52년도에 그 말이 나왔고 54년도 루디거가 쓴 책에 나와 있어요.

그게 그로테볼 수상의 결정으로서 조선민주주의 인민공화국 한 도시를 동부독일에서 건설해 주겠다고 했지요. 그래서 김일성이 함흥을 결정하고 추진했습니다. 결정한 후 함흥으로 통일시키게 된 거지요.

▼ 김 면 : 함흥에 갈 때 일화가 있나요?

▲ 신동삼 : 어떤 간부가 함흥에 나갈 때, 들어오는데 자기부인이 카메라를 좋아한다는 거야. 동부독일 필림을 샀네. 저쪽 돈으로 4만원 내게 주는 거야. 저쪽 가방에도 놓았는데 하얼빈 들어가는데 독일 사람들이 그러는 거야. 왜 중국돈이 없는 거야? 북한 돈 4만원을 중국 돈 120원으로 바꾼 거야. 박세익씨 인가 그 사람 통해 필림 보냈지.

▼ 김 면 : 함흥에 독일인이 몇 명이나 계신 건가요?

▲ 신동삼 : 1954~62년까지 400명 정도이지요. 8년 동안

▼ 김 면 : 신 선생님이 직접 같이 가시지 않으셨나요?

▲ 신동삼 : 나는 첫 번 일을 시작할 때 같이 갔었지요. 다시 돌아왔지요. 공부를 계속 시작해야하니깐 56년도에 예과를 졸업

하고 59년도 졸업할 때였으니깐 지금 생각해 보면 더 오래 있어야 하는데, 그때 젊어서 공부를 더 하겠다고 일년 후에 왔지요. 지금 회고하게 되면 한 2~3년 더 있었으면 좋았지요. 공부도 그렇고 월급도 많이 받았으니깐 (웃음)

▼ 김 면 : 함흥에서는 무엇을 하셨나요?

▲ 신동삼 : 문제가 함흥에는 전쟁중 99% 폭격이 되어 파괴되었거든요. 도시계획을 해야 되겠는데, 도시계획을 하려면 데이타, 자료가 필요하거든요. 예를 들어서 강수량, 인구는 얼마나 되고, 직장, 도시주민들이 앞으로 전개될 한 도시주민들이 각 층의 형편, 남녀 어린애들 그리고 전 재료로서 수집해야 되는 거고 그 다음에는 건축 독일 도시건축가들이 설계해야 되지요. 설계를 56년도 벌써 여름에 시작했어요. 함흥시에 나가보니깐 함흥책임건축가가 있는데, 일본인 전문학교 건축을 다녔던 사람으로, 자기네가 함흥 도시건축을 했다더군요. 그래서 승낙을 받았다고 했습니다. 우리 학교 다녔던 실험실에서 하던 초보적인 실험모형이 있더군요. 독일사람은 보여주니깐 독일 사람 식으로 했지요.

책임자는 바이마르공업대학의 호르스트 프레슬러(Horst Pressler)였고, 그 다음에 동부독일 바우어 아카데미 건축아카데미에서 사람들이 몇 사람 나오고 그게 도시 계획부였고, 그 다음에 일반건축 그 분은 그때 동부독일 그 국무총리하던 아들 한스 그로테볼(Hans Grotewohl)이 책임자가 되고 일반설계, 주택, 합숙, 탁아소 … 그 부인은 아직 살아있습니다. 한스 그로테볼은 3년전에 돌아가고 그런데 한개 에피소드는 한스 그로테볼 넷째 딸이 함흥에서 (태어)났는데, 우리 농담하기를 '당신의 4째 딸이 똑똑할꺼다', '왜'(라 묻기에) 대답하길 '한국은 물도 좋고 강산도 좋고 햇볕도 좋고', '아 그럼 더욱 좋다'고 '좋을 거라고' (웃음)그 사람의 며느리를 몇 년 전에 만났어요 백림에서.

그래서 그 다음에 또 하나 재미있는 에피소드는 독일 기술자 중 몇 사람은 부인과 같이 나갔는데 대부분 혼자 나갔으니깐 일하는 첫날부터 밖으로 나가서 창부들을 찾고 그러더군요.(웃음) 그런데 자기네끼리 고생도 하고 소환되고 그런 일도 있었어요. 평양은 파란(폴란드)서 도시계획을 맡기로 하고 함흥은 동부독일 사람들이 도시 계획을 맡기로 하고. 도시건축하고, 일반 건축하고 벽돌공 그 다음에 심지어 점토, 점토로 벽돌을 만드는 전문가도 나가고 측량은 물론 그 다음에 도시 건축 토목계산가지요. 그런 사람도 나가고 교량, 자우지간에 한 도시에 각 분야의 전문가들이 나갔지요.

▼ 김 면 : 함흥은 어떤 도시입니까?

▲ 신동삼 : 함흥은 38도선위에서 평양 다음으로 가는 게 동해안의 함흥인데. 함흥은 일제 때부터 문화중심, 교통중심입니다. 서울에서 기차를 타고 가면 그 다음날 아침에 도착하고, 함흥저녁에 기차를 타고 가면 이튿날 아침에 서울에 도착하지요. 또 저쪽으로 가면 아침에 평양에 도착하지요. 비행기를 타면 1시간 걸리지요. 그러니깐 옛날부터 함흥은 함경도에서 문화, 경제중심지였지요.

▼ 김 면 : 함흥엔 무슨 공장이 있었지요?

▲ 신동삼 : 함흥엔 (대표적으로) 흥남화학공장, 흥남비료공장 등이 있지요. 화학공장은 아까 말씀 드렸듯이 이승기 박사가 나일론 그거 있고, 그 다음에 50년도 내가 인민군대에 들어갈 때 이미 미군 B29가 7월 중순에 와서 벌써 폭격을 시작하던데요. 비료공장을 때려서 도망갔지요. 그래서 좌우지간 한 사회주의, 공산주의, 자본주의나 말할 것 없지만 한개 서양나라가 한개 동양에 있는 한개의 완전한 도시를 첫 번부터 도시계획해가지고 그 자기내 기술을 배워주고 그 다음에 기술전수도 하고 같이 함흥에서 한국사람과 같이 일했다는 것. 그것은 역사적으로 귀중한 것이지요.

▼ 김 면 : 함흥에 한번 가시고 또 방문하셨나요?

▲ 신동삼 : 한번 갔지요.

▼ 김 면 : 다른 유학생들도 북한을 다녀 올 수 있었나요?

▲ 신동삼 : 아니지요. 우린 특별히 건축과에서 통역으로 몇몇 동원되고 이승기박사 때문에 화학부에서 몇 사람 왔다 갔어요. 이승기박사가 공장을 해가지고 예날에 동부독일 나일론 같은 화학공장이 컷어요…반년인가 갔다 왔지요. 갔다온 우린 행운아 였지요. 그러지 않았으면 힘들었지요. 북한에 작년에야 갔다 왔지요.

▼ 김 면 : 이승기 박사님이 독일에도 오셨나요?

▲ 신동삼 : 동부독일에요. 그 양반이 김일성주석이 시켜서, 나일론

공장 만들어라고 해서 독일 화학공장(Chemieanlage)을 지어있으니깐 오셨다 갔지요... 화학분석, 기본화학, 화학합성 거기를 죽 방문차 돈 거지요. 화학부 친구들이 이승기박사를 봤다고 자랑하더군요. 박사님을 보러 가자고 해 갔지요. 박사를 봤지요.

▼ 김 면 : 사회주의 국가간의 갈등에 대해 느끼신 게 있으십니까?

▲ 신동삼 : 만주에서 온 유학생들이 있었는데 그 친구들을 다 중국인으로 보거든요. 회의 때 질문하더군요. 중국 공산당에 이러한 방침이 있는 데 왜 조선노동당에선 그렇게 안합니까? 그런 질문을 하더군요. 학생들이야 방향이 다르구나만 느끼죠.

루디거 교수는 쓰길, 함흥사업도 연장이 될 수 있었는데, 중국하고 여러 가지 갈등이 생겨서 평양에서 중립적으로 했거든요. 그 다음해 소련을 반대하게 되고 동부독일에서 갈등이 생겼어요. 동부독일은 소련에 붙기도 했거든요. 그래서 "좋습니다. 함흥사업을 중지합시다." 소문이 그렇게 났습니다.

함흥에서 독일기술단의 비평도 좋지 않았고 마지막 60년도 지난날부터 예를 들어 역사상 서양나라가 동양나라로 가 한 개의 도시를 건설하는 데 사람과 사람이 만나는 건데... 내가 본 게 하나 있는데, 독일 사람이 어떤 문제를 주장하더군요. 건설 현장에 문제점을 제기하게 되었습니다. 함흥에 있는 건설일꾼이 우리는 반대입니다 하니 독일 사람이 다시 이러이러한 조건으로 해야 됩니다 주장하니, 함흥일꾼이 말하길, 저 독일 사람은 히틀러 파쇼식으로 이야기한다는 군요. 저는 곁에서 내가 파쇼식으로 독일어로 통역하여 말해야 합니까? 그러니깐 함흥일꾼이 글쎄 맘대로 하십시오라고 했습니다. 당신이 그런 말을 했다면 회의는 끝나게 됩니다라고 했지요. 그렇게 아십시오. 글쎄요 그렇게 되겠지요. 그래서 내 그 말은 하지 않고 다음번에 그런 말 하게 되면 한 숨도 쉬고 한 번 더 생각해서 말씀하는 게 좋을 것입니다. 우리를 돕기 위해 만리 밖에서 왔는데 그렇게 모욕하면 됩니까? 이렇게 의견이 차이가 나기도 했지요. 그런 일도 있고 .

또 한 기억으로는 독일 일꾼이 한번 와서 "뮬"하는 데, 폐물을 치우라고 그러는 데, 독일 할아버지가 물 필요하다고 그러는지 알고 할머니가 물 한바가지를 가져 온 거예요. 그러니깐 Nein.(아니오) Nicht Mul(물), Muell (뮬: 쓰레기) 이라고 했지요.

또 하루는 8월 15일 광복절 날이었어요. 함흥 공회당에선 유지들을 만나는데 열성자 대회라고 그러는데 함흥의 독일 사람들이 초대되고 했어요. 그런데 내가 통역을 갔는데 통역을 하는 분이 직접 통역을 반대로 한 것 같아요. 그래서 경찰들이 와서 옥신각신하고 그래서 그 일이 끝난 다음부터는 정치적인 통역을 하여야 할 때는 꼭 종이를 써가지고 해야 되겠다고 느꼈죠. 그 다음엔 숫자문제인데 아시겠지만 서양에서는 천, 공이 3개 단위거든요. 한국은 만, 공이 4개거든요. 통역이 잘못하게 되면 공이 들어갔다 나왔다 해요. 그래서 정치적 통역하고 숫자 통역할 때는 반드시 종이에 쓴 다음에 통역해야 되겠다고 느꼈습니다. 그런 기억이 납니다.

결과적으로 역사적인 실적은 긍정적으로 보고 있고 지금도 작년에 독일 사람이 몇 번 전화 걸었는데 옛날애기하며 함흥 같은 시설을 그리워하고...

▼ 김 면 : 함흥 프로젝트자료들이 남아있는 지 알고 싶습니다.

▲ 신동삼 : 자료에 대해서 빈 대학 뤼디거 교수님이 함흥사업에 대해서 쓴 책을 본 이후에 데사우 바우하우스에 직접 문의를 해 보았습니다. 도서관 원장님이 저한테 연락이 왔는데 A4로 된 연구자료가 4,000장 있고 동독 사람들이 54년~62년도 까지 현장을 찍은 DIAS(슬라이드)가 약 900개 되고 그 다음에 독일 사람들이 설계제도가 140개 있습니다. 그런 정보를 거기서 받았습니다. 제 생각으로선 전문가가 한 2~3주일 전문적으로 일해야 될 것입니다.

서독으로의 탈출

▼ 김 면 : 서부독일로 넘어오신 동기가 있으신가요?

▲ 신동삼 : 우린 유학 제 1기생이 들이거든요. 함흥에서 온 제 1기생이 배반하면 되겠냐 해서 난 한 반년 고민했지요. 그런데 제 개인적으로 저 59년도에 졸업하게 되었는데 59년 가을에 도망했는데 59년도 여름에 집에서 함흥에서 편지가 왔는데 아버님이 돌아가셨다는 거야. 그래 속으로 OK. 아버님이 돌아가셨다면 난 막내이고 셋째아들인데 어머님이 혼자 있는데 맏형하고 둘째형이 어머님을 모실 것 아니야? 난 마침 자유다. 그러니깐 내 개인적인 모티브인

데, 내 지금 생각하니깐 그것이 서부독일에 오게 된 거로 내가 장남이라면 vielleicht nicht (아마 아니야).고향 그 그런 경우 때문에 …그래 그래서…

▼ 김 면 : 서독으로 넘어오다가 발각되고 그랬나요?

▲ 신동삼 : 우린 한 20명 왔는데 다행히도 한명도 발각된 적이 없어요. 어떤 친구들은 우리 38선처럼 있는데 국경을 넘어 온 친구들도 있고 대부분 백림에 들어와서 S-Bahn(전차)을 타면 서백림으로 넘어 올 수 있으니깐.

▼ 김 면 : 중간에 아무런 검열도 없었나요?

▲ 신동삼 : 없어. 물론 경찰은 지나가는데 저쪽에서 말하는 인민경찰하고 서부경찰이 있는데 도로이쪽에는 인민경찰이 있고 도로 저쪽에는 서부경찰이 있고 그때 장벽이 없을 때니깐 장벽은 1960년에 되거든요. 베를린 마우어(장벽). 우린 도망갈 때가 59년 말이니 장벽이 없을 때니깐. 다행이지.

▼ 김 면 : 탈출경위에 대해서 말씀해 주시지요.

▲ 신동삼 : 우리 젊은 사람들이 정치적으로 훈련된 것도 아니고 학교생활 하다가 그 다음에 칼맑스, 레닌, 공산당 그런 것도 배운 것도 아니고. 공업대학에 갔거든요. 우리가 서양에 개인주의가 많이 않습니까? 몇 년 살다보니깐 사회상, 인간생활이란 게 그렇구나 그렇게 된 거지요. 그렇게 되서 결론은 뭐이야 다시 들어가서 그쪽에서 일하는 데로 일하겠느냐 혹은 소위 말하는 자유를 자유라는 게 의미

하는 게 많은 건 데. 딴 생활을 할 수도 있지 않아요?
또 장남이 되었으면 좀 더 생각하였을 거예요. 59년도
졸업시험 치기 직전에 아버님이 돌아가셔 그래서 망명한
구실로 볼 수 있는데 형님이 두 분이 있으니깐 나야 뭐
어머님을 그 분들이 뒷받침 해 줄 수 있으니깐 구실도 되
지요. 장남이라면 더 생각했을 것입니다. 여기 넘어 온
사람이 한 20명되는데 미국에 한 사람가고 서울에 세 사
람, 두 사람은 죽고 지금 독일에 십여명 있어요. 막내가
67살인가? 벤야민이. 다 할아버지가 됐지요.

▼ 김 면 : 독일생활은 잘 적응 하셨습니까?

▲ 신동삼 : 지금 생각하면 좋았어요. 뭐라고 할까? 천진난만하다고
할까. 내 하나님 믿지 않는 데 그때 잘 되겠지요. 뭐 낙천
적인 …낙관적으로 본성이었지요. 여기까지 왔는데 뭐
생기겠냐. 대한민국사람들은 그렇게 생각하지 않아요?
공산당들은 꼬리가 세 개있고 뭐 아이를 잡아먹고 내가
북쪽에서 온 사람이라고 조심하라고 하더군요.

▼ 김 면 : 서독으로 오신 분들이 있으면 조사가 심해졌나요?

▲ 신동삼 : 그래서 결국 남쪽에 사는 김선생이 서독에 넘어 오니깐
부모편지가 왔는데 너 돌아오라고 너 돌아오면 우리나라
가… 그런데 돌아가게 되면 곤란하니깐 돌아 안가고 그
런 실례가 있고… 저의 경우는 그런 경우는 없고… 동창
생들 얘기를 들으니깐 좌우간 회의도 많이 했고 검열도
많이 하고 분위기가 아주 좋지 않았다고 들었습니다. 그
렇다고 인민군대에 나갈 때 육군 장교가 되어 왔는데 만

주에 부상당해서 만났는데 그 분이 우리 소학교 1년 선배
예요. 1년 선배인데 나는 그때 하사관이었거든요. 나를
특별히 아는 사람이라고 도와주고 봐주더군요. 그 친구
가 1959년 내 서부독일로 도망할 적에 백림주재 동부독
일대사관에 학생지도원 그러니깐 문화관으로 온 거야.
그래서 인사를 하고 내가 도망간 다음에 그 사람이 그러
더래. 신동삼씨는 참 좋은 사람인데 왜 도망을 갔는지 모
르겠다고 지금도 가슴이 아픕니다.(웃음)

신동삼 선생 구술인터뷰

윤몽원 박사(가명) 외 1
구술인터뷰

면담일자 : 2004년 2월 21 (토)
장소 : 독일 칼스루헤시
면담자 : 김 면

1. 북한의 선발과정과 동독유학

2. 동독의 인재교육사업

3. 서독으로의 탈출

윤몽원 박사(가명) 외 1 구술인터뷰

▼ 김 면 : 선생님, 오늘 우선 북한현대사 관련 진술을 위해 귀한 시
간을 내주셔서 감사드립니다. 구동독과 북한의 (과거) 교
류에 관해서 인터뷰를 하고자 합니다. 먼저 제가 질문을
드리겠습니다.

북한의 선발과정과 동독유학

▼ 김 면 : 1950년대 당시 구동독으로 오게 된 경위에 대해서 말씀
해주시지요?

▲ 윤박사 : 조선공화국은 52년부터 동독, 폴란드, 체코, 루마니아,
불가리아 등에 국가재건기술을 배우고자 유학생들을 당
에서 선발하여 파견했지요. 그때 중국으로 역사를 배우
고자, 몽고로는 목축업을 배우고자, 알바니아까지 유학
생을 파견하였습니다.

▼ 김 면 : 얼마만큼의 유학생이 있었습니까?

▲ 윤박사 : 아마도 1959년 말까지 450명 정도의 규모라고 생각됩니다. 그중 95%가넘는 대부분이 자연과학을 공부하였고, 내 기억으로는 외국어와 의학을 배우는 사람도 있었던 것으로 알고 있습니다.

▼ 김 면 : 유학생들은 어떻게 선출하였나요? 김일성대학교생들도 있었습니까?

▲ 윤박사 : 이곳에 온 52년 1기생과 53년 2기생들은 한국전쟁 중에 온 사람들입니다. 당시는 전쟁때라 아직 굳건한 사회조직이 없었기에, 몇차례 시험을 거쳐 오게 되었습니다. 처음 군에서 그리고 면으로 그리고 맨.. 나중엔 평양에서 시험을 보았지요. 물리, 화학 같은 과목 등을 치뤘지요. 난 인민군대에 있었기에 중대에서 뽑혀 사단으로 가 시험보고 나중엔 평양에서 시험을 보았지요. 전시에 군인들은 서로 지역출신을 바꾸어 배치하게 되어있어 배치된 곳을 잘 모르고 있었으며..함흥인지 아무튼 전체사단을 대상으로 하였지요.
김일성대학은 1946년에 생겼으니깐 거의 대학 초창기라 이들만을 대상으로 하지 않았지요.

▼ 김 면 : 당시 상황을 좀더 자세히 이야기해주시지요?

▲ 윤박사 : 1952년에 1기가 9월말에 그리고 같은 해 다음기가 12월말에 파견되었습니다.
사회주의 국가로서 전후를 미리 준비한다는 차원에서 유학생을 보냈지요.
배운 전공들은 다양했지요. 기계, 전기, 철도, 화학, 건축, 통신, 조선 등의 분야로 나누어 배우게 되었습니다.

▼ 김 면 : 윤 박사님은 어떻게 유학을 오시게 되었습니까?

▲ 윤박사 : 저는 동독으로 온 그룹의 1기생이었지요. 이들은 52년 10월에 왔고, 다음 2기생들은 53년 8월에 왔지요. 많은 이들은 고등학교만 졸업을 하고 거의 대학을 시작할 때 쯤에 뽑혀왔지요. 군대에서 뽑혀서 온 사람은 많지 않았 습니다. 나는 군대에서 뽑혀서 2번 시험을 치루고 오게 되었지요.

동독의 인재교육사업

▼ 김 면 : 동독의 어느 대학에서 배우게 되셨나요?

▲ 윤박사 : 드레스덴 철도대학에 대략 300명 정도로 제일 많은 유학 생이 있었습니다. 그리고 라이프찌히, 로스톡 등에 여러 곳에 학생들이 있었지요. 로스톡대학에는 조선학이 있었 던 것으로 기억합니다.

▼ 김 면 : 당시 유학생활은 어떠하셨는지요?

▲ 윤박사 : 독일학생과 함께 생활하게 되어있었지요. 독일인들은 동 독에서 사상이 투철하여 뽑힌 학생들로 수업과 생활 지 도를 맡고 있었으며, 이들을 베트로이어 Betreuer(지도 원)로 불렀지요. 방은 1:1혹은 2:1로 생활하였습니다. 소 련과 중국 그리고 베트남의 사회주의권 국가들에서 온 학생들을 같은 기숙사에서 흔히 볼 수 있었지요. 이들은

북한체제 형성과 발전과정 구술자료 : 일본·독일

역시 사회주의 연대성 Solidaritaet의 측면에서 유학 오게 된 학생들이지요.

▼ 김 면 : 독일의 교육과정은 어떠했던 가요?

▲ 윤박사 : 우선 의주의 외국어 교습소에서 기초과정을 배운 후, 동독에 입국하여선 라이프찌히대학교에서 독일어를 약 1년간 습득하였지요. 본인은 53년 1월에서 3월까지 수학과 물리를 겸하여 공부하게 되었지요. 그리고 드레스덴 공대로 가서 공부하게 되었습니다.

▼ 김 면 : 독일 동료학생들에 관해 설명을 부탁합니다.

▲ 윤박사 : 동독 학생들은 당성이 강한 사람들입니다.
이들은 SED(사회통일당)의 당원으로서, FDJ(자유독일청년; Freie Deutsche Jugend)의 소속원들입니다. 반은 군사조직이며 반은 정치조직이라고 말할 수 있습니다. 이들은 베트로이Betreuer(지도원)로서 우리들이 공부하거나 생활하는데 절대적인 도움이 되었지요. 한편으로 인간적으로 이들은 순진한 측면이 많았습니다.

▼ 김 면 : 당시 1950년대 동독과 북한의 함흥경제협력프로젝트에 관해 들으신바 있습니까?

▲ 윤박사 : 함흥은 흥남과 함께 전통적인 북한의 공업지대입니다.
비료공장, 진남포, 청진 등 공업기지로서의 중요성을 들 수 있습니다. 당시의 생산은 현재와 질적으로 비교할 수 없는 상황이지만, 제련소로서 알루미늄 등을 상당량 생산할 수 있는 곳이었습니다

▼ 김 면 : 김일성 주석이 1950년대 동독을 방문하였을 때, 만난 적
이 있습니까?

▲ 윤박사 : 모리츠부르크에서 김일성과 사절단이 방문하였습니다.
당시 이곳엔 북한에서 온 많은 고아들이 있었습니다. 이
곳에서 동독의 유학생들과 북한 고위층과의 만남이 있었
습니다. 이곳 출신의 고아들 중 한명이 작년에 이곳 독일
방송에 나온 걸 본 적이 있습니다. 인터뷰 내용중 북한엔
거지가 없다는 내용을 주장하는 것을 보기도 하였습니
다. 한편으로 측은한 생각이 들었습니다.

▼ 김 면 : 당시 생각나는 일이 있습니까?

▲ 윤박사 : 나는 중학교 2학때까지 조선말을 배우지 못하였습니다.
해방후 민족적 감정을 느끼며 배우게 되었습니다. 여러
통역의 경험에 있어 우리말을 번역할 때 의역이 필요하
다는 문화적, 경제적 차이를 느끼게 하는 에피소드가 몇
가지 있었습니다. 우리 생활하는 학생들에 있어 두가지
성격을 지니고 있다고 볼 수 있어.
사과와 토마토가 그것이지. 사과는 겉으로 열렬한 공산
당원이지만 속은 그렇지 않은 학생이고, 토마토는 겉과
속이 모두 철두철미한 공산당원이야. 이들은 집안이 좋
아 유학을 왔기 때문에 공부를 잘 못했어. 그리고 사상학
습회의시간에만 열렬히 앞줄에 나오곤 했지.

▼ 김 면 : 다른 기억나는 사건이 있었나요?

▲ 윤박사 : 우리 유학생 중에 공부도 잘하고 당성도 좋고 한 친구가
있었어요. 그 친구가 평양에서 대학을 다니다가 온 친구

인데 독일여자와 사랑에 빠지게 되었지요. 그 독일여자분은 독일 높은 분의 따님이거든. 그 친구는 북에 가정이 있고. 그래서 그만 함께 자살을 하고 말았어. 그런데 그이가 자살하려고 할 때, 빨리 죽으려고 일을 거행하기 전에 화학약품을 여러 가지 묻고 준비했었데. 약을 입에 넣고 위에 들어갈 때 오랜지쥬스를 먹으면 1분이 못돼서 고통스럽지 않게 죽을 수 있는 방법을 연구했나봐. 참 비극이었지. 그게 기억나는군요.

서독으로의 탈출

▼ 김 면 : 그중 서독으로 탈출하신분이 몇 분이나 되지요?

▲ 윤박사 : 57년 말부터 60년까지 대략 20명에 달하고 있지요. 61년 베를린 장벽이 세워진 후 탈출은 거의 없었습니다. 탈출은 장벽이 세워지기 이전 동베를린에서 서베를린으로 가는 에스반(전차) S-Bahn을 타고 가능하였지요.

▼ 김 면 : 서독으로 오신 분들은 현재 근황이 어떻습니까?

▲ 윤박사 : 현재 독일에 15명 정도가 있습니다. 연령은 67세에서 74세입니다. 주로 아헨, 베스트팔렌과 이쪽 남쪽에 주로 살지요. 3명은 한국으로 갔고요. 1명은 미국에 있습니다. 2명은 이미 별세하셨습니다. 대부분이 연금을 받는 상태이고, 현재 과학기술에 종사하는 사람은 2~3명 정도이고, 자식손자나 돌보고 있지요.

(본 구술은 3시간의 내용을 축약한 것임.)

제5부

동독 함흥재건 사업

구술일자 : 2004년 5월 28일(금)
장소 : 독일 베를린시
질문자 : 김 면
*본 구술은 서신을 통해 이루어졌음

1. 함흥 작업단 지원
2. 낯선 코리아
3. 독일 기술단 사업
4. 북한여행과 문화습득
5. 북한 공산주의

함흥 작업단 헤셀씨
(Werner Hessel) 구술인터뷰

▼ 김 면 : 안녕하십니까. 우선 동독과 북한관련 현대사를 연구하는 이번 인터뷰에 응해 주신 점에 진심으로 감사드립니다.

함흥 작업단 지원

▼ 김 면 : 당신은 언제부터 언제까지 북한에서 일 하셨나요?

▲ 베르너 헤셀 : 1956년 12월 6일에 베를린을 출발해서 1956년 12월 12일 함흥에 도착했어요. 돌아올 때는 1957년 11월 26일에 기차를 타고 함흥에서 출발해 1957년 12월 15일 베를린에 도착했습니다. 돌아오는 길에 예정에 없던 신양에서 북경을 자비로 1957년 11월 29일에서 1957년 12월 4일까지 들렀습니다.

▼ 김 면 : 어떤 일을 하셨고 어떤 것에 관심이 있으셨나요? 그리고

어떻게 사업에 지원하게 되셨습니까? 그 당시 자격조건은 무엇이었죠?

▲ 베르너 헤셀 : 함흥에서 일을 하셨던 동료 흐르스트 벨저씨가 우리 프로젝트 사무실에서 슬라이드와 음반을 가지고 강연을 했지요. 도시 전체가 파괴된 모습을 보여줬지만 풍경과 사람들은 인상적이었으며, 부분적으로 이국적이었습니다. 신청은 동독 정부 내 "조선 건설진"에서 했지요. 베를린에서 당시 함흥의 건설책임자인 흐르스트 프래슬러와의 적성인터뷰를 한 후 함께 참여하는 것이 결정되었지요. 나는 건축사자격으로 참여했습니다. 1954년 베를린 바이쎈제에 소재하는 응용 공예대학에서 디플롬학위를 받았습니다.

▼ 김 면 : 당신은 어떤 동기로 북한에 가게 됐나요?

▲ 베르너 헤셀 : 나는 끔찍한 전쟁 후에 복구사업을 돕고 싶었습니다. 또한 이 지역과 그곳 사람들을 알고 싶었지요. 내 자신의 2차 대전 때의 쓰라린 경험이 큰 역할을 했죠. 그리고 낯선 것에 대한 호기심도 또한 있었습니다.

코리아에 관한 나의 지식은 얼마 안 되었고, 일간 신문기사와 1956년에 발행된 두 책을 통해서 얻은 것이 전부였습니다. 그 책은 베를린 콩그레스 출판사에서 출간한 막스 찜머링(Max Zimmering)의 "신선한 아침의 나라"와 베를린 쿨투어와 포르트쉬리트 출판사의 나라별시리즈로, 대 소비에트 백과사전의 "코리아"였습니다.

낯선 코리아

▼ 김 면 : 당신이 북한에 머물게 되신 후 북한의 인상은 어땠습니까?

▲ 베르너 헤셀 : 북한 정착 후에 거기 북한 사람들이 활력 있고 낙천적으로 신념과 의욕을 가지고 혹독한 고통과 엄청난 파괴 속에서 벗어나서, 다시금 아름다운 국토를 살기 좋게 마련하고자 하는 걸 난 확신하게 되었습니다. 그 때문에 도움이 필수적이었죠. 거기에 보다 추가적인 지원이 무조건적으로 필요했습니다. 유감스럽게도 작업에 투입된 후에 북한 동료들과 함께 교류하려는 의도는 반응을 얻지 못했고 경우에 따라서는 중단되었습니다.

▼ 김 면 : 현재 북한에 대한 인상은 어때요?
▲ 베르너 헤셀 : 유감스럽게도 현재 코리아는 예전의 독일처럼 둘로 나뉘어 있잖아요. 북측의 발전은 인민 다수를 위해 긍정적으로 이루어지지 못했습니다. 사람들이 얻는 소식에서 볼 수 있지요. 안타깝게도 우리의 도움은 부분적으로 성과 없이 끝났습니다.

▼ 김 면 : 어떻게 북한에 가셨나요?
▲ 베르너 헤셀 : 우리는 소련 IL-14기를 타고 베를린 쇠네펠트공항에서 바르샤바, 모스크바, 카잔, 스웨르둘롭스크,

옴스크, 노보꾸즈네쯔끄, 크라스노야르스크, 이루꾸쯔크 와 체첸을 거쳐 갔습니다. 그리고 나서 북한 비행기를 타고 방콕, 하얼빈, 신양, 평양을 거쳐 함흥에 도착했습니다.

여행은 1956년 6월 12일에서 12월 12일까지였고 날씨 때문에 경유지에서 비행이 지연되었습니다.

독일 기술단 사업

▼ 김 면 : 함흥에서 당신은 어떤 파트에서 일을 하셨나요?

▲ 베르너 헤셀 : 지상 건축 파트요.

▼ 김 면 : 얼마나 많은 사람들이 함흥에서 일했나요? 그리고 당신이 있는 파트에는 몇 명의 사원들이 있었나요?

▲ 베르너 헤셀 : 독일 기술단은 1957년 근무기간은 1년 정도로 하여 지속적으로 여러 그룹들이 교대로 투입과 철수를 하며 100명 넘게 일을 했습니다. 지상 건축 파트에는 30명의 북한인과 5~6명의 독일인 근무자가 있었습니다.

▼ 김 면 : 작업의 주안점은 무엇이었죠?

▲ 베르너 헤셀 : 22개 학급의 학교 프로젝트를 건설하는 것이었어요.

▼ 김 면 : 다른 외국인 작업자와도 일 해보셨나요? 어떤 나라에서

왔고 어떤 분야의 일을 했나요?

▲ 베르너 헤셸 : 네. 수력 발전소 장진강에서 체코인과 일을 같이 했
  지요.

▼ 김 면 : 당신의 가족은 어디에 있죠? 그 당시 외국인을 위한 학교나
  교육시설이 있었나요? 북한에서 가족을 환영해 주던가요?

▲ 베르너 헤셸 : 아뇨. 가족은 함께 오지 않았어요. 우리 작업반은 독
  일 아이들을 위한 여선생님이 한분 계셨고 유치원이
  하나 있었어요.

북한여행과 문화 습득

▼ 김 면 : 북한 여행은 하셨나요? 그렇다면 어딜 방문하셨죠? 여행
  에서 특별히 기억에 남는 것이 있다면 무엇인가요?

▲ 베르너 헤셸 : 우리는 매 주말에 여행을 했어요. 자전거, 기차, 오
  토바이, 트럭, 지프나 17인용 버스 등을 이용했습니
  다. 목적지는 대개 불교 사찰 같은 역사 건축물, 능
  원, 명승지나 역사 유적지 같은 곳이었죠.
  예를 들면 ;

(버스여행)

1956년 12월 16일   정평에 있는 사찰 관음사(버스)

1957년 1월 27일   도조왕릉(기차)

1957년 2월 9일   본궁 박물관 – 능원

1957년 2월 17일   신북청(기차) 북청(버스)

1957년 2월 19일–21일   평양으로 출장(기차)

1957년 3월 3일 홍원(기차)

1957년 3월 10일 신흥에서 사찰 운족암(오토바이)

1957년 3월 17일 신포(기차) 1.절

1957년 3월 24일 신포(기차와 자전거) 2.절

1957년 3월 31일 고원의 절(버스)

1957년 4월 6일-7일 리원의 절 복흥사 (기차/자전거)

1957년 4월 27일 오로리 (기차) 사찰 백운산

1957년 5월 5일-11일 평양에서 개성으로 감

1957년 6월 1일-2일 대흥, 장진의 샛길(오토바이)

1957년 8월 15일-16일 천불산의 절과 폭포(오토바이)

1957년 8월 24일-25일 신북청(자전거/기차)

1957년 9월 22일 홍원 트럭을 타고 일주

1957년 9월 28일-29일 동료와 함께. 장진(버스, 트럭, 지프)

1957년 10월 6일-8일 동독 기념일 축제행사

(갈 때는 기차 - 올 때는 비행기)

1957년 10월 13일 사찰 백운산(오토바이)

1957년 10월 19일-20일 리원(기차, 자전거) 사찰,

오래된 학교(철도 휴게소로 사용하고 있는)

1957년 11월 3일 장진의 샛길을 오토바이 타고 감

특히 기억에 남는 것은 거의 파괴된 개성, 판문점, 오래된 잘 보존되어 있는 사찰과 그리고 유감스럽지만 전쟁을 통한 큰 폐허였습니다.

▼ 김 면 : 한국어를 배우셨나요?

▲ 베르너 헤셀 : 네. 유감스럽지만, 잘 되지는 않았습니다. 또한 통역

사가 충분히 있었어요. (드레스덴 공대에서 공부했던 북한인들은 언제나 그들 학업을 1년간 중단해야 했습니다.)

▼ 김 면 : 한국 문화는 당신에게 매력이 있었나요?

▲ 베르너 헤셀 : 의복이지요. 무엇보다도 아이들과 여자들 그리고 남자 어른들의 명절한복이요. 그리고 아이들의 머리스타일. 또는 잘 보존되어 있는 옛 고가(古家)와 문화건축물. 아이들을 등에 업는 모습과 여자들이 머리위로 짐을 이고 가는 것. 나무 굴뚝과 온돌난방. 사찰과 입구의 돌무덤. 유럽식 의미의 공동묘소의 부재(不在), 볏짚의 다양한 활용. 창과 문에 쓰인 창호지와 높은 문지방, 산으로부터 서로 잇대어 만든 나무줄기 수도관 등을 언급할 수 있지요.

▼ 김 면 : 당신에게 "전형적인" 한국인의 태도는 어떤 것이었나요?

▲ 베르너 헤셀 : 사람들은 겸손하고, 친절하고 배우려 하고 열심히 일하려 합니다. 또한 자존심이 강하고 자부심을 지니고 있습니다.

▼ 김 면 : 당신이 머무는 동안 "전형적이지 않은" 한국 남녀를 알게 되었습니까?

▲ 베르너 헤셀 : 아니오. 그러나 그들은 차별적인 성격과 다양한 전문적 자격기술을 가지고 있었습니다.

북한 공산주의

▼ 김 면 : 공산주의와 한국의 전통과의 관계에 대해서는 어떻게 보십니까?

▲ 베르너 헤셀 : 일제 압제하에서의 해방에 역할을 하였습니다. 중국과 구 소련의 영향은 모든 인민을 보다 나은 생활로 만드는 생각에 큰 역할을 하였지요.

▼ 김 면 : 그 당시 북한의 공산주의에 대해 당신은 어떻게 서술했나요?

▲ 베르너 헤셀 : "위대한 지도자" 김일성에 대한 개인숭배가 전체 삶을 상당히 각인시켰습니다. 그는 다른 사회주의권 나라보다도 더 강하게 영향력을 행사했습니다. 그러나 명백히 그 당시 사람들은 이미 그를 따를 준비가 되어 있었고 그들의 상황을 더 낫게 발전시킬 것이라고 믿고 있었습니다.

▼ 김 면 : 선생님의 작업상황은 어떠하였습니까?

▲ 베르너 헤셀 : 프로젝트사업은 북한 동료들과 함께 했지요. 다시 말하면 작업을 처리하면서 동시에 공동 작업장이나 건설공사장과 사업현장에서 기술이 익숙하지 않은 북한노동자들을 지도하거나, 기술을 가르치거나 작업을 감독하였습니다.
북한근무자의 상당수가 적합한 직업교육을 받지 않았어요. 다시 말해 자격이수교육이 우선적인 역할을

하였습니다. 따라서 작업을 막고 지체시키는 고장과 의견차이가 당연히 발생했죠. 그럼에도 불구하고 서로의 관계는 언제나 허심탄회한 것만은 아니지만 친밀했어요. 따라서 명백히 규명할 몇 가지 문제점들은 서로 간에 해결하였습니다.

함흥 작업단 쉬로트씨
(Johannes Schroth) 구술인터뷰

구술일자 : 2004년 10월 4일(월요일)
장소 : 독일 라이프찌히
질문자 : 김 면
* 본 구술은 서신을 통해 이루어졌음

1. 독일기술단 참여동기

2. 함흥복구사업

3. 조선문화에 관하여

4. 일상과 한인들과의 교류

5. 북한지도자의 방문

6. 동독으로의 귀환

7. 통일관

함흥 작업단 쉬로트씨
(Johannes Schroth) 구술인터뷰

▼ 김 면 : 선생님께서 이번 연구프로젝트에 참여해 주셔서 감사합니다. 질문사항이 많아 선생님께 답할 시간이 필요하실 것입니다. 편안하게 생각하시고 하나하나씩 질문에 응답하시어 답변이 되는 부분부터 저에게 보내주셨으면 합니다. 선생님의 모든 답변은 한정된 범위안에서 검토한 후, 궁극적으로 (북한의 함흥복구사업) 독일기술단에 관한 경험과 기억을 한국내 대중에게 출판하고자 합니다. 질문에 응대해 주신 점에 다시 한번 감사드립니다.

독일기술단 참여동기

▼ 김 면 : 언제부터 언제까지 북한에서 일을 하셨습니까?
▲ 쉬로트 : 저는 1955년부터 1957년까지 일했습니다. 그사이 4주간의 휴가를 포함해서요.

▼ 김 면 : 선생님이 그 사업을 어떻게 아시게 되었습니까? 어떤 것에 관심이 있었습니까? 그리고 어떻게 그 일에 지원하셨나요? 당시 선생님의 자격조건은 무엇이었습니까?

▲ 쉬로트 : 대학 공부 이후에 취직한 기획업체에서 모집이 있었지요. 반향이 약했지요. 전쟁 직후 2년 후의 상황에 대한 불확실함이 컸어요. 사방에서 나에게 하지 말라고 충고를 들었지요. 부모님한테도요.

저는 1954년 건축전문학교로 엔지니어대학을 졸업했습니다. 따라서 실습 경험을 전혀 가질 수 없었지요. 기껏해야 목공으로서 약간만이 있었습니다. 이제 막 21살로 세상에 호기심이 많았지요. 나는 사실 당원이 아니었으나, 사회주의적인 이념은 지녔습니다. 우리 중 다수가 선호했던, 당시 가능한 서독으로의 이주를 전혀 고려하지 않았습니다.

그런데 건축가가 아닌, 회계담당직을 모집했어요. 난 그것에 대해 몰랐고 하고 싶은 마음도 없었습니다. 아마도 건축가로서는 채용되지 않았을 것입니다. 이미 (건축가 직종의) 등록이 많았습니다. 북한에서 (사람들이) 나에 대해 알게 되었지만, 아무런 문제가 없었습니다.

▼ 김 면 : 어떤 동기로 북한에 가게 되었습니까?

▲ 쉬로트 : 아마도 무엇보다 호기심이었지요. 세상에 대한 갈망이요. 또한 돕고자 하는 마음과 연대의식도 부분적으로 있었고요. 그러나 누가 정확히 그것을 알 수 있나요.

▼ 김 면 : 선생님이 북한에 체류하시전 북한을 알았습니까? 어떤 이

미지였나요?

▲ 쉬로트 : 단지 작은 아시아의 나라로, 중국과 함께 남한과 미국의
기습공격에 대항하여 용감히 맞섰고 완전히 파괴되었다
는 것이지요. 여행전에 우리는 기술단의 상당한 자료를
받았습니다. 대개 중요하고 유용한 것이지요. 그 지역과
사람들, 위험 등을 알게 되었지요.
그러나 남한이 전쟁을 시작했다는 거짓말도 또한 들었지
요.

▼ 김 면 : 북한체류 이후에 북한의 이미지는 어떠했습니까?

▲ 쉬로트 : 친밀감 있고 근면하며 영리한(또한 좋은) 사람들로, 자신
의 길을 가려했으며 급속한 성장을 이루고 있었던 매우
가난한 나라였지요. 그것이 이미지의 기본적인 성향이었
지요. 2년 후 거기서 물론 많은 이야기, 모습들과 다양한
색조로 채워졌지요. 길가에 많은 사람들이 굶주리는 것
또한 보았지요. 그러나 많은 것들이 비교적 빠르게 개선
되었습니다.

▼ 김 면 : 오늘날의 북한 이미지는 어떠합니까?

▲ 쉬로트 : 광기어린 이데올로기로 현혹된 공산당정치국에 단단히
붙잡힌 학대받는 나라지요. 이들은 단지 폭력으로만 권
력을 취하고 있지요. 자주 그리고 흔히 이루어지기 때문
입니다. 대체로 동독과 비교될 수 없습니다. 어떤 단계에
서도 말입니다. 우리가 거기에 있었던 시작을 제외하고,
그러나 정치 상황이 관계하는 한 그러하지요. 생활환경
사이에 세계가 갈라져 있습니다.

함흥 복구사업

▼ 김 면 : 선생님은 북한에 어떻게 가셨습니까(그리고 돌아오셨습니까)?

▲ 쉬로트 : 두 번은 시베리아대륙횡단열차로, 두 번은 비행기로 (움직였지요).

▼ 김 면 : 함흥에서 어떤 부서에서 일을 하셨습니까?

▲ 쉬로트 : 지상공사 기획부에서요. 그 부서가 어떻게 부르는지 정확히 모르겠습니다. 팀장은 한스 그로테볼 선생이셨습니다.

▼ 김 면 : 함흥에서 얼마나 많은 인원이 선생님과 함께 일을 하였나요? 그 부서엔 총 몇 명이었나요?

▲ 쉬로트 : 잘 모르겠습니다. 그런데 문서보관소 자료들이나 출판된 책들에 나와 있을 텐데요?

▼ 김 면 : 선생님이 맡으신 일의 주안점은 무엇이었나요?

▲ 쉬로트 : 건축작업뿐이지요. 구체적인 중요 대상물은 함흥 문화관, 복합주거건물의 온돌난방 실험건축 그리고 TBC병원 건물이지요.

▼ 김 면 : 다른 외국의 지원인력과 접촉은 있었습니까? 어떤 나라에서 어떤 분야에서 그들은 일을 하고 있던가요?

▲ 쉬로트 : (접촉은) 적었습니다. 전 국토에 걸쳐 있었고요, 함흥에

도 있었는데, 폴란드는 병원을 운영하였고요 거기서 난 맹장수술을 받았지요. 공식적으로나 사적인 차원에서 접촉이 있었고 난 관여한 것이 없고 (위에서 보듯이) 제한적이었지요.

▼ 김 면 : 선생님은 가족과 함께 계셨나요? 외국인들을 위한 학교나 교육시설이 당시에 있었나요? 가족들은 북한에서의 생활은 어떻게 느끼고 있었나요?

▲ 쉬로트 : (난 가족이) 없었어요.

▼ 김 면 : 선생님은 북한을 여행하셨나요? 여행하셨다면, 어떤 장소를 가보셨나요? 여행에 관한 어떤 추억을 기억하고 계시나요?

▲ 쉬로트 : 우리는 실제 비교적 많이 여행을 했습니다. 많은 명승지와 파괴된 도시 모습 때문에 단체로 한번 방문한 후에 움직였기에, 난 개성에 두 번, 그리고 혼자서 한번 (여행을) 했습니다. 우리는 작은 오토바이를 빌릴 수 있었고, 우린 소규모로 주말에 가능한 범위 내에서 떠났지요. 목적지로 사찰, 능원묘소와 기타 역사유적지와 특별한 절경을 찾아갔지요. 종종 장시간의 모험스런 여정과 여행이후에 도달할 수 있었습니다. 우리는 농가에서 밤을 보내기도 했는데, 빈대가 물어뜯곤 했지요. 농부들과 함께 군옥수수를 먹었고 그들 눈에 매우 낯선 여행식량을 그들과 함께 나누기도 했습니다. 이 여행들과 체험, 그리고 감상은 북한과 사람에 대해 기억에 남은 최고의 것이었습니다. 때때로 우리는 평양에도 갔습니다. 대개 공식적인 동기

와 동독대사관에 관계하는 일로요.

이 모든 여행을 우리는 자유로이 행했습니다. 어떤 안전기관의 감시나 신고없이요. 우리는 우리 지도부에만 신고해야했지요. 후에 이것은 변한 것 같더군요. 1986년 두 번째로 북한방문시 감시없이 몇 걸음도 갈 수 없었으니까요.

▼ 김 면 : 한국어를 배울 기회를 가졌습니까?

▲ 쉬로트 : 예, 그런데 내 기억엔 공식적인 어학코스는 없었습니다. 내가 보기엔 많은 이들이 관심이 크지 않았지요. 그래서 대개 통역관, 작업동료와 여성동료, 친구와 여자친구들과의 접촉을 통해 배우는 독학이었지요. 여하튼 나에게 있어 언제가 부터 일상어와 전문어를 잘 말할 수 있었고 심지어 간단한 토론의 통역을 자주 하기도 했지요. 지금 (기억에) 남은 게 없지요.

조선 문화에 관하여

▼ 김 면 : 한국의 (전통적) 문화가 선생님의 마음에 드셨습니까?

▲ 쉬로트 : 음악의 곡조가 매우 아름답고 일본과 중국의 그것과도 같이 우리가 듣던 것과 멀지 않다고 느꼈습니다.

하루 만에 배울 수 있으며, 합리적이며 또한 아름다운 (한글)문자는 옛 조상들이 혁신적이며 자주적임을 입증하는 것이지요.

역사 건축물은 온화하고 잘 균형 잡혀있습니다.

물론 이웃인 중국과 일본의 강한 영향력을 대체로 느낄 수 있습니다. 비전문가로서 전형적인 한국의 것을 선별해내기가 어렵습니다.

▼ 김 면 : 행동에 있어 "전형적인" 한국적인 것은 무엇입니까?

▲ 쉬로트 : 다른 아시아권 문화에 대한 비교가 나에게 부족하고 사실 전형적 특성을 식별하는 것이기에, 그것은 대답하기 어렵지요. 아마도 베트남과 이 지역의 아시안인의 뚜렷한 부드러움과 비교하여 어느 정도 강인함과 목적지향성이 있지요. 그러나 일본인과 한국인사이의 정신적 차이 구분은 나에게 있어 불가능하지요.

나는 남한의 시위 등에서 볼 수 있는 용기와 혁명적인 힘에 줄곧 놀라곤 합니다. 아마도 그것은 무언가 특별한 것이지요?

개인숭배의 시대에 북한인의 행동방식을 결코 전형적으로 보지 말아야 합니다. 그것은 독재와 전제에 특징짓는 것으로 파시스트시절의 독일에서와 많이 다르지 않습니다.

▼ 김 면 : 선생님은 체류중에 "비전형적인" 남녀한국인을 알게 되었습니까?

▲ 쉬로트 : 전형적인 한국인이 무엇인지 알아야지요.

이 시절의 중요한 경험은 사람들이 먼 거리와 다른 종류의 문화 때문에 때때로 받아들여야 한다고 생각하듯이 그런 차이는 없다는 것입니다. 그들은 같은 것에 대해 기뻐하고, 유사하게 말하며, 화를 내고, 가족역할에 대해 행복해하고, 직업에서의 성공에 기쁨을 느끼는 것입니

다. 내가 말하는 것은 전형적인 한국인은 전형적인 사람
과 다르지 않다는 것입니다.
다른 이들보다 좋지도 보다 나쁘지도 않지요.

▼ 김 면 : 공산주의와 한국의 전통과의 관계를 어떻게 보십니까?

▲ 쉬로트 : 당신의 질문은 내 생각엔, 명확한 위계질서와 규율을 갖
춘 유교주의가 민주주의 경험을 지닌 나라들보다 이데올
로기에 보다나은 기초를 제공했을 거라는 폭넓은 명제에
기초한 것으로 보입니다.
난 그런 추론을 믿지 않습니다. 우선 유럽의 계몽주의적
이고 민주주의적 사고가 아직 오래지 않았을 뿐 아니라,
또한 파시즘을 저지 못했기 때문입니다. 독립적인 사고
를 빼앗고, 안락함, 안전성과 질서를 약속하고, 폭력으로
협력을 강요했던 이데올로기에 인간이 기꺼이 순종되기
때문에 이것은 가능한 것입니다. 이것은 오늘날에도 여
전히 많은 곳에서 일어날 수 있고 행해지고 있습니다.
오늘날 북한에서 일어났고, 그들의 경험에 관계없이 인간
의 기본적인 육체적, 정신적 기본욕구에 반하는 것으로,
그 어떤 전통의 언급은 정도를 벗어나는 것 같습니다.

▼ 김 면 : 당시의 북한 공산주의를 어떻게 서술하시겠습니까?

▲ 쉬로트 : 실제 매우 호감이 있었지요. 북한공산주의는 우리가 원
하는 것을 하도록 놔두었지요. 우리 동료들에 대한 그 어
떤 억압을 우리는 알지 못했습니다. 그리고 개인숭배가
지나치지 않았습니다. 언론과 방송은 우리가 접할 수 없
었습니다. 우리는, 나도 마찬가지로, 사람들을 행복을 향

해서 약간은 다그쳐도 된다는 생각이 정도에서 그렇게 벗어나지 않는 것으로 느꼈던 점은 잊지 말아야 합니다. 그것은 우리가 체험한 약소국과 그 정당의 명백한 관용이었습니다.

일상과 한인들과의 교류

▼ 김 면 : 선생님의 근무 일상은 어떠하셨습니까?

▲ 쉬로트 : 집에서와 같지요. 우리가 얼마나 오랫동안 작업할지 난 몰랐습니다. 토요일에도 어쨌든 필요한 경우 아무도 근무시간을 신경 쓰지 않았습니다. 근무조건은 통상적이고 좋았습니다.

▼ 김 면 : 북한동료와의 관계는 어떠하였습니까?

▲ 쉬로트 : 사이가 좋았고 신의가 있었습니다. 우리는 서로 간에 사적으로 방문하였습니다. 서로간의 존중과 경의를 표하며, 많은 우정과 좋은 교분을 가질 수 있었습니다. 우리가 함께 가까이하려고 하면 할 수 있었습니다. 아무런 제약이 없었습니다.

▼ 김 면 : 무엇이 힘들었습니까?

▲ 쉬로트 : 특히 첫해에, 우리 생활양식과 주변의 비참함사이의 부조화를 참는 것이 (힘들었)지요.

▼ 김 면 : 긍정적인 작업경험은 무엇이었습니까?

▲ 쉬로트 : 우선 나같이 젊은이들이 큰 책임감을 염두에 두는 것이
지요. 다른 연세가 있는 분들은 사실 많은 경험을 가졌지
요. 그러나 그렇게 많은걸 시작할 수 없었습니다. 예를
들어, 점토기와로 작업을 했던 사람들도 자신이 제작소
를 건설해야만 했지요. 되돌아보면 이 조그만 경험이 장
점이었다고 생각합니다. 그러나 우리는 그중 일부가 군
대에서 파견되었거나, 이전에 전혀 건설과 전혀 관계가
없던 북한인들을 대했습니다. 그래서 많은 것들을 거침
없이 시작하였고 전통관습과 동떨어지게 해결책을 풀어
야 했습니다. 나중에 우리 도시건축가들이 전부 당시 동
독내 주요 교통로와 광장 그리고 주거단지의 도시건설
(양식)에 의해 크게 영향을 받았기에, 이러한 지식을 잠시
잊었다면 더 좋게 되었을 것을 난 깨달았지요. 그래서 중
요 부분들에 정말 낯설은 구조물이 건축되었지요. 물론
보태어 말하자면, 절대 권력의 소련은 당시에 또한 북한
인에 대한 본보기였기도 했습니다. 도시건축분야에서도
그러했습니다. 이 방향에서 가이드라인으로 시작했지요.

▼ 김 면 : 갈등이 있었습니까? 있다면 어떤 건가요?

▲ 쉬로트 : 많은 사람들이 모인 곳에는 언제나 갈등이 있지요. 그러
나 내가 어떤 것이었나 기억이 잘 안 나듯이, 그 갈등은
그렇게 크지는 않았습니다. 몇몇이 기술단내부에 동반되
는 입장을 생각지 않고, 취해서 말을 잘 듣지 않아 집으
로 돌아가야 했습니다.

▼ 김 면 : 작업이 어떻게 개선될 수 있다고 생각하셨습니까? 프로젝

트의 미래를 위해 무엇을 바라셨습니까?

▲ 쉬로트 : 우리의 작업을 보다 개선하기 위해 지속적으로 생각하였
습니다. 그것이 가능하면, 그것을 현실화시켰지요. 협조
적인 분위기가 지배적이기에, 일이 맞지 않다면, 잠자코
있을 이유가 없었지요.

▼ 김 면 : 동독에서 보낸 지원물품을 직접 보셨습니까? 품질과 규모
에 대해 어떻게 생각하십니까?

▲ 쉬로트 : 보았습니다. 당시 동독에서 보낼 수 있는 입장에서 최고
의 것이었습니다.

▼ 김 면 : 근무외에 어떠한 접촉이 있었습니까? 특별히 기억에 남는
것이 있습니까?

▲ 쉬로트 : 나는 개인적으로 남녀동료들, 또한 학생들과 예술가에
이르기까지 많은 친밀한 교제를 가졌습니다. 우리는 흔
히 우리 숙소, 때론 오두막과 집에서 만났지요. 내가 기
억나는 것은 학생기숙사에서 모임이 있었는데, 침대와
함께 소개되고 문가에 약간의 자리를 두어, 우리는 그 위
에서 춤을 추었지요. 침대발치에 붙여놓은 판자에 무릎
을 꿇은 채 침대에서 공부하고 식사를 했지요. 그래서 우
리는 고충과 생활환경을 잘 알게 되었지요. 어떤 방문에
서는 초대자가 뜰에 있던 나를 몇 계단을 지나 점토 땅에
파놓은 지하저장실로 데려갔어요. 그는 옥수수 짚으로
덮어놓았는데, 그 안에는 재봉틀이 있었어요. 천장엔 전
구 그리고 벽엔 멍석을 놓았는데 그렇게 기분 나쁘지 않
은 기억을 갖고 있습니다.

한 여자친구를 사귀거나 사랑에 빠지는 것은 문제가 되
지 않았어요. 모든 측면에서 명백히 호의적으로 용인되
었지요. 내 자신은 오랜 시간 아름답고 현명한 한 (북한)
소녀와 함께 했지요. 내 (근무)계약이 끝나 이 관계도 끝
났지요. 그녀를 동독으로 동반하는 것은 문제가 되지 않
았을 텐데, 당시 나에게는 용기와 성숙함이 부족했지요.
나는 당시 전반적으로 상당히 자유스러웠음을 이야기하
고자 설명하는 것입니다. 물론 우리 북한 친구들이 질문
하거나 제지하고자 조언하는 것을 나는 배제할 수는 없
습니다. 그러나 한사람도 나에 대하여 이 방향으로 전혀
언급하지 않았습니다.

▼ 김 면 : 선생님은 어떤 남녀북한인들에 대해 회상이 됩니까?

▲ 쉬로트 : 매우 많은 사람들이 있지요 각자 개성들을 지닌 이들이
죠. 나는 이름을 거명하고 싶지 않군요. 또한 일부는 잊
은 탓에 할 수가 없지요.
나에게 특히 마음을 끄는 한 통역관이 있었는데, 홍인가?
우리는 홍동무라고 불렀지요. 그는 연세가 좀 있었는데,
고등교육을 받았고 북한에서 독일어를 배웠지요. 그는
나에게 언제나 옛 현인들의 한 사람처럼 역할이미지로
느껴졌지요. 그는 또한 편지들을 이것저것 번역하였던
나의 '사랑의 사자(使者)'였습니다. 그로부터 나는 이 나
라와 사람들에 대해 알게 되었습니다. 그렇지 않았다면
체험하지 못했을 것입니다. 후에 나는 그를 다시 보았어
야 했었는데. 1986년 내가 다시 함흥에 갔을 때, 그에 관
해 물어 보았으나, 그가 전출 갔을 거라고 회피하는 답변

만을 들었지요. 나는 희망 컨 데 그에게 별일이 없었어야
하는데.

북한지도자의 방문

▼ 김 면 : 북한 지도자를 직접 만나신적이 있었습니까? 인상은 어떠
했습니까?

▲ 쉬로트 : 젊고 아래직급인 관계로 이 수준의 사람들을 대했지요.
내 생각에 고맙게도 제한되어 있었지요.

▼ 김 면 : 김일성을 만난 적이 있습니까? 그랬다면, 개인적인 인상
은 어떠했습니까? 선생님의 견해에 따르면 김일성은 이
복구사업을 어떻게 평가하던가요?

▲ 쉬로트 : 그는 우리를 한번 숙소로 방문했지요. 그런 경우가 다른
경우와 달라야 하듯이, 당연히 모두들 환대하고 흥에 겨
웠지요. 그룹으로 찍은 사진이 있는데, 그가 가운데 있고
우린 뒤에 그를 감싸고 있었지요.
민족주의적이고 주체와 자주를 추구하는 노력이 이미 당
시에도 역할을 하고 있었음을 나는 확신했습니다. 나는
그에 관하여 당시 아무것도 알지 못했습니다. 그러나 나
는 조선건설진 지도부의 역할이 움츠려 들게 되고 결정
에 있어 더 큰 영향을 행사하게 되는 것을 소식을 통해
알았지요. 그것은 그 복구사업에 분명 좋지 않게 영향을
미쳤지요.

동독으로의 귀환

▼ 김 면 : 선생님은 어떻게 동독으로 귀환하시고자 했나요?

▲ 쉬로트 : 새로운 기회가 있었지요. 내가 23살이었고 약간의 돈을 모으게 되어, 어떻게 더욱 앞으로 갈 수 있는지 사방을 둘러보게 되었습니다. 우연히 나는 계속 공부를 하려는 한 대학교학우를 만나게 되었지요. 나는 그와 연결되어서 다시 한번 바이마르소재 대학교에서 공부했습니다. 난 한 순간도 후회하지 않았습니다.

▼ 김 면 : 선생님은 북한 체류 앞선 시기를 무엇이라 기술하시겠습니까? 그 이후는요?

▲ 쉬로트 : 미숙과 성숙으로(표현하겠습니다).

▼ 김 면 : 선생님의 삶에서 북한과 그 경험은 무언가를 변화시켰나요? 그렇다면 무엇이지요?

▲ 쉬로트 : 이 기간들을 통해 난 많은 동년배뿐 아니라 손위 사람들보다도 동독에 한정되지 않고 세상을 보는 시각을 더 많이 갖었지요. 내가 한탄하는 소리를 들으며, 내 앞에 있는 북한에서의 비참함과 또한 전쟁이 의미하는 것을 보았지요. 거기서 나는 몇 명의 연세가 있으신 근무자들을 알게 되었는데, 나치로부터 추방된 경험이 있던 분들로, 나에게 정치적으로 큰 영향력을 미쳤지요. 따라서 나는 귀국 후에 SED(사회통일당)에 가입하고 서독으로 이주하려는 생각으로 결코 낭비를 않게 되더군요. 많은 나의

옛 동료들처럼 내가 그렇게 했다면 정말 나의 삶이 어떠한 모습이었을까요. 그러나 보다 나아졌을까요?

▼ 김 면 : 북한에서의 기간이 오늘날 당신에게 어떤 의미를 지니나요?

▲ 쉬로트 : 아마도 내 인생의 가장 중요한 시기였지요. 여하튼 가장 흥분되었으며, 또한 매우 아름다웠지요.

▼ 김 면 : 당시 시절에 담은 사진, 필림, 편지와 일기 같은 것을 가지고 계시나요?

▲ 쉬로트 : 일기는 쓰지 않았습니다. 필림과 사진은 물론 많이 있지요.

통일관

▼ 김 면 : 한반도의 휴전선을 방문하신적 있습니까? 당시 선생님의 통일이나 분단에 관한 생각은 어떠했는지요? 오늘날은 어떠신지요?

▲ 쉬로트 : 우리는 단체로 판문점에 갔지요. 나에게 상당히 비현실적으로 생각되었어요. 당시 사실 남한이 북한을 침략했다고 믿고 있었지요. 한참 나중에야 비로소 그것이 다르게 진행되었다는 것을 알았지요. 통일은 다른 형태의 뉘앙스임에도 불구하고 우리에서와 마찬가지로 자본의 사용법칙에 따라 될 것입니다. 북한은 동독이 그랬던 것보다 더 매우 가난한 나라이기에, 남측의 통일을 향한 노력

은 한도가 있을 것입니다. 통일의 비용은 엄청날 것이고 아무도 지불하려고 하지 않는, 다른 이에 대한 비용 손실들이 드러납니다. 북한의 핵정책은 미래에 대한 도박으로 부정적인 영향을 미칠 절망적인 시도로 나에게 보이는 군요.

마침내 다시 인간다운 전망을 갖는다면 나의 벗들에 기뻐할 것입니다.

▼ 김 면 : 선생님께 깊은 노고에 진심으로 감사드립니다. 선생님의 옛 기억과 과거경력을 들을 수 있어서 정말 좋았습니다. 첫 인터뷰에 감사드립니다.

함흥작업단 쉬로트씨
구술인터뷰

에바마리아 라인하르트
(Eva-Maria Reinhard) 북한체류 수기

구술일자 : 2004년 4월 3일(토)
장소 : 독일 칼스루헤
구술기록자 : 라인하르트
* 본 기록은 김 면박사에 보내준
  라인하르트의 자전 수기임

에바마리아 라인하르트
(Eva-Maria Reinhard)
북한체류 수기

그것은 정말 뭘 모르고 시작된 일이었어요. 더군다나 전화통화로 클라우스가 내게 자기와 함께 1-2년간 북한에 갈 생각이 있는지 물어보았어요. 바로 우리의 세 번째 이혼소송이 진행되었지만, 우리는 신속하게 그 소송을 취하했어요. 왜냐하면 동아시아에 대한 유혹이 이별에 대한 우리의 욕구보다 강했기 때문이었죠. 특히나 클라우스와 우술라의 일은 오래 전에 이미 끝났기 때문이었죠. 클라우스는 북한의 동해안 함흥에 공중 보건시설을 세우려고 했었고, 나는 오전에는 우리 아이들을 가르치고 오후에는 클라우스를 도우려고 했어요. 5년 전부터 독일 기술단이 구성되어있었으며, 우리가 떠나면서는 해체되어야 했죠. 그 곳에서는 주로 공장과 주택건축에 관한 독일인 전문가들이 일하게 되었는데, 그 이유는 도시가 전쟁 중에 95%나 파괴되었기 때문이죠. 나는 곧바로 서독에 있는 친척들을 방문했고, 슈타른베르거 호수 근처에 살고 있는 내 친척의 이웃인 안드레 엑카르트 교수를 찾아갔죠. 그는 20년 간 한국에 살았으며, 지금은 뮌헨대학에서 한국어를 가르치고 있었어요. 그는 나에게 한국의 역사와 한국인들에 대해 많은 얘기를 해주었어요. 그는 그 곳 해안가에서 자라났던 아주 화려한 장미를 무척 좋아했어요. 그래서 나는 그 곳에서 자생하는 장미 한 그루를 그에게 가져다주려고 했습니다. 그러나 지나버려 난 그 장미를 찾지도 못했고 다시 그를 볼 수도 없었어요. 결국 (베를린) 장벽이 세워 진거죠. 그는 자신의 책 "오동나무 아래에서"를 나에게 선물하면서 그 아름다운 나라에서의 행운을 기원해주었었지요.

8월 초에 우리는 북한이 세계에서 가장 야만적인 공산국가라고 여겨진다는 것도 모른 채 길을 떠났어요. 그 나라의 독재자인 김일성에 대해서 지금에 와서는 그 어디에도 비교할 수 없었던 비열한 개인숭배가 이루어지고 있었죠.

우리가 평양공항에 내렸을 때는 마치 도시의 거리에 있는 듯한 삭막한 고요함을 느꼈어요. 사람들은 겁을 먹고 훈련을 받은 듯이 행동하고 있었어요. 초조하게 서두르지도 않고, 웃지도 않고, 배회하는 이도 없었고, 화려한 쇼윈도우도 없었고, 어두운 얼굴색의 획일적인 표정을 하고 있는 사람들이 경계하면서 휙 스쳐지나가고, 소란스런 아이들도 없었고, 단지 버스정류소에서 서로 바싹 붙어서 긴 줄을 이루고 있는 어른들만이 있었어요. 그 대신에 무엇이든 "위대한 지도자 김일성을 위해서"라는 당구호가 적혀져 있는 현수막과 거대한 기념물들이 아주 많았습니다. 풀빛의 어떠한 것도, 심지어 다채로운 식물이나 나무들이라고는 거의 없는 무미건조한 주거건물 시설들이 있었어요. 어디에서도 분수를 보지 못했어요. 적어도 전쟁 이후에 4개 건물만이 남아 있었습니다. 비용을 거의 들이지 않고 신속히 쌓아올린 건축물로 어떻게 이 도시의 특성을 이룰 수 있을 것인가? 단지 시립극장의 유리창으로부터 슈만의 '트로이메라이(몽상)'가 울려 퍼졌고 그리 좋지는 않았지만 우렁차게 트롬본이 연주되고 있었어요.

며칠 후 함흥으로 기차가 떠났을 때, 독일 기술단 전체가 심지어는 거기에서 일하는 북한사람들도 우리를 마중 나왔어요. 글라디올러스의 향기가 은근하게 저에게 다가왔지만 그리 놀라운 일은 아니었어요.

우리가 그 곳으로 전입하는데 가장 중요한 것은 우리 동료들을 위해서 전입 축하파티를 열어야 한다는 것이었습니다. 그것도 우리가 처음 3개월 동안은 빚으로 생활을 해야 할 정도로요. 3일 동안 60명을 대접하며 대가를 치러야 했어요.

축하파티를 여는 동안 그들은 이미 몇몇의 사람들을 알게 되었어요. 나의 첫인상은 말하자면 이랬어요. 그 기술단은 술꾼들로만 구성되어 있었어요! 파티가 있을 때마다 거의 실내장식이 파손되어 있었어요. 천정에는 구멍들이 나있고 식탁보는 불에 타있고, 꽃병에서는 물이 새어나오고, 재떨이에 있던 것들은 여기저기 널려져 있고, 컵들은 깨지고 부서져 있었으며, 누군가가 샴페인 코르크 마개로 전구를 맞혀 놓았고 사람들은 어울려 놀았어요. 사람들은 좁은 공간에 서로 포개어 있었고 나머지는 복도에 있었어요. 헤어스타일 때문에 '브러시' 라 불린 이는 한탄스럽게 작업대 위에서 정말 제대로 놀았고, 모두가 같이 노래를 불렀는데, 그 노래 가사가 아주 위트 있는 내용들이었어요.

"깜둥이, 귀여운 조그만 깜둥이,

네 엄마는 굴뚝 청소부였고
아빠는 아프리카에서 온 흑인이었어"

"우린 마다가스카가 그립다."와 "난 일년후에 다시 간다."
라는 노래를 아주 빈번히 불렀고 뭍에 있는 우리에게 "선원, 마음 편
한 곳에 있네."라는 노래도 불렀죠. 흥남항은 30km나 떨어져 있었
는데, 거기에는 몇 안 되는 독일 기술단이 있었어요.

우리는 8주간이나 되는 장마철에 있었고 습도가 높았어
요. 옷에는 곰팡이가 피고, 지퍼와 머리핀 그리고 가위에는 녹이 슬
었어요. 몸은 항상 축축했고 빨래는 바싹 마르게 다림질을 해야 했어
요. 이 장마철에는 상처가 잘 아물지 않았어요. 이 기간에 유럽인들
에게는 설사가 있고 신경이 날카롭게 되는 것은 다반사였지요. 클라
우스는 불이 잘 붙을 수 있도록 담배와 성냥을 온풍기에다 넣고 말렸
지요.

함흥시는 평양과 마찬가지로 단조롭고 지루한 도시였어
요. 우리가 지냈던 시 외곽지역에는 점토로 지어진 오두막이 있었는
데, 거기에는 온 가족이 시부모와 같이 살고 있었고, 그 오두막 집에
는 가구가 거의 없었어요. 겨울철에는 온돌난방을 사용했는데, 우리
난방기술자들이 많이 배울 수 있는 바닥 난방식이었어요. 온돌을 통
해 난방이 되는데, 이것은 다소 축축한 점토와 무연탄이 섞인 것이
죠. 바닥에는 얇은 돗자리를 깔아 놓았기 때문에 아주 따뜻했어요.
우리 독일인에게는 벽이 가열되는 난방식이어서 겨울에는 등을 지고
자리를 차지했지요. 여름에 한국인들은 자신들의 오두막 앞에서 잠
을 자기도 했죠. 거기에는 요리를 할 수 있는 곳이 있었고, 그 위로

는 솥이 쇠사슬에 매달려 있었어요. 어마니라 하는 나이든 부녀자들은 저녁에만 요리를 했고, 아바이라고 하는 나이든 남자들은 그 앞에 앉아서 긴 파이프 담배를 피웠어요. 그러는 사이에 아이들과 야윈 개들이 뛰어놀고 있었지만 계속 조용하라는 꾸지람을 들었어요. 그 오두막은 초가지붕으로 되어 있어서 서정적인 풍경이었고 지붕 위에는 호박과 오이가 자라고 있었죠. 하얗게 회칠이 된 벽에는 줄에 매달린 빨간 고추와 말리고자 걸어놓은 생선이 아래로 매달려 있었어요. 때로는 자주 유감스럽게도 머리를 아래쪽으로 향해 있는 개가 있었는데, 도살하기 적당하게 사육되어 있었어요. 사람들은 연한 고기를 얻기 위해서 막대기로 개를 마구 때려 죽게 했어요. 처음에는 개가 짖어대다가 나중에는 낑낑거렸고 3일이 지난 후에는 아주 작게 끙끙대는 소리만 들을 수 있었어요.

이 모든 소리를 들어야 했지요. 그리고 나서 개 요리에 초대받았을 때 별로 좋지 않았어요. 우리 아이들은 그 음식을 거절했고, 클라우스는 배가 아프다는 핑계를 대고 결국 우리 중에 유일하게 내가 그 요리를 먹게 되었어요. 호의를 가지고 초대해 준 사람에게 불쾌감을 주지 않기 위해서 어쩔 수 없다는 씁쓸한 느낌이 들었지요. 그 고기는 조금 딱딱하다는 느낌으로 토끼고기 맛이 났고 어느 정도는 단맛이 있었어요. 뱀장어 요리와 비슷한 맛이 나는 뱀요리는 그나마 좀 나았어요. 지붕 위에 채소를 기르고 개요리(쥐요리도 마찬가지로)를 먹는 것은 아주 당연한 일이었어요. 그 개요리도 어쨌든 얻기 힘들었고 굶주림이 만연했어요. 본질적으로 10년 내내 오늘날까지도 항상 배고픔에 시달렸어요. 나는 한 번도 살찐 북한주민을 보지 못했어요. 많은 오두막들이 물이 있는 곳에 있었는데, 언짢게 화장실 바로 옆이었어요.

북한의 남자들에게 있어서 일터 이외에서 직접 짐을 옮기는 것은 가당치 않았어요. 그것은 여자들의 일이었어요. 여자들은 커다란 보따리에서 돌이 찬 그릇에 이르기까지 머리 위의 짐을 옮겼으며, 대개 애기를 등에 업고 있었으며 아이는 좌우로 치마에 꼭 달라 붙어있었어요. 여자는 공산주의 국가에서조차 남자를 위해 봉사해야 했어요. 그래서 여자는 남편의 체면을 위해서 항상 그보다 세 걸음 뒤에 처져서 따라갔죠. 만일 내가 클라우스의 체면을 상하게 하지 않으려면, 나도 그의 세 걸음 뒤에서 따라가야 했을 거에요. 당은 사람들이 아기를 업고 있는 여자들을 사진 찍는 것을 좋아하지 않았어요.

우리가 그 곳에 갔을 때, 나는 항상 팔을 덮고 있어야 했어요. 왜냐하면 팔이나 다리를 드러내는 것은 예의가 없는 것으로 여겨지기 때문이었죠. 북한의 여자들은 항상 소매가 길고 발목까지 오는 옷을 입었는데, 상의는 흰색에 까만색 치마를 입었어요. 하지만 1년에 3번 정치적인 축제행사가 있는 날에는 아주 아름다우면서도 다채로운 전통의상을 입었어요. 남자들은 커다랗고 까만 모자를 쓰고서 항상 긴 담배 파이프를 지니고 있었는데, 그 모습은 아주 귀하고 근사해 보였어요.

아픔을 표현하는 것은 무례한 것이었어요. 나는 사고를 당해 피를 흘리는 한 남자를 보았는데, 웃고 있었고! 그 주위에 있는 이들도 웃고 있었어요. 감정을 표현하는 사람은 체면을 구기는 거였습니다.

그 곳에는 녹색이라고는 거의 없었어요. 예전에는 길가에 벗나무들이 있었죠. 하지만 일본인들이 심어놓았기 때문에 일본인의 점령기 이후에는 사람들이 가차없이 뽑아 버렸어요. 함흥에는 상점들도 거의 없었고, 우표를 제외하고는 구입할 만한 물건도 없었어요. 우리가 필요한 것이 있을 때는, 아주 긴 구매희망 리스트를 작성해서 중국으로 외교급사를 보내야 했어요. 우리가 특별히 필요한 식료품은 물론 우유까지도 동독에서 조달되었어요. 이웃지역에서는 우리를 위해서 소들을 사육했어요. 하지만 소들이 말린 생선가루로 사육되었기 때문에 우유가 카카오처럼 짠맛이 나서 어느 누구도 우유를 마시거나 버터를 먹으려고 하지 않았어요.

구내 카페테리아가 하나 있었는데, 그 곳에서 우리는 커피, 담배, 필기도구 류를 구입할 수 있었고, 한 병에 2마르크인 러시아 크리미아반도산 샴페인과 12마르크짜리 독일 맥주를 구입했어요. 샴페인은 운송료가 저렴한 블라디보스톡에서 왔지만 맥주병은 시베리아를 지나는 기차 운송과정에서 추위로 인해 금이 가기 때문에 그때 동독에서 항공기로 들어오고 있었죠.

클라우스는 독일인 개인에게 하루 쵸콜릿 50g과 맥주 한 병을 얻을 수 있게 조치를 취했어요. 식당에는 탁자들 위에 럼주병들이 놓여 있어서 우리는 탁자 앞에서 마셔야만 했어요. 독일음식과 북한음식이 번갈아 있었죠. 모든 것이 풍부했어요. 나는 굶주려 위병이 생긴 북한의 환자들을 위해 쵸콜릿을 모아두었어요. 나는 그 구내 카페테리아에서 쌀도 구입했는데, 적은 양을 의약품 대신에 소비했어요. 클라우스가 평양에서 유럽 대사관들에 대한 면담시간을 가졌을 때, 그 곳에 있는 그의 당시 그곳 독일여자친구와 만난 이후에 나는 그에게 "위병"을 식료품으로 치유해 볼 것을 권유했었죠.

우리가 거주했던 숙소에서는 우리 독일인들에게 필요한 모든 아니 그 이상을 제공해 주었어요. 방송실, 발리볼 경기장, 분수, 몇 명 안되는 아이들을 위한 조그만 풀장, 도서관, 개인요리사,

목수, 재봉사, 이발사, 난방관리사, 청소원 등. 그 독일인 전문가들은 모두들 건설현장 이외에서 일을 했어요. 당비서에 이르기까지 말이죠. 하지만 감시 이외에 그가 무슨 일을 했는지 모르겠어요. 거기에 속해있는 여자들은 반나절 동안 행정업무나 탁아소 그리고 주방에서 일을 했어요. 사람들은 아침, 점심 그리고 저녁 때 식사하러 와서는 서로 마주치게 됐지요. 아침마다 우리는 방송실의 음악소리에 깨어났고 저녁이 되면 숙소 어디에선가 항상 술을 마셔댔어요.

여름에는 여가시간을 이용해서 때론 험하고 때론 평평한 길을 지나 일본해, 북한사람들이 "동해"라고 부르는 해안가에 있는 "우리들의" 모래사장으로 가끔 모험적인 버스운행을 했어요. 11km를 가는데 버스로 한 시간이 걸렸어요. 사람들은 아스팔트로 포장된 국도로 가지 않았는데, 그 길은 보호되어야 했지요. 행진을 하거나 또는 다른 정치적 동기에 이용되었어요. 우리는 어느 좁고 꼬불꼬불하게 나있는 길을 따라 아주 깊은 웅덩이와 높은 돌 위로 차를 몰았어요. 우리는 여러 번 차에서 내렸고 오히려 상당한 길을 걸어서 갔죠. 하지만 사람들은 버스 운전사가 전쟁 당시 전령병이었고 우리를 추락시키지는 않을 것이라고 확신케 했다. 그 전체 해안은 김일성의 넓은 개인 해안가와 우리를 위해 마련해 준 얼마간의 해안가를 제외하고서 모두 지뢰가 매설되어 있었어요.

우리는 2주 동안 함흥에 머물렀는데, 그 때 베를린 장벽에 대한 뉴스가 전해졌어요. 신문이 항상 5일이 지난 후에야 도착했기 때문에 어느 누구도 자세한 내용을 알지 못했어요. 그리고 사람들이 누가 스파이인지 아닌지를 정확히 모르고 있었기 때문에 그 일에 대해서 어느 누구와도 얘기할 수가 없었어요. 저에게 있어서 그것은 하나의 충격이었어요. 왜냐하면 나는 언제든 어떻게 해서든 친척이 있는 서독으로 갈 수 있기를 원했기 때문이었죠.

한 번은 우리는 직원들의 위생교육에 전념했었어요. 특히 심했던 것은 주방에서 일하는 직원들의 깨끗하지 못한 손톱이었어요. 하지만 우리는 그들에게 우리의 기준을 전달해줄 수가 없었어요. 그들은 클라우스의 말을 공손하게 들으면서도 심하게 웃어댔어요. 나중에는 손톱을 불결하게 하고 다녔죠. 그래서 우리는 모든 직원들에게 검사를 받게 했어요. 나는 손톱 아래에 묻은 이물질을 긁어내고서는 환자들이 있는 자리에서 시험관에다 넣고 적색염료가 섞인 물을 부어 넣고서는 그것을 분젠등 위에다 놓고 끓였고, 걱정스러운 표정을 지으면서 클라우스에게 주었어요. 그는 걱정스럽게 그 전부를 검사했어요. 그 중에 한 방울을 현미경 위에다 올려놓고서는 머리를 흔들며, 만일 손톱을 청결하게 하지 않는다면, 병이 난다고 각 환자에게 분명하게 알려주었어요. 이런 마술과 같은 얘기는 바라던 효과를 가져왔어요.

8월에는 북한의 국경일이 있었어요. 물론 우리들도 같이 국경일을 즐겼어요. 우선 우리는 극장으로 향했는데, 그 곳은 석회칠이 되어 있는 마굿간 같은 형태였었고 우리는 아주 좁은 의자에 웅크리고 앉아서 마지못해 당간부의 연설을 들었어요. 그리고는 한마디도 알아들을 수 없었지만, 어느 정도 정해져 있어서 적당한 때에 박수를 치고 열성적인 분위기를 만드는 것을 알았어요. 그리고 나서 우리에게 마치 소리 지르듯 들려오는 북한노래가 이어졌죠. 그러나 사람들은 그 노래를 경청했습니다. 그리고 마지막에 가서 우리는 그 음악이 훌륭하다는 것을 알게 됐지요. 나중에 북경 오페라를 통해 다시 접하게 되었는데, 첫 부분에 여성이 담당했던 역할을 남성들에 의해서 높은 음역으로 불렀습니다. 만일 사람들이 섬세한 아시아 음악을 한번 들었다면, 이후에는 독일관악을 아주 진부한 것이라고 느꼈을 거에요.

아주 매력적인 부채춤과 긴 치마를 흔드는 춤도 물론 좋지 않은 냄새를 말끔하게 잊을 수 있게 하지는 못했어요. 특히 일반 민중속에, 향토적인 것에서 나오는 아주 사방으로 퍼져있는 고린내가 있습니다. 나중에 우리는 그것이 한국 민족의 채소인 김치에서 왔다는 것을 알았어요. 그리고 나는 북한사람들이 이렇게 경제적으로 궁핍한 상황에서 자신들의 건강을 위해서는 단지 김치에 의존해야 했다고 믿고 있어요. 김치는 우리가 먹는 절인 양배추와 비슷했는데, 기본적으로 배추에다가 소금과 마늘을 곁들인 거였죠. 이것은 코에는 그리 썩 좋지 않은 무침이죠. 우리 몸에서는 그런 체취가 나지 않았기 때문에 우리는 반쯤 죽은 것처럼 취급된 거죠. 김치 없이는 생명이 없는 것이죠! 또 우리들의 흰 피부는 그 곳 사람들에게는 시체와 같은 느낌이었을 것이고 유럽인의 큰 코는 아시아인들의 눈에는 그리 매력적으로 보이지 않았을 것입니다.

우리가 그 곳 당 간부에게 초대받았을 때는 그리 다채롭거나 별 흥취가 없었어요. 우리는 그 전날보다 더 안락한 의자에 앉았지만 이전과 같은 연설을 들었어요. 우리는 이미 박수를 쳐야할 때를 알고 있었죠. 오늘은 사람들이 식탁보가 있는 탁자에 앉아 있었어요. 연설하는 사람들은 나와서 이전 연설자와 별로 다를 게 없이 말했어요. 그리고서 "이상으로써 저의 연설을 마치겠습니다"라는 부분에서 우리는 저절로 잔을 들고서 '건배(잔을 완전히 비움)'나 '석배(반잔만 비움)'로 마셨어요. 대부분이 인삼뿌리로 만든 토속주인 인삼주를 마셨어요. 우리 애들은 달려오는 우리 개를 보고 "인삼"이라고 불렀어요. 인삼은 한 아들에게 생명을 선사하거나(딸은 의미가 없습니다) 백 년 동안 살 수 있게 한데요. 사람들은 러시아산 보드카나 중국산 꼬냑을 구입할 수도 있었어요.

그리고 나서 춤과 함께하는 사교모임이 있었어요. 당연히 북한남자들은 우리 유럽식의 사교춤을 함께 할 수 없었지만, 반복해서 춤을 추려고 했죠. 북한사람들은 평균적으로 중간 정도의 신장이었고 대부분은 키가 작았어요. 우리 기술단 대부분의 여자들은 키가 크거나 뚱뚱했어요. 저의 몸집과 용모는 유일하게 북한남자들이 웃지 않았고 오히려 남자처럼 느낄 수 있는 정도였어요. 그래서 저는 춤을 청해 받는 대상이었지만, 그것이 저에게는 그리 좋지만은 않았습니다. 춤을 청할 때 어깨를 거칠게 부딪치고 이어서 발가락을 아주 무리하게 하였지요. 하지만 예의 없이 행동할 수 없어서 참아야 했습니다.

항구에는 체코의 "클라드노(Cladno)호"가 있었어요. 유럽인들이 부족한 우리로서는 그 선원들에게 가서 이들을 초대했어요. 본격적으로 파티를 벌였고, 그 때에 나는 그 클라드노 호가 중국으로 항해하는 것이라는 것을 알게 되었죠. 항구금지로 인해 중국 상선이 동해를 통해 운항하지 못했고 당시에 체코슬로바키아는 영해를 지니지는 못했으나 중국으로 항해하는 함대 한 척을 갖고 있는 해상무역국이었습니다. 사람들은 그것을 형제사업이라고 불렀습니다.

내 아들은 내가 있는 곳에 학교입학을 했었죠. 나는 마분지로 설탕봉지를 제작했었습니다. 그러나 과자 몇 개와 작은 미니카 2대만을 넣을 수 있었어요. 그의 입학 축하파티에서 남자들이 술에 취해서 뱀술에 들어 있는 뱀을 거기 배석한 여자들의 목에다 목걸이처럼 걸어 놓는 것을 처음으로 그는 보게 되었습니다. 또한 사람들은 초등학교 1학년에게 매우 생소한 노래를 불렀어요. 한스는 유익한 이야기로 아름다운 비서에 관한 얘기를 해주었는데, 그가 고장난 그녀의 지퍼를 고쳐주고서 아주 관심어린 인상을 얻었던 것이었습니다.

물아바이라고 불리는 물 관련기술자가 다음을 이야기 하

였습니다. 그가 한 여자와 동행하게 되었고, 흡족한 밤 이후 그가 자는 동안 그녀가 자신의 지갑에서 400마르크를 꺼내서는 그 돈을 꽃병 밑에다 두는 것을 목격하였습니다. 그녀가 목욕을 할 때, 그는 무턱대고 채로 꽃병 아래쪽에 놓여있는 지폐를 주머니에 넣었어요. 그 무서운 곳에서 도망치듯 벗어난 후에 그 돈을 세었어요. 놀랍게도 두 배였던 것을 보게 되었지요! 그 후 그는 우리 아들의 입학식에서 술로 이 일을 경축하며 아주 취해 결국은 깊이 잠이 들어서, 우리 단원 중 몇 명이 그의 양말 바닥을 잘라놓은 것도 알아차리지 못했죠. 그가 다시 잠에서 깨었을 때, 직원들은 그가 하루 종일 밖에서 신발도 없이 돌아다녀서 양말이 아주 닳게 되었다고 말해주었습니다.

당간부는 우리 아들에게 숲속에서 시적인 감성에 압도되었고 시를 적고자 했던 이야기를 해주었습니다. 그 때 그림같이 예쁘장한 소녀가 길에서 다가 오기에, 그가 그녀에게 종이를 좀 갖고 있는지 물었죠. 그러자 그녀는 "미안하지만, 저도 그냥 풀을 썼어요." 라고 대답했다는 것이었습니다.

우리는 가끔 주변을 산책하곤 했는데, 거기서 쌀농사를 짓는 농부들의 일이 얼마나 고된가를 볼 수 있었어요. 쟁기질을 할 때면 그들은 무릎까지 오는 수렁에서 일했습니다. 그러면 진흙에는 거머리들이 섞여 있었는데, 이 유충들은 피부를 뚫고 들어가서 아주 심한 염증을 유발시켰어요. 또 내장에 달라붙어서는 심한 통증과 함께 빈혈증상을 일으켰어요. 농부들은 소가 끄는 나무 쟁기를 스스로 만들어야 했습니다.

여자들은 강에서 세제도 없이 빨래를 했고 방망이를 휘두르며 흐르는 물에서 더러운 것을 빨았어요. 또 여자들은 추운 강물에서 고운 긴 머리를 감았는데, 비누도 없이 항상 깨끗하게 윤이 났어요. 아이들이 입고 있는 옷도 항상 깨끗했어요. 비록 양치질에 사용하는 것은 소유하지는 못했지만 모두들 하얀 이를 갖고 있었어요. 사람들은 당에 의해 통제되는 도시인민들과는 반대로 비록 그런 빈곤 속에서도 농촌 인민들은 굽신거리지 않고 자신들의 품위와 기품을 지키고 있다는 것을 존경할 수 있었습니다.

보통의 "당간부"는 당시 노동자들보다 덜 부유했고 어떤 당간부는 한 벌의 유럽식 양복과 매우 검소한 작은 집 한 채만을 소유하고 있었어요. 단지 김일성의 주변 간부들에게만 사정이 좋았습니다.

한 번은 흉년이 들었는데 사람들은 식량을 생선으로 대신해야 했어요. 생선이 화물차에서 반은 상한채로 도착했었어요. 그것을 오두막 둘레에 끈으로 매달아 놓았는데 그 냄새가 며칠동안 심하게 났습니다.

우리는 아주 공식적인 이유로 유럽식으로 차려 입게 되었죠. 그리고 나서 우리는 사진촬영을 했어요. 주간 뉴스영화에 유럽인을 담는 것은 매우 좋은 것이었습니다. 북한은 아주 고립되어 있었어요. 내가 유럽식으로 옷을 입었을 때는 내가 스커트 속에 무엇을 입었는지 보려고 사람들이 내 스커트를 치켜 올리는 데 항상 신경을 써야 했어요. 당시에는 속치마가 최신 유행이었어요. 웃으며 그것을 참아내야 했습니다. 왜냐면 이곳 주민들은 그것을 이해하지 못했기 때문입니다. 밝은 금발이었던 우리 딸에게는 어려움이 더 있었습니다. 사람들이 딸의 머리를 자꾸 잡아당긴다는 거였어요. 딸아이는 더 이상 사람들 사이로 가고자 하지 않았습니다. 저도 밝은 금발이었기 때문에 재빠르게 머리를 묶었습니다.

강물이 범람해서 더 이상 지나가지 못했어요. 그래서 우리는 오래된 군용헬기로 이동했어요. 물론 거기에는 측면에 놓여있는 긴 의자밖에 없었죠. 헬기가 앞쪽으로 이륙하면서 출발할 때 우리 모두는 뒤쪽으로 미끌어졌어요. 그 이후로 우리는 우리들 중에서 뚱뚱한 사람을 항상 의자 끝으로 앉게 했어요. 우리가 그 쪽으로 미끌어질 수 있도록 말이에요. 아파서 소리치더라도 우리는 그 위에 웅크리고 앉아있었어요. 몸무게가 가벼운 나는 항상 의자 뒤쪽으로 갔어요. 내가 어렸을 적에도 정원이 초과된 자동차 안에서 아빠가 페달을 밟을 수 있도록 운전석과 조수석 틈 사이에 무릎을 구부려서 항상 "반쪽자리"에 앉아 있었어요. 그리고 청소년 시절엔 수상스포츠 동호회에서 4인승 보트 중심축에 자리 잡았어요.

허물어진 다리가 다시 세워졌는데, 그 임시교량을 이용하려는 사람은 길거리의 돌을 가져다가 다리의 끝에다 옮겨놓아야 했고 그래서 운송로를 얻게 되었어요.

클라우스는 정기적으로 검진을 했는데, 우리의 요리사는 규폐병에 걸렸고 여자 재봉사는 결핵에 감염되었어요. 클라우스가 검진을 전 지역으로 확대해 나갔을 때, 깜짝 놀랐어요. 비록 사람들이 아주 건강한 것처럼 보였지만 별로 영양상태가 좋다고 할 수 없었어요. 그 전 지역이 결핵에 감염되어 있었어요! 해당기관에서는 전혀 대응하지 못하고 있었어요. 북한사람들은 위대하신 지도자 김일성으로 인해 너무 행복하기 때문에 결코 아플 수 없다고 믿고 있었어요! 우리는 동독 정부기관과 아주 밀접한 관계를 맺고 있는 친구 카이에게 구원요청을 했는데, 그는 우리에게 바로 의약품을 그것도 외교행랑으로 보내주었어요. 약들이 도착하기까지 클라우스는 나쁜 습관을 막을 수 없었기 때문에 침을 뱉지 못하게 주민들에게도 마스크를 착용하도록 했어요.

얼마 안 되어서 장티크푸스가 발병했어요. 우리들은 그에 관하여 알기가 어려웠습니다. 왜냐하면 그런 경우에 외국인들은 제대로 정보를 얻을 수 없기 때문이었죠. 클라우스와 가까운 외국 지인들에게 예방접종하는 것을 사람들이 방해했기 때문에 그는 몹시 화를 냈어요. 다투고 옥신각신한 후에 비로소 클라우스는 예방약과 함께 필요한 정보를 얻게 되었죠.

그는 또한 가장 접근하기 어려운 지역에 있는 나병환자 병동을 방문했지만, 나를 데리고 가지는 않았어요. 그게 아마도 좋았을 겁니다. 왜냐하면 그는 의기소침해 돌아왔기 때문입니다. 공식적으로는 그 나라에 나병이라고는 전혀 없었습니다.

자유 시간에 우리는 산책을 즐겼어요. 길눈이 어두운 나로서는 길을 자주 묻곤 했습니다. 그 때마다 항상 한 남자가 내 주변에 있다는 것이 눈에 띄었습니다. 필요할 때 안내를 해주었고, 종종 어떤 길로 가지 않게 했습니다. 난 당황하였고 나의 감시자를 떨쳐내 벗어났습니다. 소위 통행할 수 없는 길이 심지어 아스팔트로 포장된 것을 확인할 수 있었습니다. 그 길은 군사연습장으로 통해있었습니다. 북한은 말하자면 그렇게도 평화애호적으로 어떤 군대도 갖고 있지 않다는 것입니다.

밤에는 사람들이 가건물의 진동 때문에 거의 조용하게 잠을 잘 수가 없었어요. 그리고 다음날 아침 우리는 아주 육중한 무한궤도 차량의 흔적을 보았어요. 누군가 그 일에 대해서 물어보았을 때, 아주 유능한 통역사도 그가 얘기하는 것을 이해하지 못했어요. 말했듯이, 이 평화로운 나라에는 탱크에 대해 말할 것도 없이 어떤 군사용 차량도 존재하지 않는다고 얘기했어요. 하지만 사람들은 아주 조잡한 그 거짓말에 비웃을 수밖에 없다는 것을 알게 되었습니다.

여기 저기 둘러보는 동안 우리는 항상 무덤과 마주치게 되었어요. 풀이 자란 묘지들은 지난 전쟁으로 생긴 중국인들의 집단 무덤이었는데, 모택동의 아들도 거기에 묻혀 있었습니다. 하나씩 되어있는 것들은 개인무덤이었고 예술적으로 묘비가 잘 꾸며져 있었어요. 만일에 그 고인이 아주 유명한 사람이었다면, 무덤 옆에는 돌로 만들어진 형상물이 놓여 있어서 고인의 명복을 빌었습니다. 일요일이나 그리고 특별한 추모일에는 그 무덤을 찾아오는 사람들의 발길이 뜸했어요. 사람들은 거기에서 서로 만나서 그 옆에서 담소를 나누었고, 식사를 하며 지나간 고인들을 추모했어요. 한국인들은 자신들이 좋지 않을 때, 묻힌 고인의 묘지가 좋지 않기 때문으로 받아들입니다. 그래서 고인을 이장하기도 합니다.

　　　유럽에서 온 외국인 중에서 제일 아름다운 B. 부인은 북한의 병원에서 낙태수술을 받게 되었습니다. 클라우스가 그녀를 우리 병원구역으로 데려 왔지요. 나는 클라우스 자신이 직접 수술을 나서지 않는 것이 의아 했어요. 궁극적으로 그녀는 클라우스가 가장 호의를 베푼 환자였는데 말입니다. 그녀는 까만색 속옷만을 입고서 클라우스에게 진찰받는 유일한 환자인 것이 나는 궁금하게 여겨졌습니다.

하지만
"누구나 어리석은 생각을 한다
다만, 현명한 사람은 침묵을 한다"

　　　B. 부인은 몹시 상태가 좋지 않아서 열이 아주 많이 났어요. 내가 그녀 곁에서 야근을 하고 있을 때, 그녀는 나에게 클라우스가 그 아이의 아버지라고 얘기했어요. 그녀는 많은 출혈을 했고 상태가 심각했어요. 나는 그녀에게 음식을 먹여주었고 정신적으로도 기력을 찾아야 했어요. 나중에 그녀는 나에게 편지를 썼었죠.(클라우스에게는 쓰지 않았습니다) 어느 날인가는 다시 행복해졌다는 군요. 하

지만 행복이라는 것이 무엇인가요?

"행복이란 건강입니다. 그리고
  아주 나쁜 기억입니다."

- Shaw

클라우스와 나는 돈독한 동료애를 갖고 생활했어요. 반면 우리에게 온 기술단 내에는 많은 긴장감이 있었으며 이를 극복할 수 없었습니다. 그렇지 않다면 나는 과거시대에서처럼 타고르와 얘기를 나눌 수 있었을 거에요:

"내 정원가의 수양버들을
나는 생각하였다.
그 수양버들은 내 것이지만,
그러나 이들 가지들은 내가 생각치 않은
이웃 정원을 치장한다"

우리 아들은 분수에 있는 두꺼비를 가지고 자주 놀곤 했어요. 그의 오른쪽 발가락 아래에는 큰 사마귀가 주변 조그만 것들과 함께 나있었어요. 클라우스가 반창고를 붙여 주었어요. 떼어낸 이후에 그는 수술용 메스를 가지고 그것을 없애려고 했었죠. 아들은 메스를 보았고 갑자기 찌를 듯한 비명소리가 들렸어요. 나는 아주 심한 공포감에 빠졌어요. 나는 아들을 아빠에게서 떨어지게 하고서는 진찰실에서 그를 끌고 나왔는데, 다른 환자들이 이해할 수 없다는 듯이 뒤를 쳐다보았죠... 우리는 당황해서 서로 그 사마귀를 쳐다보았어요. 그 때 우리 딸이 연정어린 손길로 그의 손을 잡아주었어요. 그리고 나서 마티야스는 손톱으로 사마귀를 긁어냈어요. 그는 소리지르며 바라보았지요. 그 사이에 여동생은 방문을 지키고 서서 칼을 지닌 아빠가 들어오지 못하게 문을 잠가버렸어요. 사마귀는 다시 생기지 않았지만, 클라우스는 여전히 못마땅하게 생각했어요.

마리안느는 클라우스를 사랑했으나, 매우 드물게도 거절되었습니다. 하지만 그녀는 그렇게 예쁘지는 않았어요. 그래서 그녀의 별명이 "독수리부리 사냥꾼"이었습니다. 그 때만해도 클라우스에게는 아름다움이 중요했었죠. 정치적으로 아주 활동적인 그녀의 남편과 그를 잘 따르는 "철인들" – 술마실 때면 쇠처럼 아주 강한 사람들 – 도움으로 그녀는 분풀이를 했어요. 어느 파티에서 사람들은 클라우스가 이미 아주 취하고 난 후에 알콜농도가 높은 약주를 권했어요. 내가 그 갈색병을 보았을 때는 이미 너무 늦은 상태였어요. 클라우스는 벌써 심하게 알콜에 취한 상태였었죠. 저의 좋은 친구인 짐과 칼이 클라우스를 나와 함께 근처에 있는 짐의 방으로 데리고 갔어요. 우리는 클라우스가 토할 수 있도록 해주었고 커피를 아주 진하게 타주고서는 제 정신이 들도록 방에 이리저리 옮겼습니다. 그 철인들이 의기양양한 마리안느와 함께 그 방으로 들어왔을 때, 난 완전히 정신을 잃었습니다. 그녀는 고함을 지르면서 건장한 사내들을 밀쳐 쫓아냈습니다. 마리안느는 마지막까지 저에게 가장 불쾌한 상대였어요. 그녀는 내게 안 좋은 행동을 많이 했었고 당에서 굳건한 그녀남편이 언제나 감싸았지요. 그날 밤 짐은 처음으로 나를 안아주었어요. 나를 채워주는 그 따뜻한 감정은 단지 고마움이 아니라 그것은 사랑이었어요. 그 때 거기에 있었던 칼은 그것을 알고 나중에 내게 그 감정을 떨쳐버리라고 재촉하며 충고해 주었습니다. 왜 그가 나에게 그런 충고를 했는지 저는 몰랐어요. 그가 나에게 염려하는 것은 칼도 역

시 당원이었기 때문에 위험한 마리안느의 남편이 적대적이라는 것입
니다. 하지만 칼은 나에게 좋은 친구였어요.

나의 교육적 능력은 "직접 스스로 체득한" 것이었어요. 그
러니까 나는 우리 아이들을 가르쳐야 했어요. 나는 교과서를 가지고
왔었죠. 삽화에 따라 나는 교과서의 진도를 나갔습니다. 여름에는 아
름답게 다채로 왔던 모든 것을, 겨울에는 눈을 포함한 모든 것이었습
니다. 우리 딸은 이미 여러 가지를 깨우치고는 나에게 몇 개 교과를
제안할 정도였어요. 그래서 내가 딸의 말을 따르기라도 하면, 딸은
아주 의기양양하며 자신의 형제를 위해 교과를 골라주기도 했습니
다.

내 아들이 있는 1학년의 쓰기 수업은 다음과 같았습니다:

한 줄에는 aaaaaaaaaaa
선생님의 입맞춤
한 줄에는 bbbbbbbbbbb
선생님의 초콜릿 한 조각
한 줄에는 ccccccccccc
선생님의 드롭스
한 줄에는 ddddddddddd
선생님의 입맞춤
그리고 기타등등

학생이 곧바로 알지 못할 때는 시간절약을 위해서 살짝
입맞춤을 했어요. 클라우스는 그런 방식으로는 애들이 아무것도 배
울 수 없다고 생각하고 있었어요.

우리 딸에게는 그 수업이 그렇게 특별하게 보이지 않았어요. 클라우스는 우리가 가르칠 필요는 없고 그저 딸과 놀아주면 된다고 생각하고 있었어요. 그럼에도 불구하고 아이들은 학교에서 좋게 발전해 갔습니다.

하루는 내가 마티아스와 함께 예를 들면, '락작(Lack-Sack)' 처럼 운을 맞추는 놀이를 하고 있었어요. 그것이 그에게는 아주 재미가 있었는지 "backen"이라는 단어가 나왔을 때 그 상대어가 "hacken"이라고 한다면, 그는 흥에 겨워하면서 "kacken"이라고 소리쳤어요. 거기에 나는 아주 놀랐죠. 그래! 하지만 뭐라고 해야 맞을까? 그는 거기에다 "schei ß en"이라고 했죠.

적어도 이런 나쁜 징조가 있기는 했지만 두 아이가 나중에 독일학교에서 별일 없이 잘 지냈으며, 더군다나 내 딸은 최고 성적을 받았습니다.

갑자기 흥남에서 온 측량 및 자동제어장치 기사인 한 독일인 이웃이 베를린으로 소환되었으며 그 곳에서 체포되었다는 소식이 들렸어요. 그의 아내와 네 살배기 아이는 여전히 남아 있었어요. 그의 아내는 체포에 대한 걱정 때문에 몹시 당황스러워 했어요. 그녀는 집을 걸어 잠그고서 누구에게도 자신을 내맡기지 않았죠. 사람들은 이목을 피하면서 클라우스를 데려왔어요. 왜냐하면 우리는 이들 부부를 잘 이해하고 있었기 때문이었죠. 나한테 보내야 했을 때 결국 그녀는 클라우스를 안으로 들어오도록 했어요. 그녀는 완전히 술에 취한 상태였고 알아듣기 힘든 그녀의 말에서 그녀가 일본을 거쳐 피신하고 싶다는 것을 알아낼 수 있었어요. 클라우스는 다른 방법을 취해야 했어요. 그는 그녀에게 안정제를 주사했지만 그리 효과가 크지 않았어요. 그래서 나는 그녀와 아이를 돌보기 위해 그녀의 곁에 있었어요. 하지만 그녀가 아이와 함께 창문으로 떨어지려고 했기 때문에 그것도 그리 쉽지만은 않았어요. 결국 나는 그녀를 침대로 데리고 갈 수 있었어요. 하지만 그녀가 계속해서 창문 쪽으로 다가가려고 해서 그저 앉혀 놓고 붙들어 매었습니다. 그녀가 잠들었을 때, 나는 동이 틀무렵에 그 방안을 살펴보았어요. 밤에는 보일 수 있는 빛 때문에 감히 그럴 수가 없었죠. – 집 앞에 감시원이 서있었어요. 내가 발견한 공화국 탈출을 증명할 수 있는 모든 서류들을 나는 없애버렸어요. 빠진 것이 없기를 희망했지요. 그리고 나서는 당의 대리인들이 그녀를 데리러 왔죠. 그녀는 동독으로 돌아가야 했어요. 떠나기 바로 전에 나는 그녀에게 의약품을 건네주어야 한다는 핑계로 그녀에게 살며시 얘기하며 진정시킬 수 있었어요. 그녀는 항상 체포에 대한 걱정을 하고 있었지만, 부담될 만한 것은 전혀 찾아 볼 수 없었어요. 나중에 베를린에서 그녀는 내게 자신의 남편이 아직 감옥에 있으며, 내가 자신이 감옥에 갇히고, 자신의 아이는 가택연금될 수 있는 것을 막아주었음을 결코 잊을 수 없었다고 얘기해 주었습니다. 물론 몇 년 지나지 않아서 그녀가 내 두 번째 남자를 사랑했을 때 그 일은 잊혀지게 되었고 그녀는 나와 좋지 않은 게임을 하게 되었습니다.

우리 아이들은 조그만 생쥐에 대한 호감을 갖게 되었어요. 아주 상기되어서는 생쥐구멍으로 보이는 곳 앞에 쪼그려 앉아 있었죠. 한 번은 우리가 그림에 나오는 것처럼 귀엽게 생긴 아주 어린 생쥐를 잡았어요. 그 생쥐는 큰 눈과 진갈색 줄무늬가 있는 갈색털을 가지고 있었어요. 이 곳 사람들은 이 작은 생쥐를 "다람쥐"라고 불렀어요. 다람쥐는 막대 위에서 이리 저리 재주를 부리면서 자기 식구에게 소리를 냈어요. 우리 애들은 아주 좋아했지만, 애들의 아빠는 그렇지 않았어요. 클라우스가 독이든 쌀을 놓아두었는데, 특히나 감수성이 예민한 딸의 큰 울음소리가 들렸어요. 하지만 "우리의" 그 작은 동물은 살아남았어요. 보통 내가 그곳에서 면봉을 자르던 아빠의 셀룰로우스 표피의 큰 유리그릇을 우리는 놓아두었고 그 작은 동물을 안에다 두고 초코렛을 넣어주었습니다. 그리고서는 그 그릇을 우리끼리 "비밀장소"라고 하는 저의 옷장에다 넣어두었어요. 그것이 교육적으로 옳은지 그른지는 나중에 생각할 일이었어요. 클라우스가 집에 없을 때면, 우리는 그 작은 동물을 방 안에서 돌아다니게 놓아두었어요. 특히 우리 딸은 아빠와 가까이 두지 않도록 걱정스럽게 생각하였습니다. 그런데 한 번은 남편이 너무 일찍 집으로 돌아왔었는데, "긴 소파"에다 몸을 내던지며, 담배를 물었죠. 그리고는 그가 위로 올라가는 푸른 담배연기를 따라 바라보는 동안, 그는 다람쥐가 제일 좋아하는 커텐막대기 위에서 아래쪽을 대담하게 쳐다보고 있는 우리의 "작은 동물"을 바라보았죠. 안타깝게도 클라우스는 이것을 애교로 넘겨주지 않았어요. 한바탕 소란이 일어나고서 그 다람쥐는 가엽게도 쫓겨났어요. 그리고 우리 애들은 아주 슬퍼했어요. 그럴 필요까지는 없었는데 말이죠.

> "아이들이 흘려야 하는 눈물은
> 어른들의 범죄입니다"

우리는 소풍도 많이 가고 산책도 많이 했어요. 그래서 작업단의 다른 독일인들과는 접촉을 피할 수 있었어요. 왜냐하면 거기 있는 사람들 모두가 전부 좋은 이웃들만은 아니기 때문이었죠. 출세지향적 당비서가 있었는데, 그의 병적으로 권력지향의 부인과 다른 부인들과 함께 염탐과 음모로 경쟁하였습니다. 그러나 아마도 그것은 제한적인 범주입니다. 창가에 도청이 이루어졌습니다. 우린 통풍

장치를 놓고 밖으로 아무런 말소리를 보내지 않게 했습니다. 문에도 도청되었습니다. 문가에 괴음이 났을 때 그들은 아직은 고통스러운 것 같지 않았습니다. 그들은 거기에 있었으며, 의약품이 필요했습니다. 클라우스가 없을 때, 그들은 나에게 남자가 방문했을 거라고 추측했습니다. 왜냐하면 의약품이 급하게 필요한 그 그룹의 일원이 30분마다 특히 밤에 찾아왔기 때문입니다. 한 번은 하인쯔 오라는 이에게 오래 전부터 관절염에는 전혀 소용이 없는 비타민 알약을 주었어요. 그리고 어느 날 그는 통증이 곧 사라졌다는 얘기를 했어요. 나는 배가 심하게 아프고 설사 증세가 있는 마리안느 남편에게 해가 되지 않는 칼슘 알약을 주었어요. 클라우스가 저녁에 없었을 때, 나는 밝은 빛의 창가에 앉아서 짐의 책에 들어가는 원고를 타자기로 치고 있었어요. 밤에 나는 애들을 재우려고 아들과 딸아이를 번갈아 가면서 데리고 왔었죠. 한 번은 밤에 술에 취한 철인들에게 문을 열어주지 않았을 때, 그들 중에 잘 알려진 정보원도 역시나 있었어요. 그들은 방바닥의 널빤지를 뜯어내고서는 위쪽으로 올라갔지만 붙박이 옷장이 있는 곳에 이르렀어요. 그날 밤 내 곁에서 자고 있었던 아들은 그것을 아주 흥미진진하게 여기고 있었어요. 그리고서 내가 미안한 마음으로 "저 사람들은 어쩔 수 없이 조금 취했단다"라고 말하자 아들은 "아니에요, 엄마. 저 사람들은 술에 완전히 취했어요"라고 대답했죠.

"금강산을 보지 않고서는 아름다움에 대해서 얘기하지 마세요". 정치적인 상황 때문에 우리는 미리 계획을 세웠던 휴가를 베트남에서 보내지 못했어요. 그래서 우리는 금강산으로 향했죠. 그곳은 그야말로 독특하게 아름다운 곳이었어요. 깎아지른 듯한 절벽들에는 크고 작은 구멍들이 나 있었어요. 특별한 자리에는 선녀가 자신의 머리를 감았었을 것이라고 했어요.

구룡폭포에 예전에 어미용이 자신의 어린 아홉용을 성공적으로 숨겼다고 했어요. 그 폭포는 높이가 120M나 되었고 얼음같이 차디찬 물이 흘러내렸어요. 새빨간 점이 있는 짙은 녹색의 개구리들이 여기저기 뛰어다니고 있었죠. 폭포소리가 어떤 주변소리 보다 더 크게 들렸어요. 우리는 5월에 거기에 갔었는데, 장마철에는 폭포수가 아니라 그야말로 대재앙이었어요.

우리는 아무것도 없는 곳으로, 정확히 말하자면, 남한이었죠, 향하는 한 다리에 이르렀어요. 뒤쪽에는 351고지라고 하는 것을 볼 수 있었는데, 한국전때 중요했던 곳으로, 8미터정도 깎아지른 듯이 있었습니다.

산악 안내인은 유럽인이 지금껏 한 번도 밟지 않았던 어떤 길로 우리를 안내했어요. 그 날이 내 생일이었기 때문에 그를 따라갈 수 있도록 허락을 받았어요. 그래서 제가 금강산의 일부분으로 들어간 최초의 여자 유럽인이 되었죠. 그리고 나서 우리는 호랑이 발자국과 마주치게 되었죠. 발자국은 아주 크고 생생하게 남아 있었어요. 모래흙이 아직 쌓여 있었어요. 하지만 우리는 항상 조심했어요. 그 산악 안내인은 우리가 호랑이나 곰을 만났을 때를 대비해서 우리에게 행동요령을 알려 주었어요. 산악 안내인 역시도 동물이나 특히 뱀을 쫓아내려고 막대기를 가지고 길 가장자리를 두드렸지요. 여기에 서식하는 동물은 세계에서도 가장 몸집이 큰 시베리아 호랑이었어요. 그 호랑이는 3M 정도는 될 거에요. 하지만 야생동물은 전혀 보이지 않았어요. 그 안내인은 나뭇잎으로 물을 마시는 방법을 우리에게 말해 주었어요. 아무튼 그 안내인은 내가 본 사람 중에 제일 멋진 사람중 하나였고 내가 본 사람 중에서 제일 힘이 좋은 손을 가진 사람이었어요. 내가 그의 손을 가졌더라면, 아마 나도 이 세상 끝까지라도 갈 수 있었을 거에요.

우리 건설진의 대표가 베를린에서 방문했는데, 그는 건축 주무장관의 대리인 자격으로 오게 됐어요. 그는 술을 아주 즐겼어요. 그래서 우리 기술단의 아내들을 부담스럽게 했어요. 당연히 남자들을 화나게 했지만 높은 그의 당서열 때문에 그에게 감히 자제할 것을 요구하지 못했어요. 한 번은 클라우스가 평양에 있을 때, 다시 파티가 열렸었죠. 루디라는 이름의 그 방문객은 또다시 여자들 곁에 있었어요. 그 건설대표는 아주 많이 취했었죠. 파티가 진행되는 동안에 그 집의 계단을 나서다가 계단아래로 떨어졌어요. 독설가는 누군가 거들어준 거라 주장했습니다. 루디가 피를 흘리며 바닥에 누었을 때, 아무튼 남자들은 은근히 기뻐했어요. 물론 그들은 혼자서 몸을 가누지 못하는 다리로 서 있는 그를 토할 수 있도록 분수 쪽으로 끌어다 놓는 것에는 협조적이었어요. 그는 아무것도 할 수가 없었어요. 게다가 더 이상 아무 소리도 내지 않았어요. 그들이 유쾌하게 웃으면서 그를 나에게 데려올 때는 나는 벌써 우리의 개인방과 연결되어 있는 진찰실에 와 있었어요. 그를 환자침대 위에 눕혀놓으려고 그를 좀더 끌어당겨야 했어요. 나는 남자들에게 우선 루디의 의치를 빼내야 한다고 말했습니다. 난 구역질이 나서 다소 망설였어요. 남자들은 그것을 알아차렸어요. 한 사람이 양동이에다 물을 가지고 와서는 의치를 거기에다 넣으라고 큰 소리로 얘기했어요. 하지만 어떻게? 루디는 피를 흘리며 그르렁대고 있었죠. 많이 취한 한 철인이 그가 아주 가볍기 때문에 다른 곳으로 끌고갈 수 있을 거라고 생각하고 있었어요. 그리고 그는 시범을 보여주었어요. 그는 처량한 루디 위쪽으로 올라섰고 나는 루디의 머리를 고정시켰어요. 그 철인은 루디의 입을 벌렸어요. 오른쪽 집게 손가락을 펴서 루디의 입을 위로 3번 돌리고 나서는 뚫어지게 쳐다보며 아주 빠르게 손으로 다리를 치고 서는 의치를 잡아서 동료들의 찬사를 받으며 물통에다 그것을 담기 위해서 공중으로 던졌어요. 그리고 나서 그들은 나에게 모든 게 잘되기를 바란다는 말을 남기고 만족스러운 듯이 천천히 사라졌어요. 다행스럽게도 나는 곧바로 북한의 병원에서 온 김해씨라는 분에게로 보냈어요. 확실히 우리 의사들에게는 응급조치가 거의 생소했어요. 그는 두개골에 금이 가서 뇌진탕으로 판명되었습니다. 많은 안정이 필요한 루디는 - 그는 내게 그리 유쾌하지 않았기 때문에 내 환자로서는 유감이었어요 - 3주나 늦게 베를린으로 돌아갈 수밖에 없었죠. 루디가 당정치국 국장에게 자신의 사고에 대한 이유를 설명해야했음을 나는 몰랐습니다. 그는 다시는 오지 않았어요.

김 해씨는 일본에서 귀국한 아주 전문적인 외과의사였어요. 그는 이상주의자였으며 자본주의 서방을 알고 있는 한 인간을 상대로 공산주의자들의 불신을 견뎌내야만 했습니다. 그는 그리 중요하지 않은 선임 의사직을 맡게 되었어요. 그래서 그는 우리와 친하게 지내게 되었죠. 왜냐하면 그는 클라우스와 함께 전문 분야에 대해 얘기를 나눌 수 있었기 때문이었죠. 그의 아내는 그리 행복하지 못했어요. 왜냐하면 그녀가 가지고 온 세탁기, 냉장고, 다리미 이외에 다른 가전제품에 사용할 수 있는 전기가 그들에게 배정된 건물에는 없었기 때문이었죠. 그들도 또한 감시당하고 있었어요. 그래서 나는 아주 조심스럽게 그들에게 쵸콜릿, 세제나 샴푸를 갖다 주었어요. 하지만 독한 술은 자주 가져올 수 있었어요. 딸은 부모의 관심을 끌고자 노력했지만 이들 현대적인 한국인에게 있어서도 특별한 의미를 갖지 못했어요. 그들의 기쁨은 응석받이인 아들에게 있었죠. 그 당시에 작은 애는 4살이었어요. 그 애가 클라우스를 처음 보았을 때, "아우 바 기"라고 소리치면서 달려갔어요. 사람들은 그 소리를 들을 수 있었는데 그것은 "귀신"이라는 뜻이었어요. 하지만 나중에 그 아이는 우리에게 큰 믿음을 주었고 특히나 우리 아이들과도 자연스럽게 신뢰를 쌓았습니다. 한 달에 5일 동안 클라우스가 평양에 있었을 때, 김해씨를 알고 있는 것이 저에게는 위안이 되었어요.

9월에는 우리 아이들의 새 학기가 시작되었어요. 그래서 우리 아이들은 동독으로 돌아가야만 했어요. 클라우스는 그 기술단이 해체될 때까지 6개월간 북한에 머물러야 했어요. 그리고 나는 클라우스를 남겨둔 채 아이들과 함께 고국으로 가게 되었죠. 우선은 기차로 베이징으로 갔어요. 그 곳 기차역에서 저는 여행가방을 잃어버렸는데 나중에 호텔에 와서야 그것을 알고서는 그 기차역으로 되돌아갔는데 가방이 여전히 내가 잃어버렸던 바로 그 자리에 있었어요. 그 당시 중국에서는 도둑질이 사형에 처해 졌어요.

며칠 후에 우리는 베이징에서 2개의 외교관 특실이 예약된 시베리아횡단열차를 기다리고 있었어요. 그 사이에 우리는 관광을 하면서 시간을 보내고 있었어요. 아이들은 동물원에 있는 아주 귀여운 팬더곰을 무척 좋아했어요. 아이들은 그 무더운 8월에 동물원에서 아이스크림을 사서 먹을 수 없다는 것을 이해하지 못했어요. 그저 뜨거운 차만 있었죠. 그러나 우리는 곧 그 무더운 열기에는 뜨거운 차가 얼마나 유용한지를 알게 되었어요.

우리는 국립서커스단 공연을 관람했어요. 기분좋게 동물의 순서도 없고 광대도 없이 진행하였고, 숨막히는 공중곡예가 있었습니다.

그 때는 문화혁명 이전의 시기였어요. 그래서 사람들은 아름다운 많은 것들을 구입할 수 있었요. 몇 시간만에 저는 클라우스와 제가 일년간 벌어놓은 돈과 짐이 보태어준 돈을 전부 보석을 사는데 써버렸어요. 무슨 목적으로? 장식을 위해서이지요! 그것은 정말 황홀했습니다. 학교에서 배운 서투른 영어가 보석상과 얘기할 때는 정말 막힘없이 술술 이어졌지요! 나중에 내가 클라우스가 큰 돈이 있고 호텔에 대금을 지불할 수 있다고 그에게 편지를 썼을 때, 그는 호기 있게 반응했습니다. 어떤 비난의 말도 하지 않았고 체념하는 듯이 자신이 나를 알고 나에게 보석을 주는 그저 확인만 있었습니다. 하지만 그를 위해서는 조그만 선물과 아이들의 장난감을 구입했어요.

얼마 되지 않아서 나는 보석을 사고 싶지 않았어요. 인민의 "홍위병"은 문화로 보이는 모든 것을 취했고 정부는 이제 외국인에게 보석을 가능한 외국환으로 판매했습니다.

그리고 나서 우리는 아주 편안하게 시베리아 횡단 열차를 타고 떠났어요. 우리가 탄 객실사이에는 세면실 공간이 있었고 의자가 딸린 탁자가 있었는데 거기에서 아이들과 아주 재미있는 놀이와 그림을 그릴 수 있었어요. 각 정거장마다 사람들이 열차에서 내렸어요. 울란바토르에서 나는 그런 것을 궁금하게 여기고 있었죠. 하지만 나중에 플랫폼에서 모든 여행자들이 참여하는 체조시간이 있었기 때문에 우리는 기차에서 내리는 것에 대해 고마워했고 기다리기까지 했어요. 그것은 아주 필요한 것이었어요. 왜냐하면 모스크바까지 가는데 11일이나 걸렸기 때문이죠. 처음에는 몽골을 가로질러 가고 그다음은 시베리아 그리고 꿈처럼 아름다운 바이칼 호수를 지나서 아주 아름다운 혼합림 지대를 통과하고서 톰스크-스베르드로브스크를 지나 우랄과 칸잔스크를 거쳐 모스크바로 가게 되었어요. 거기에서 우리는 5일 동안 휴식을 취한 후에 다시 유럽으로 향했어요. 특히 아이들이 아이스크림을 넉넉히 먹지 못했기 때문에 백화점 GUM에서 구입했습니다. 게다가 나는 후추 1kg을 구입했는데, 그것은 집에서 "좁은 길(Engpass)"로 회자되었습니다. 나중에는 종종 그 단어를 들을 수 있었어요.

바르샤바를 지나 우리는 장벽이 세워진 도시인 베를린으로 다시 돌아왔어요.

헬가 립케 (Helga Luebke)
북한체류 기록 : 일기

구술기록자 : 헬가립케
장소 : 독일 칼스루헤
구술기록자 : 라인하르트
* 본 기록은 립케씨에 의해 쓰여진 북한체류일기임.

헬가 립케(Helga Luehke)
북한체류 기록 : 일기

헬가 립케는 1957년 1월 말부터 10월 초까지 독일기술단 일원으로 자재관리부에서 일했다. 그곳에 대한 많은 기억을 그녀는 일기로 기록했다.

1월 18일

차갑고 안개 낀 1월의 어느 날 베를린 쇠네펠트(Berlin-Schönefeld) 비행장에서 루프트한자를 타고 이륙했다. 그때까지 승객 사이에 여러 직업을 가진 7명의 낯선 사람들 한 그룹이 있었다. 그들과 일치하는 것은 행선지였다. – 함흥 독일 기술단 – 출발시간이 세 번이나 연기됐었다. 그러나 마침내 이제 간다. 난 기쁘다!

5일 동안 9번의 중간착륙을 거친 후에 우리는 1월 23일 오후 평양에 도착했다. 동독 대사관의 북한인 안내원이 우리를 맞았고 국외여행객 호텔로 안내했다.

도시로 가면서 나를 다소 침울하게 했던 것은 1953년 전쟁이 끝났는데도 작은 판자집들과 여전히 눈에띄는 곤궁하고 가난한 모습이었다. 호텔은 객실이 100개가 넘는 편안한 신축 건물이었다. 우리는 훌륭한 저녁 뿐 아니라 안내원 김선생으로부터 북한 돈을 처음 받았다. 그리고 나서 몇 달간 평양에서 목수로 일하게 될 두 명의 동승객들과 우리는 작별인사를 했다. 우리의 소그룹은 역으로 갔다. 함흥으로 가는 마지막 여정은 밤기차였다. 이 열차가 우리를 기다린 듯 하였다. 왜냐하면 우리는 우리 침대칸으로 들어서자, 바로 출발했기 때문이다. 불편한 밤을 보내고 우리는 아침 일찍 함흥에 도착했다.

1월 24일

"반가운 환영식" 대신에 우리를 반긴 것은 춥고 텅 빈 승강장이었다. 우리는 많은 짐들을 끌고 역사(驛舍)로 갔다. 거기 있던 역 직원들에게 우리가 가려는 곳을 알아듣게 하느라 노력했다. 마침내 그들은 알아듣게 되었다! 그들이 힘차게 "여보서"라고 5-6번 전화기에 외치는 걸 우리는 놀라서 바라보아야 했다. 마침내 그들은 성공했다. 한 시간 후에 작은 버스가 건물 앞에 도착했다. 처음 내린 사람은 내 남편이었다.

다시 만난 기쁨은 헤아릴 수 없는 것 이었다. 우리를 마중 나온 동료들은 전날 평양의 동독 대사관에 문의할 때 우리의 도착에 대해 통보받지 못했다고 했다. 다음 날에야 비로소 우리를 생각한 것이었다는 것이다. 신속히 버스를 타고 도시를 통과하여 독일 기술단 지역에 갔다. 매우 추운 날씨에도 불구하고 나는 하얀색의 친근한 인상을 주는 건물 앞에 내리니 기분이 좋았다. 단층 건물은 사각으로, 주변에는 분수를 갖춘 잔디밭이 있다. 건물 앞에는 작은 정원이 있다. 나는 봄이 얼마나 아름다웠는지 잘 떠올릴 수 있다. 내 남편이 시간을 내서 우리를 곧 도시로 첫 산책을 나갔다. 함흥은 전쟁으로 끔찍한 모습으로 남아있었다. 이 도시에서 받은 내 첫 느낌은 평양과도 똑같이 우울했다. 단지 돕고자 하는 감정만이 있었다. 언제나 같이 !

1월

낯선 나라에서의 첫째 날은 이것저것 배우고 느끼고 신속히 익숙해져 갔다. 오후에는 버스를 타고 근처에 위치한 한 견방적공장에 갔다. 버스에서 보니 살을 에는 듯한 추위에 거리에는 짚방석을 깔고 앉아 널판자위에 물건을 놓고 팔려는 노점 인들이 나와 있는 것이 보였다. 거리를 따라 많은 "노천 화장실"들이 있었다. 기둥은 대나무로 지었고, 볏짚으로 감쌌다. 휘장은 볏짚으로 걸어나, 사용자가 거리를 내다볼 수 도 있었다.

방적공장의 공기는 습하고 더웠다. 누에고치에서 실을 뽑아내는 작업을 하기가 얼마나 어려운 작업인지 보는 것을 믿기 어려울 정도였다. 누에가 떠있는 잿물에 김이 났다. 누에를 뒤집기위해 뜨거운 물속에서 잡아야 하는 조그마한 손들이 누에를 헹굴 때까지 반복적으로 담겨졌다. 누에고치의 방향을 바꿔가며 뜨거운 물에 씻어냈다. 이 작업을 하는 어린 소녀들은 말쑥한 체형에 땋은 머리를 하고 있어 미성년들 같았다. 그러나 아이들처럼 단정한 단발스타일이었다. 그들은 아직 어린 소녀나 미혼의 경우로 머리를 땋거나 한쪽으로 고정시켜 놓고 있는 것이다. 나는 그렇게 많이 어린여자애들이 일하고 있는 그 곳을 안타까운 마음으로 떠났다.

일요일에 우리는 장터에 갔다. 그곳은 혼잡했다. 추위 때문에 두껍게 옷으로 감싸고 있던 남자여자들이 바닥에 앉아서 그들의 물건을 그릇에 담아 돗자리나 천위에 놓고 있었다. 식료품 상가에서 식당으로 쓰이는 조그맣고 초라한 판자집을 이상한 듯 바라볼 수 있었다. 주막집이 있어 장터바닥에 큰 냄비를 놓고 뜨거운 국도 팔았다. 돌아보니 모든 것이 좋았고 무엇보다도 맛있는 냄새가 식욕을 자극했다.

2월

차가운 날씨와 살을 에는 듯한 "바람"으로 나는 몹시 추웠다. 그러나 내 동료들은 나와 달랐다. 이들은 매일 보드카와 솜옷으로 견디었던 것이다. 나도 보드카와 솜옷을 사용하니 도움이 되긴 했다! 남편과 나는 성천강에 있는 수력 발전소에 가는 길에 오토바이를 탈 때 더 이상 춥지 않았다. 돌아오는 길에 우리는 여러 농가를 보았다. 매우 잘 정돈되어 있었다. 남편은 여름이면 매우 운치 있다고 설명해 주었다. 주변 옥수수밭이 오두막보다도 더 높이 자라고 노란 호박이 지붕 위를 덮고 있고 문에는 빨간 고추가 걸려 있게 되면 그러하다고 했다. 나는 그때는 상상할 수가 없었다. 개간으로 황량해진, 주변의 산들이 바람을 막지 못해 드넓은 논은 얼어 있었다. 지속적으로 변해가는 햇빛이 생명을 깨우며, 물결치듯 지평선까지 비쳤다. 그 위로 녹색을 띤 청색의 하늘이 있고 천천히 노을이 지는 석양이 내 비쳤다. 우리는 함께 행복해 하며 그 광경에 감탄하였다.

어느 오후에 우리는 남편의 기술 제도공 박성희씨의 초대를 받아서 그녀의 부모님댁에 갔다. 나와 23살 차이가 나는 박선생은 지난 몇 주간 부쩍 친해졌다. 난 북한의 가정을 알게 되는 것에 기뻤다.

전형적인 한국식 고가(古家)였다. 내부로 들어가기 전에 신발을 벗어놓는 작은 댓돌이 있었다. 박선생과 그녀의 부친은 진심으로 우리를 반갑게 맞아 주었고 우리는 널방석이 깔려 있는 마루에 앉았다. 박성희씨 모친과 그녀와 8살 차이인 남동생은 우리에게 수줍은 듯 물러서있으나 반갑게 인사했다. 남편의 동료이며 가족과도 친분 있는 장선생이 독일어를 웬만큼 구사할 줄 알고, 박선생이 독일어지식을 지녔고 남편도 한국어지식이 있어 활발한 대화가 오고갔다. 이들 가족의 자랑인 두세 살 난 아들이 있었는데, 내 품에 앉아 흥미롭게 쳐다보고 있었다. 안 쪽 깊숙이 위치한 부엌에서 좋은 냄새가 났다. 부엌은 온돌난방이 있는 곳으로, 온 집안 방바닥의 온도를 따뜻하게 하였다.

약 20cm높이의 밥상 위에는 다양하고 맛좋고 매운 음식들이 조금씩 차려졌다. 모두들 그것을 맛보았다. 젓가락을 사용해야 했고 오랜 시간 바닥에 앉아 있어야 했는데 방석을 깔고 앉았음에도 불구하고 힘이 들었다. 시간이 지나면서 신문지로 도배된 벽을 통해 -(다른 것들이 부족해 신문지를 발라야 했다)- 들어오는 찬바람이 몸을 타고 올라오는 것 같이 느껴졌다. 그러나 모두들 곧 잊게 되었다. 나는 한국에서 사람들이 얼마나 흥겹게 노는지 배웠다! 한국식 술과 러시아의 보드카를 먹고, 돌아가면서 노래하고 리듬에 맞춰 박수를 치면서 춤을 추었다. 한명씩 돌아가며 하게 되었다. 내게는 무척 낯선 것이었지만 노래하는 사람의 노력에 신나게 박수를 보냈고 내가 해당될 때 끝이 났다.

3월

따뜻한 첫 햇살은 전체 주말 계획을 들뜨게 했다. 필름은 구내매점에서 사고 그와 함께 카메라도 준비했다. 여기서 일을 하고 생활을 하려면 이 나라에 대해 알아야 하기에 어느 지역까지 갈 수 있나 열심히 논의했다. 그래서 우리의 첫 번째 시도는 오토바이를 타고 바다를 따라 가게 되었다. 그런데 도중에 갑작스런 폭설이 쏟아져서 우리는 돌아와야만 했다. 그래서 버스를 타고 비구니가 머무는 흥산사에 올랐고 이른 봄날 같은 산간 경치를 경험했다. 유감스럽게도 그 사찰은 외딴 곳에 있었다. 근처에 위치한 폭포는 우리에게 환상적인 얼음 조각품과 같았다.

어느 일요일에 우리는 버스를 타고 '고원'으로 가는 준령을 지나 아름다운 경치를 즐겼다. 거기서부터 우리는 사원- 태조 이성계가 태어난 곳-까지 올라갔고, 제사를 위한 회당도 보았다.

사진 현상소는 매우 번잡했다. 박테리아가 번성하기에 여름 우기에 앞서 모든 필름들은 현상해 놓아야 했기에, 갈수록 많아지는 재료를 여러 저녁에 걸쳐 암실로 가져가야 했다.

4월

따뜻한 봄날 초 정말 놀랍게 눈이 내렸다. 잠시 후 비가 와 대지를 씻었다. 우리는 AK 16으로 이 나라와 사람들에 대한 소형

영화를 만들기 시작했다. 그리고 북한 동료의 초대로 권투와 씨름 경기를 보러 갔는데 흥미진진한 기분전환을 즐겼다. 신경이 예민해지는 건 없었다.

파라티푸스와 콜레라 예방재접종은 잠시 동안 우리 기술단의 일부를 쉬게 했다.

부활절 축제를 우리는 체코친구들과 함께 본궁사 근처 근사한 절경을 함께 즐겼다.

5월

5월 1일 축제일에 좀 이르게 함께 행진하며 큰 시위를 시작했다. 날씨는 좋았다. 색색의 옷과 깃발, 현수막과 많은 꽃들이 생동감 있는 장면을 이루어 냈다. 저녁에는 팔룡산에 올랐다. 거기서 오페라와 철도직원들이 우리에게 아주 매혹적인 행사를 진행했다. 사람들은 둥근 원을 만들어 춤을 추었고 나는 리듬에 맞추느라 힘이 들었다.

휴가! 6월 6일부터 10일까지 우리는 남북한의 분단선인 판문점과 개성에 갔다. 이것은 한국 과거로의 인상 깊은 여행이었다. 38도선에 위치한 이 도시는 한국전이후 옛 한국 문화를 그대로 잘 간직한 유일한 도시로 남아있다. 분단선을 방문하였다. 단지 남북간의 "집배원"으로 전서(傳書)비둘기가 다녔다. 양쪽과 미국의 많은 군인들, 정전 위원회의 일원들(폴란드, 체코, 스웨덴과 스위스)이 있었으며 모든 통행과 출입에 긴장감이 있었다.

6월

6월이 되어 훌륭한 날씨로 백암산으로 가는 첫 산악여행을 했다. 가는 길에 천막을 쳤다. 캠프파이어가 끝난 후 곧 슬리핑백에 들어갔고 아침 5시에 일어났다. 우리는 시간을 오래 걸려 아름다운 경치를 감상했으며 한 사찰에 도착하였다. 흰옷을 입은 두 명의 나이든 비구니들과 반갑게 인사를 했고 우리에게 사찰과 그들의 귀중품들을 자랑스럽게 설명해 주었다. 돌아오는 길에 우리는 다른 절에 들렀다. 우리의 요청 때문에 그들은 두개의 불상이 있는 법당을 둘러보게 해 주었다. 승려 중 한명은 예복을 입고 북과 징, 종과 향을 가지고 의식을 거행했다. 우리는 현실과 다른 시간으로 들어가듯 느꼈다. 함흥으로 돌아가는 U자 꼴의 험준한 길을 지나며, 화물차 칸에서 다소 불편한 여정을 매혹적인 광경을 함께 하며 보냈다.

7월

이달에 들어서 약간 서늘한 날씨이후 짙은 청색의 하늘에서 햇빛이 비치자 우리는 다시 바다로 갔다. 밀려드는 파도 속에서 수영하였다. 수영복과 피부는 다시 건조해지니 소금기로 하얗게 되었다.

주말에 우리는 장마가 이미 시작됐다는 것을 모르고 멀리 오토바이 여행을 떠났다. 형형색색의 아름다운 풍경위로 쏟아지는 빛은 형용할 수 없이 강렬하였다. 산을 뒤덮은 두꺼운 구름이 하늘에 걸려 있었으며 지난 밤 억수같이 쏟아진 비는 개울을 넘쳐흐르는 강으로 만들었다. 나는 우리와 친구들이 오토바이를 타고 건널 수 있을지 앞서서 건너갔다. 도강(渡江)하려는 것은 대략 30대였다. 도우려는 북한인들을 강을 따라 만나게 되어, 우리가 힘들어하는 지역을 건너 기계를 옮기는 데 도왔다. 우리친구들의 오토바이가 더 이상 갈 수가 없어서, 오토바이를 한 군기지로 옮겨 놓았다. 우리는 함흥으로 돌아왔고 남편이 북한인 기사를 동승하여 지프로 오토바이를 가져왔다. 당시 습도가 90%였다. 많은 하늘에서 비가 갑자기 커튼이 내리듯 쏟아졌다. 대개 잠깐 동안 벌어진 상황이었다. 모든 것이 다 젖었고 우리 앞에 뚝뚝 떨어졌고 거의 움직일 수 없었다. 그러나 자연은 넘치는 충만함과 아름다움으로 장마에 고마워하였다.

8월

습기 찬 후덥지근한 날씨가 멈췄다. 첫 이삭이 보였고 옥수수는 2-4m나 자랐다. 8월말쯤에–9월로 넘어가며–농가지붕 위의 노란 호박, 붉은 피망과 칠레고추가 사라졌다. 잎에서 떨어져 나온 이삭의 타작은 도리깨질을 할 때 "–한–요"라고 하며 리듬을 탔다. 쌀이삭은 방아로 찧었다.

이 방아는 바닥 깊이에 있는 것으로 버팀목이 있으며 지속적인 디딤으로 움직이는데 이삭이 서로 부딪히면서 껍질이 벗겨진다. 겉껍질을 벗겨내고 나면 껍질을 날리거나 전기송풍기 같은 것으로 바람을 불어 겨를 골라낸다.

호우가 지금 계속되고 있다. 이미 홍수가 되었고 함흥과 홍산을 가르는 성천강가에 있던 만세교를 휩쓸어갔다. 기술단의 동료들이 가서 보행자용 다리에서 밤낮으로 일을 했다. 강 건너편의 사람들과 물건을 긴급히 옮겨야 했다. 많은 이들이 큰 관심을 가지고 지켜보는 가운데 모든 것이 순조롭게 진행되었다.

9월

시장은 밭에서 수확한 모든 것들로 가득했다. 대개 흰 옷을 입은 아주머니들이 가마니 위에 앉아 여러 과일과 야채를 팔고 있는 다채로운 활기찬 모습이었다. 오토바이로 우리는 홍원고개를 지나 함주 뒤 농가로 갔고, 종종 버스로 바다로 갈 수 있었다. 초록, 노랑과 빨강 색조의 화려한 정경은 자색에서 검은색까지 빛나는 산맥으로 테두리를 둘러놓은 듯 언제나 감동을 주었지만 나는 이 정경을 보면서 슬픔을 느꼈다. 왜냐하면 이번 달로 북한 일정을 마쳐야 했기 때문이다.

특별히 기억에 남는 것은 국가수반 및 당수인 김일성의 독일기술단 방문이었다. 불가리아 수상과 함께 그는 함흥을 시찰했다. 공동연설 후에 우리와 악수를 했고, 지도자와 불가리아 수상을 향해 북한 주민들은 "만세"를 외쳤다.

아직 날씨는 따뜻하나 강한 바람과 서늘한 밤이 가을을 알리고 있다. 우리의 큰 이별여행이 계획됐다. 이제 끝이 났다. 우리는 버스로 개마고원에 있는 장진호로 가는 1200m 높이의 고갯길을

너머 갔다. 우리는 저녁 6시 경에 도착했다. 우리는 "승선했다." 우리는 작은 보트를 타고 가서 호수에 정박하고 있는 배로 갈아타야만 했다. 배는 호수건너 건너편에 갔다. 천천히 깔리는 어두움과 가을 분위기의 산허리, 2500m 높이의 산에 도달하자 저녁 빛에 눈이 빛나고 있었다. 위로는 무수한 별들이 반짝이고 우리는 그 광경에 압도되어 숨이 멈췄다. 우리 모두 멈춰있었다!

강가의 어둠 속에서 반갑게 부르는 소리가 들렸다. 우린 도착했다. 체코 친구들이 우리를 맞아주었고 우리를 밤을 지낼 숙소인 통나무집으로 안내해 주었다.

아침 7시 반경 아침 식사 후에 숨 멈추게 하는 경치를 거닐며 산책했다. 그리고 배를 타고 "험준한 물가"를 18km건너 다시 버스를 타고 돌아왔다. 저녁 9시에 나는 침대에 누웠고 피곤했으나, 이 여행이 잊지 못할 여행이 될 것임을 알았다.

10월 1일

모두 끝이 났다. 모든 걸 짐 쌌다. 선물을 교환하고 포옹을 했다. 밤에는 우리 기술단 단장인 호르스트 프래슬러의 작별인사가 있었다. 나와 한 동료가 우리 할당된 작업을 훌륭히 해낸 것으로 평가되었다. 저녁에 우리 숙소 앞에 버스가 와 있었다. 우리는 친구나 동료와 작별하기 위해 자주 역에 갔었으나, 이제는 우리차례였다. 우리는 승강장에 서 있었다. 우리의 북한친구들은 작업단 옆에 있었다. 나는 작별하기가 무척 어려운 것임을 알고 있었다. 눈물이 어쩔 줄 모르고 흘렀다.

손을 흔들며 열차가 출발했고 평양방향으로 밤새 갔다.

거기서부터 중국국경을너머 신양을 거쳐 북경으로 갔다. 우리는 기차를 타고 귀향할 것을 결정했다. 기차의 덜커덩 소리와 함께 눈물을 흘리며 잠이 들었다. 한 바퀴 한 바퀴 돌아가며 수천킬로가 돼가며 내가 머물며 일했던 곳과 점점 멀어졌다. 내가 다시 돌아온 집과는 12,000km가 족히 떨어진 곳일 것이다.

제6부

동독과 북한 외교관계

홀머 브로흘로스 박사
(Holmer Brochlos) 구술인터뷰

면담일자 : 2004년 4월 2일(금)
장소 : 한국 외국어대학교
면담자 : 김 면

1. 동독의 이력과 북한유학
2. 평양 외국문 출판사 시절
3. 남북한의 정치에 대한 평론
4. 통역활동과 지도부에 관한 기억

홀머 브로흘로스 박사
(Holmer Brochlos) 구술인터뷰

▼ 김 면 : 안녕하십니까. 우선 동독과 북한관련 현대사를 연구하는 이번 인터뷰에 응해 주신 점에 진심으로 감사드립니다. 먼저 박사님의 북한관련 이력에 관심이 많습니다. 더불어 학생시절의 북한 체류와 북한에서 근무하셨을 때에 관해 듣고 싶습니다.

그리고 준비한 질문을 간략히 하고 주로 경청하고자 합니다.

동독의 이력과 북한유학

▲ 브로흘로스 : 저는 동독의 동부 구벤(Guben)이라는 지역에서 태어났습니다. 1955년 생으로 한국식으로 보자면 양띠입니다. 1974년 아비투어(고등학교졸업자격시험)를 하였으며, 공군에서 군복무를 하였습니다. 1976년부터 80년까지 독일 베를린의 훔볼트대학에서 공부를

하였습니다. 거기서 한국어에 관한 연구로 박사학위를 받았습니다.

▼ 김 면 : 어떤 동기로 한국어를 공부하시게 되었습니까?

▲ 브로흘로스 : 왜 한국말 선택 했는가하면 원래 영어에 참 관심이 많았고 다음에 영어하고 아시아 언어에 관심이 있었어요. 그때 선배 하나가 있었는데 그가 고등학교에서 일본학을 공부하게 돼서 알게 되었습니다. 이런 게 있다는 거 원래 구벤에서 조그만 지방도시에서 있는데 그래서 그때 아시겠지만 그때 해마다 무슨 모든 대학의 아시아 언어를 입학시키지 않았어요. 수요가 없어서요. 내가 무슨 말레이말 배우겠다고 못 했지요. 예를 들어 4년에 한번씩 한 2~3명밖에 대학으로 입학 안 했어요. 그때 이제 76년, 내가 입학할 때 몽골말, 맹갈말도 몇 가지 있었는데 한국말이 있었어요. 그때 물론 조선어이지요. 내가 그 중에 한국말 가장 내맘에 들었어요. 그 다음에 또 아시겠지만 대학 공부도 동독대학에 비교적 잘 조직되어 있었어요. 특히 언어계통 학습은 공부는 조금 조직이 무슨 정규적으로 진행되었죠. 기획적으로 그래서 그때 기획은 1학년, 2학년 독일에서 공부해가지고 그 다음에 3학년, 4학년 북한에 가서 거기서 김일성 종합대학에서 유학하고, 돌아와서 5학년 다시 졸업하고 논문도 쓰고 그렇게 기획되어 있었어요. 그렇게 했죠.

원래 6명 시작했는데요. 근데 여러 원인에 의해서 4명은 한 2년 후에 4명은 포기하고 단 둘이서만 평양에 갔죠 78년, 78년에 그때 처음으로 평양에 갔죠.
그래서 78년~ 80년까지 김일성 종합대학에서 조선
어문학부 유학생강좌로 거기 있었어요.

▼ 김 면 : 김일성 종합대학교 유학시절 공부하러 온 다른 나라 외국
　　　　 인이 많았나요?
▲ 브로흘로스 : 예, 주로 중국학생이 제일 많았고 15명 정도

▼ 김 면 : 전부 한 클래스에 15명?
▲ 브로흘로스 : 아니 한 클래스가 아니고 모두 유학생들 다 개별적으
　　　　 로 기숙사에서 따로 살고 있었어요.
　　　　 사실 우리가 보통 일반 북한 학생들과 같이 강의 듣
　　　　 던 적 한번도 없었어요. 그래서 2년 동안 둘이서 계
　　　　 속 개인 강의 받았어요. 여기서 상상할 수 없죠 이런
　　　　 거, 동독에서도 그런 걸 상상할 수 없었죠. 동독에도
　　　　 많은 유학생들이 있었는데 완전히 뭐 학년에 상관없
　　　　 이 했고 따로 공부시키는 그런 아이디어는 전혀 안냈
　　　　 죠. 인제 북한은 그래요.(웃음)
　　　　 중국학생 15명 그다음에 소련 그때 소련은 3명, 폴란
　　　　 드는 1명, 유고 1명, 루마니아는 1명 있었는데.. 알바
　　　　 니아 2명 그리고 동독 2명 (웃음)
　　　　 소련학생들도 따로 공부했고 우리도 둘이서...나라별
　　　　 로... 교원이 많죠. 한 명 이라도 한 명...

▼ 김 면 : 다른 나라 유학생이라도 기숙사는 같이 지냈나요?
▲ 브로흘로스 : 기숙사는 같이 있었고 그리고 5층 건물에 한 층에는

중국학생, 한 층에는 소련, 동독, 폴란드 그리고 한층은 여학생, 그리고 여학생 가운데 한층은 안전층, 우리가 여학생 방문하지 않게 방문할 수 있었죠…

보통 둘이서 한방에서 자요. 이른바 동숙생 북한 학생과 함께 동숙생 그 사람 이름은 이명호. 지금 뭘 하는지 알 수 없죠.

▼ 김 면 : 그 분은 현재 북한에 있는지요?

▲ 브로흘로스 : 그때 그 사람이 독문학을 공부했어요. 외국어상호학습은 나쁜 게 아닌데 그 사람이 솔직하게 나한테 말했어요.

나는 매일 네가 하루 동안 뭘 했는가에 대해서 보고해야한다고 했어요. 매일 밤에 동숙생들이 모여 가지고 이 외국유학생들이 무엇을 하는지에 대해서 보고했다고.

▼ 김 면 : 지도원이었던가요?

▲ 브로흘로스 : 지도원이지요. 사실 감시원이었죠. 공식적으로는 지도원이었지만, 감시를 했지요.

▼ 김 면 : 공부하시면서 그분과 방을 쓰시는 게 도움은 되셨죠?

▲ 브로흘로스 : 도움은 무엇을 물어보려고 했을 때 서로 물어보고 서로 도와주고 숙제할 때 도와주고…

▼ 김 면 : 유학을 가기 전에 그런 동독에서 추천해 갖고 그때 당시 가신 교수님이 누구세요? 유학을 갔다 오는 게 낫지 않겠

　　　　　　나...
▲ 브로흘로스 : 아, 그런 질문도 제기되지 않았어요. 아까도 말했지
　　　　　　만 전체의 재학 과정이 그렇게 계획되어 있었어요.
　　　　　　내가 북한을 안 가겠다고 하면 공부를 그만 두어야
　　　　　　했습니다. 2명이 그랬습니다. 원래 6명 시작했습니
　　　　　　다. 그리고 2명은 이미 개인적 원인으로 인해서 1학
　　　　　　년 때 이미 포기했고 그래서 4명 이제 남았는데 북한
　　　　　　가기 전에 2명도 포기했어요. 왜냐면 그 둘은 북한을
　　　　　　안 갈라고 그랬어요.

▼ 김 면 : 북한에 유학을 안 가게 되면 졸업이 안 되는 거네요?
▲ 브로흘로스 : 둘은 공부할 때 특별한 강요를 갖고 못 했죠. 딴 학생
　　　　　　이 없었어요. 우리밖에 없었지요. 주로 4학년 4년에
　　　　　　한 번씩 몇명 입학 시켰죠. 지금하고는 완전히 달라
　　　　　　요. 사실 지금도 조금 이상하죠. 요즘은 제 와이프가
　　　　　　하는 일본학과에는 뭐 학생이 한 300명이 되는데 졸
　　　　　　업하면 몇 명이나 진짜 일본말하고 취직하겠는가?
　　　　　　한 5명밖에 안 된데요. 사실이거 완전히 잠재적인 낭
　　　　　　비라고 할 수 있죠. 300명 넘는 학생이 일본말 교육
　　　　　　시키고 뭐 일본 학교 보여주고 뭐 뭐...
　　　　　　얼마나 국가적인 노력인데 이거 다 독일국가에서 하
　　　　　　는 것인데 공짜이고 낭비이지. 사실 이건 동독에서는
　　　　　　그렇게 못했죠.
　　　　　　그래서 그때 인제 한국말 하는 사람 한 5명 필요하다
　　　　　　고 생각할 때 10명정도 입학시켰죠. 그런 식으로 했
　　　　　　어요.

▼ 김 면 : 북한으로 유학 갔을 때 학비는 안내셨죠?

▲ 브로흘로스 : 학비는 안냈어요. 장학금 타가지고. 그때 동독 대사관
에서 우리가 장학금을 받았어요. 비교적 많았어요.
비교적 많았어요. 200원 정도였어요. 그때 사실 이거
그때 그 당시 공식적인 환율은 북한 원하고 동독 마르
크하고 1원은 2.2 마르크였어요. 이건 10년 수십 년
계속되는 사실 인위적인 환율이었죠. 왜냐하면 북한
이 그때 돈도 상징적인 뜻밖에 안됐죠. 근데 사실 이
거 계산했다면 444마르크였어요. 장학금을 한달에 이
정도 받는데 비교적 많았어요. 왜냐면 동독에서 공부
할 때에 한달에 200마르크정도 들었어요.

▼ 김 면 : 여행은 다닐 수 있었나요?

▲ 브로흘로스 : 그런데 다만 안내원하고 견학하는 식으로 여행을 다
녔죠. 그 대학교에서 조직하는 견학이 아니면 대사
관에 아는 사람이 있어가지고 그 사람의 차타고 어디
같이 다닐 수 있었어요.

▼ 김 면 : 그러고 나서 유학하신 이후 북한에 두 번째로 80년에 들
어가신 거세요?

▲ 브로흘로스 : 예, 80년에 돌아와서 81년에 졸업하고 그 다음에 학
위논문을 쓰고 조교로 대학교에 계속 있었고 박사학
위 했고요 85년에 박사학위해서 훔볼트대학교에 다
녔죠.

▼ 김 면 : 박사학위는 어떤 주제로 쓰셨나요?

▲ 브로흘로스 : 현대 조선어 동사 격지배에 대해서 논문을 썼어요.
발렌스태오리 결합으로.

▼ 김 면 : 학위논문을 하실 때 박사지도교수는 누구인가요?
▲ 브로흘로스 : 3 가지분야로, 일반 언어학 프로페서로 마이어로, 비
교적 유명한 교수님이고, 일반언어학 중국과 언어학
프로페서로 가든으로, 지금도 계시죠. 그 다음에 한
국어 계통에서 독토 뷔프티 하우만으로, 정년퇴직했
어요. 37년생이니깐 2002년에 정년퇴임 했어요.

평양 외국문출판사 시절

▼ 김 면 : 85년에 학위 나온 다음에도 계속 대학에 계셨었어요?
▲ 브로흘로스 : 예, 그 다음에 박사학위 하고 난 다음에? 86년...죄송
합니다.

▼ 김 면 : 아닙니다.
▲ 브로흘로스 : 이제 다 생각이 안나는데... 86년에 박사학위하고 난
다음에 계속 대학에 있지는 않고 뭐 어디에 가서 좀
실천적인 걸 좀 실습하면 좋다고 생각해서, 그래서
외국어로서의 독일어 추가 강습도 받았어요. 외국언
어로서의 독일어. 라이프찌히도 외국어로서의 독일
어 그거 해가지고 인제 북한에 가서 독일어 교수 좀
있었으면 좋겠다고 생각했어요. 그런데 그때 김일성
종합대학교 독문과에서는 잘 안됐어요. 아마 제 생각

에는 그 사람들이 한국말을 하는 사람을 원하지 않았
어요. 너무나 많은 것을 보고 알 수 있으니깐 그 사람
들이 안 좋아했죠. 원래 86년에 학위 한 다음에 김일
성 종합대학에 인재 강사로 가게 됐는데 북한에서는
잘 안된다고 사정에 의해서 뭐... 뭐... 근데 그 다음
에 외국문 종합출판사에 가게 되었습니다. 그 대신에
87년에... 외국문 종합출판사(Foreign Language
Publishing House)로 Verlag fuer Fremsprache
Literatur(외국문 종합출판사)이지요.

▼ 김 면 : 거기서 어떤 일을 하셨어요.

▲ 브로흘로스 : 거기서 독일어 번역 주로 번역했죠. 한독번역, 교열
　　　　　　　도 하고요. 와이프도 같이 일하고 교열도 했어요. 그
　　　　　　　리고 독일어 강의도 했어요. 왜냐면은 그 출판사 아
　　　　　　　세요?

▼ 김 면 : 예, 유명하죠.

▲ 브로흘로스 : 유력한 기관이죠. 왜냐하면 중앙당 선전부 직속이지
　　　　　　　요.

▼ 김 면 : 거기 책 다 통일연구원으로 들어와요.

▲ 브로흘로스 : 김일성 선집을 독일말로 내야 했어요 31권, 32권, 33
　　　　　　　권 아마 정도 내가 했어요. 다 선전물이죠. 프로파간
　　　　　　　다죠.

▼ 김 면 : 누가 독일어로 번역 하셨나 했어요. 저는 독일어로 번역

되어 있는 걸 보니, 내가 보기에 문체가 한국분만이 하신 게 아닌 거 같았습니다. 이걸 보니깐 분명히 독일분들이 하신 거 같은데 아주 느낌이 번역하신 게 우수했어요 그래서 깜짝 놀랐어요. 누가 했더니 그 당시에 선생님이 번역을 하셨군요.

▲ 브로흘로스 : 외교문 출판사에는 원래 계속적으로 독일어 번역원이 우리가 처음이었습니다. 그때까지는 동백림에있는 대사관을 통해서 여러 명 교양시키고 교열했죠. 여러 부를 요청해서 뭐 조금씩 조금씩 하는데 이제 계속 많아졌으니깐 이제 김정일 것도 번역해야 한다고 뭐 그래서 예를 들면 내가 김정일의 영화예술론을 번역했어요.

▼ 김 면 : 그 책 본 거 같아요. 통일연구원에 있어요. 비밀자료라 일반인은 못 보고요 저희들같이 기밀자료 취급증 가진 분들만이 비밀자료만 보고 있지요.

▲ 브로흘로스 : 근데 이거 공개해도 괜찮아요. 내 생각에는 잊을 수 없는 부분이 있었는데, 카메라맨이 그 촬영하려고 하는 대상에 대해 카메라를 갖다 대야한다. (웃음) 그것이 영화예술론이지요. 김정일의 책은 정말 웃기지요. 완전히 웃기지요. 매우 실망했어요. 김일성도 그렇고, 북한 사람들이 한심스럽지요. 이들의 저작에 무제가 많았지요. 정말 어리석은 면이 많아요. 공개하지 마세요. 이성이 있는 사람이라면 무슨 북한 숭배자나 있을 수 없어요. 4년 유학하고 87,88년에 외국문 출판사에서 일하고.

▼ 김 면 : 외국문 출판사에 독일어 말고 다른 외국분들도 계셨었나요? 어느 어느 분들이 있었나요?

▲ 브로흘로스 : 7개언어. 모두 각자언어로 번역했어요. 7개 나라말의 교육원이 있었어요. 일본어는 조총련 통해서 일본에서 한다고 했어요. 그때에 근데 출판사에 러시아말은 부부가 있었어요. 소련에서 온 부부가 있었어요. 그 다음에 영어, 영국 젊은이가 와서 일했어요. 물론 좌익이었지요. 일년을 다음에 프랑스말은 노파가 담당했어요. 제네바출신으로, 60대 부인이었어요. 그리고 스페인 말은 부부가 왔어요. 쿠바에서. 중국어는 3~4명으로, 부부는 아니고 혼자씩 했어요. 그리고 독일어. 6개 언어이고 일본어. 안산초대소에서 살았지요. 출판사에 일주일에 한번씩만 갔지요. 한 번 내지 두 번씩 강의하고 원고 그 다음에 토론할 때만 출판사에 갔지요. 그 나머지 시간은 계속 초대소에서 일했죠. 안산 초대소하고 대동강 근처에 옆에 있었는데 거기다 외국인 번역원들 거기서 다 살았어요 식사도 거기서 해 주고 하루에 3번 그때 너무 잘해줬어요. 우리한테 말했는데요. 우리가 이제 부부장급 대우를 받는다고. 우리가 하는 일이 너무 중요하기 때문에 그런다고 했어요. 우리가 수령님과 지도자의 말씀을 옮기니깐 아주 중요하다고요. 와이프도 같이 가서 일했고 딸도 같이 갔습니다.

▼ 김 면 : 가족들도 한국말 썼어요?

▲ 브로흘로스 : 조선말... 우리 딸 그때 동독 대사관에 있던 유치원

다녔고 1988년에는 그 다음에 1학년 학교도 다녔죠.

▼ 김 면 : 외국인 학교인가요?

▲ 브로흘로스 : 아니, 그 동독 대사관에 조그마한 학교가 있었어요.

▼ 김 면 : 아까 동독 대사관 소속 학교가 있다고 하셨는데 대사관직
원이 많으셨나요? 얼마나 되셨나요?

▲ 브로흘로스 : 아이들 다 포함해서 아마 50명? 그 중 아이는 12~14
명 정도.. 1학년부터 4학년까지 말하자면 초등학교였
지요. 보통 북한 학교에는 안 보냈죠. 아마도 동독 정
부에서는 안 좋아했죠. 아마 북한 정부에서도 모르겠
어요 외국학생들이 같이... 1학년부터 4학년 한 학급
에서 같이 공부했어요. 옛날 농촌 마을학교처럼 매일
아침에 출판사가 제공하는 차에 태워주고 대사관에
데려다 주다가 오후에 다시 태워줬어요. 부부장 대우
이니까요.

▼ 김 면 : 거기 출판사에 계시면서 그런 2년 계시지 않았습니까? 책
같은 것은 많이 번역하셨나요? 보통 한달에 한권정도 나
왔나요?

▲ 브로흘로스 : 김정일, 김일성, 아동책 등 다 쓰는 건 아니었어요.
좀 비교적 좋은 것들만 번역했어요. 하나는 평양전설
로, 왜 능라도라 했는가? 이것은 김일성을 주로 평양
명소의 유례에 대한 전설 예를 들어 모란봉은 어떻게
생겼는가... 많이 일을 했지만 출판사 이름을 안 넣었
지요. 출판사안에 이름을 쓰지 못했지요. 그때까지는

그 외국인 번역가의 이름을 발표하지 않았어요. 그때
가 처음이었어요.

▼ 김 면 : 그 책들은 그럼 그 북한 정부에서 이렇게 뭐 하시라고 주
셨나요? 아니면 교수님이 이거 재미있겠다 번역하겠다고
나름대로 추천해주셨나요?

▲ 브로흘로스 : 정부에서 직접 추천해 주었지요. 내가 직접 선택 안
했어요. 출판사에서 다 아동책 그림책 몇 개 '신비로
운 맷돌'. 아동 그림책 몇 권 독일말로 번역했고요.
예를들어 '조선 문화사 개요' 요.

▼ 김 면 : 예?

▲ 브로흘로스 : Abkuerzung fuer koreanische Kulturgeschichte
(조선 문화사 개요).

▼ 김 면 : 어려운 책도 하셨네요.

▲ 브로흘로스 : 작은 판본으로 두껍지 않았어요.

▼ 김 면 : 교수님 그때 러시아나 영국 프랑스, 스페인, 그 중국분들
있지 않습니까? 그때 같이 일하셨던 분들 이런 분들이랑
그 당시 번역할 때 회의 같은 것은 전혀 안하시고 따로따
로 번역만 하신 거에요?

▲ 브로흘로스 : 각자. 물론 같이 명절날 견학도 가고 소풍도 가고..
출판사에서 버스타고...

▼ 김 면 : 여기 외국문 책 출판사에서 한 것은 출판 관련만 하시고

다른 작업은 안 하신 건가요?

▲ 브로흘로스 : 출판교육, 교열, 강의 여기서 출판사에는 번역본을
　　　　　　　 양성하는 학교가 있어요. 출판사 소속 번역학교 번역
　　　　　　　 반 학교. 독일어반 학생이 8~9명 정도.. 정확하게 모
　　　　　　　 르겠는데 10명정도 수업을 했지요. 일주일간 6시간
　　　　　　　 우리 와이프도 같이 얼마나 시간은 했는지 모르지만.
　　　　　　　 전문대학과 같은 것이지요.

▼ 김 면 : 전문대학 같은 거군요..

▲ 브로흘로스 : 졸업을 마쳐야 되지요. 무슨 전문 번역가로 일하지
　　　　　　　 요. 말 안하고 단지 번역만 하지요.

▼ 김 면 : 번역하실 때 예민한 부분이 있지 않습니까? 좀 예를 들어
　　　　　서 어려운 부분 같은 것은 토론을 하시고 결정을 하시는
　　　　　건가요? 북한에..

▲ 브로흘로스 : 예, 많은 통역관이 있지요. 와이프가 교열하고요. 우
　　　　　　　 리 와이프는 한국말 잘 못하는데 북한 번역원이 번
　　　　　　　 역한 걸 우리 와이프가 받아다가 교열해 주었어요.
　　　　　　　 적어도 5-6명 독일어번역가가 있었어요. 전쟁고아
　　　　　　　 출신의 번역관이 있었어요.

▼ 김 면 : 아~ 그때 당시..

▲ 브로흘로스 : 독일어 출판사에요. 그는 과장으로 아주 독일어 잘
　　　　　　　 했어요.

▼ 김 면 : 여기 외국문 출판사에서 책 나올 때요 거기서 출판하는 거

지요. 예를 들어 베를린에서 출판하고 그러는 거 아니죠. 예를 들어 노동신문 같은 것도 번역하셨나요? 독일 신문 같은 것은 한국어로 번역하고 하셨나요?

▲ 브로흘로스 : 아니요. 평양에서 하지요.

▼ 김 면 : 그런 건 안하시고 그럼 또 다른데 군요. 그럼 여기 번역소 말고도 다른데서 번역하는 거네요? 노동신문은 번역된 게 있더라구요.

▲ 브로흘로스 : 그때 없었는데...

▼ 김 면 : 번역된 게 계속 나오더라고요.

▲ 브로흘로스 : 아마도 중앙 통신사.. 김일성 책, 작품, 화보, 저널 일 러스트, 조선, 코리아 호이테(북한의 오늘)...

▼ 김 면 : 남쪽에서 나온 출판물을 번역하신 적은 없고요? 그쪽에 출판물 같은 거 오로지 북한에서 나오는 출판물로만 번역 하신 거에요?
제가 통일 연구원에 있었을 때 작품들을 보니깐 아주 우수 하게 번역되어 있어서 놀랬었어요. 그래서 궁금해하고 있 었는데 오늘에서야 교수님을 만나니깐 아 그때 당시 이렇 게 교류가 있어가지고... 그럼 그 전에 교수님이 오시기 전 에 다른 독일분이 계셔가지고...

▲ 브로흘로스 : 아니...출판사에는 없었어요.

▼ 김 면 : 그때까지 유일하게...아..

▲ 브로흘로스 : 그때까지 동독 대사관에 베를린에 있는 대사관을 통

해서 나눠서.. 인제 양이 많아지고 김정일이 것도 나오니깐 두 명 전직 고용시켜야 한다고 아마 북한에서 그렇게...

▼ 김 면 : 그럼 교수님 가시고 다른 분들이 오셨나요?
▲ 브로흘로스 : 제가 나와서 다음에 갈색 훈장... 받고, 12월 달에 장벽이 무너져서 다 끝났죠.

▼ 김 면 : 그때 그 89년 계셨을때...
▲ 브로흘로스 : 88년이요.

▼ 김 면 : 아, 88년
▲ 브로흘로스 : 88년까지 있었는데 북한 출판사에서 사실 1년 정도 있자고 생각했었는데 사실 우리 와이프는 그 일을 안 좋아했어요. 계속 이 틀린 번역을 가지고 교열하고 김정일이 뭐니뭐니 해도... 그래서 아 혼났지 뭐.. 많이. 개인상황으로 북한을 간 것이 아니었고 동독에서도 정부문화교류 협정 뭐에 기초해서 갔죠. 우리는 훔볼트에 가서보니깐 사실 고등교육부가 파견했지요. 그때 동독에는 고등교육부성이 라고 했지요. 고등 및 전문교육을 나눴어요. 학교, 대학교 그 부가 따로 있었어요. 외국어로서의 독일어도 있었고요. 괴테인스티튜트(독일문화원) 같은 거요.
북한에 계속 있으면 안된다고 생각했지요. 라오스에 갔지요. 라오스 대학교 그때 당시 동독에서 많이 지원했습니다. 독일 초빙교원 7명 갔었어요. 라오스에

사범대학교 고등교육부 전문가들이 갔지요. 커피농
원도 꾸렸고 무슨 자매 열대의 임업전문가도 나가 있
었고... 그 사이에 라오스에 갔지요. 88~89년에요.
88올림픽때 처음 여름 한국에 와 봤지요.

▼ 김 면 : 아 그때..
▲ 브로흘로스 : 바덴바덴에서 88년 올림픽을 결정할 때 그때부터 우
리가 좀 희망을 가졌죠. 우리도 한번 남한을 갈 수 있
겠구나... 그렇게 희망을 했죠. 88년 여름에 북한 출
판사 일을 그만두고 집에 가서 그 다음에 내가 88올
림픽에 갈 수 있고 그 다음에 일년 라오스 가면 된다
고. 서울에 가면 북한에 가기 힘들지요. 북한에서 아
마 안 좋아했을 것이다 생각했죠. 그때..아주 복잡하
지요.

남북한의 정치에 대한 평론

▼ 김 면 : 처음에 독일에 가시기 전에 북한에 대해서 느껴졌던 인상
이랑 처음에 있으니깐 근무하시면서 북한에 대해서 변화
된 인상이 많았습니까? 아니면 알고있던 그대로인가요?
▲ 브로흘로스 : 처음 학생 때 처음 갈 때 다 새로운 것이었고 다 호기
심이 많았고 사실 우리도 그리 나쁘지는 않았어요.
처음 긴 외국여행도 했고요. Toll(좋았지요), 비행기,
비행장, 평양, 모스크바를 봤지요. 도쿄로 가는 비행
기와 비교되었지만요. 변화를 잘 볼 수 있었어요. 왜

냐하면 81년 졸업하고 그 다음에 81년~87년까지 그 사이에도 거의 1년에 한번씩 북한에 갔다 왔지요. 안내 통역이나 무슨... 한번 박사학위 논문을 완성하기 위해서 한 2주 동안 연구체류를 했고 김일성 종합대학에 졸업할 때에 비교적 괜찮았어요. 물론 먹는 게 우리가 학생 식당에서도 너무 잘 받았죠. 아침에 서양식 빵, 우유, 버터, 커피. 계란, 점심 저녁엔 섞어서 한국식, 서양식 섞어서 김치찌게, 두부찌게, 돈까스. 그 보통 그 일반 북한 학생들이 식당에 주로 가지는 못했지만 창문을 통해 보았죠. 물론 그때 78년에는 국물에다가 김치 넣고 밥 있었지 큰 반찬 풍부하지는 못했지만, 점점 나빠졌어요. 89년 마지막 갈 때 세계 청년 축전 거대한 쇼로 88올림픽을 초월하자고 불꽃놀이 했지요. 그 얼마나 화려하게 했는지 평생 처음 그런 불꽃놀이 봤어요. 몇 분 동안이나 좀 긴장 했어요 사실 너무 풍부하지 못했어요. 보통사람은... 그거 미쳤지요! 수백만을 쓰다니! 완전히 미쳤지요.

▼ 김 면 : 제가 정치적인 것 잠깐 여쭤보겠는데요. 그 우리나라 1980년대에 한국 전두환 대통령 있었을 때요. 예를 들어서 6월항쟁이라든지 뭐 이런 얘기 독일도 혼란했지만 우리나라도 혼란스러웠는데 이런 얘기 평양에서 들으셨어요?

▲ 브로흘로스 : 예, 들었지요. 내가 거 평양 학생으로 갈 때 라디오레코드 카세트를 갖고 갔어요. 그래서 계속 남한 방송 들었어요. 잘 나와요. 춘천 FM방송 거의 매일 들었

죠. FM방송. 그때 호기심이 많았죠. 방송만 들어보면 완전히 딴 세상 와 있는 거 같았어요. 그때 남한 팝음악을 많이 녹음했어요. 지금 집에 카세트 20개 정도 다 녹음했어요. 그때 김완선, 뭐 조용필..등등 등.. 가수도 좋았고..

▼ 김 면 : 평양에 계셨을 때 지금 78년, 80년이라면 79년에 박정희 대통령 피살사건 혹시 들으셨어요? 그때 어떠셨어요?

▲ 브로흘로스 : 그때는 사실 조금 불안정했어요. 왜냐하면 그때 분위기가 북한의 분위기가 조금 안 좋았어요. 정말 전쟁 날까봐...그래서..

▼ 김 면 : 그런 얘기 들으셨나요? 대사관에서?

▲ 브로흘로스 : 아니...동독세미나 다른 북한 학생들하고 토론할 때, "야 이젠 우리가 남조선을 해방할 수 있는 때가 되었다. 이제 수령님이 명령만 내리시면 이제 우린 가겠다." 이야 대단히 무섭지. 정말 무서웠지 그때 그래서 얼마 전에 그때 이 사건에 대해서 좀 남한에서도...전쟁위험이 없었다, 별일이 아니다라는 방송을 보았어요. 그러나 그때 정말 전쟁이 일어날 수 있었을 겁니다. 죄송하게도.. 그때 그 북한 주민들의 열기나 무슨 그거 봤으면 직접 봤으면 아..별일 아니다. 그런 결단을 내리지 않았을까?

▼ 김 면 : 동독으로 돌아가고 싶지 않으셨어요? 전쟁나면..

▲ 브로흘로스 : 그건 이제 아마도 대사관에서 동독으로 가라면 가야

지 그런데 가라고 안 했으니깐

▼ 김 면 : 광주항쟁에 관해 들으셨어요?

▲ 브로흘로스 : 전두환에 관해 들었어요. 영어방송은 부정적이었으나, 전 다르게 보았지요. 당시 정말 북한이 전쟁을 했을지도 모르죠. 학생이었을 때 당시 분위기는 전쟁이 일어나는 분위기였어요. 광주항쟁은 매우 복잡한 문제입니다. 군사개입 등...

▼ 김 면 : 도청에 관해 생각하신 적이 있나요?

▲ 브로흘로스 : 도청이 있을 거라고 여러 번 생각했지요.

▼ 김 면 : 평양에 계실 때 기억하시는 흥미있는 사건이 있습니까?

▲ 브로흘로스 : 언제나 흥미있었지요. 많이. 제가 학생이었을때요. 혼자 여행을 갔지요. 무덤 그때 아직 무덤을 일반 관광객을 위해서 개발하지 않았어요. 버스를 타고요. 시외버스를 타고 갔는데 센세이션한 것이 있었어요. 왜냐하면 역전에 가서 차표 살려면 표 안 팔죠. 여행증을 주니깐. 시외버스 평양, 역포구역행... 버스를 타고 동명왕릉에 갔지요. 도중에 증명서를 보여달라고 해서 보여주었지요. 보더니 말을 하지 않아 계속 갔지요. 가다가 포기하고 돌아왔지요. 같은 날 돌아올 수 없지요. 버스연결이 안좋아요. 도중에 돌아왔지요. 돌아왔는데, 기숙사에 도착할 때 기숙사 책임자가 내 방에 찾아가서 "아! 이 사람아 도대체 오늘 뭐했느냐? 그 따위 자유주의를 피우면 안 된다. 자유

주의는 안 된다. 혼자서 이거 어떻게 혼자 이렇게 할 수 있느냐..” 한 2시간이나 나를 비판했어. 이거 대사관에 통보해야되겠다. 뭐 뭐 내가 다음에 다시 안 했죠. 혼자 어디 갈라고..

알았죠. 정말 우수운거죠. 아무도 이야기해주지 않았어요. 당신은 기차 타고 원산까지 혼자 못 간다. 그런 얘기 한 번도 안 했어요. 이거 우리 스스로 안가는 줄 알고 써있지 않았어요. 스물살에 젊은이로서 세상을 이해할 수는 없었지 왜냐면 이런 건 동독이 뭐 없었죠. 동독 베를린에서 포츠담을 갈 수 없다니. 완전히 딴 세상...

▼ 김 면 : 휴전선은 가보신 적 있으세요? 공식적으로..

▲ 브로흘로스 : 대표단하고. 무서웠지요. 기지 대표단하고 갔었죠. 군사분계선, 전선이 무서웠지요. 얼마 전에 특검. 훈련장이 있어요. 동독 육군 총참모장하고 호네커하고 통역관으로 갔어요. 맞은편 남쪽 지형하고 똑같이 만들어 놨어요. 미쳤지요! 공격 연습 할려고 매일 두번씩 훈련을 해야 한다고.. 미쳤지요! 내가 이 부대에 입대했더라면 사흘만에 자살했을 겁니다.

▼ 김 면 : 동독은 군복무시절에 그런 거 훈련 안하셨나요?

▲ 브로흘로스 : 동독 군대도 이거에 비교해서 아무것도 아니지..그런데 이렇게 심하지 않았어. 10년이나 훈련하는데 견딜 수 있어요. 군사분계선. 놀랬죠. 동서베를린은 장남감이 었지. 내가 뭐라 그래도 그때가 많이 무서워했지요.

▼ 김 면 : 동독분이셨는데도 벽을 보고 무서워했군요.

통역활동과 지도부에 관한 기억

▼ 김 면 : 교수님 통역같은 거는 참여 안 하셨나요 그 때 당시?

▲ 브로흘로스 : 아니! 통역했지요. 동독 무슨 정부대표단에.

▼ 김 면 : 그때 당시 평양주재 동독대사가 마레츠키 대사님이 근무
　　　　　하셨죠?

▲ 브로흘로스 : 예, 그분은 대사관에 계셨고요.
　　　　　　사실 우리는 대사관은 따로 있었으니깐 상관없었어
　　　　　　요. 평양에는 동독 사람으로서 대사관 캠퍼스 안에
　　　　　　살지 않던 사람은 4명밖에 없었어요. 김일성 종합대
　　　　　　학 그 초빙 교원도 부부가 갔었어요, 그 다음에 우리
　　　　　　가 출판사에 있을 때 그때도 한 부부가 김일성 종합
　　　　　　대학에 있었어요. 크리제 가족이었지요. 지금은 오데
　　　　　　사 초빙교수이지요.

▼ 김 면 : 지금도 연락하시나요?

▲ 브로흘로스 : 가끔씩요. 당시엔 좋은 친분이 있었어요. 거리가 초
　　　　　　대소에서 걸어가면 한 25분~ 30분 자주 만났죠.

▼ 김 면 : 북한 지도층을 만나신 적이 있으십니까? 만나시고 그러신
　　　　　적 있으세요?

▲ 브로흘로스 : 김일성을 2~3번 만났지요. 그 사람이 자기네 통역

관 따로 있어서 그런데 같이 들어가서 앉아서 얘기 들고 그 다음에 사진도 찍고 뭐 (웃음) 긍정적인 면이 있었지요.

▼ 김 면 : 김일성 주석을 봤을 때 인상을 아주 좋게...

▲ 브로흘로스 : 매우 인텔리겐트하게 보이죠. 매우 호탕하게 이야기하고. 70살이 넘었으니까요. 1912년 생이니깐 74세로, 호네커도 1912년 생이니깐...그때부터 김영남을 만났어요. 저 이번에도 가니깐 또 만났죠. 통역관으로 만났지요. 피셔도..

▼ 김 면 : 기억 못하시죠?

▲ 브로흘로스 : 그런데 동백림을 경유해서 뉴욕 총회 갈 때 잠시 만났어요. 아뇨. 기억하지요. 몇 번 만났지요. 김일성도 호네커하고 동갑인데, 그때 호네커가 노망이 들었죠. 북한통역관은 호네커가 말하는 걸 이해 못 했어요. ...워...워...워..워..우리가 통역하기 힘들었어요. 아마 85년, 86년 그때부터 노망이 들었어요... 고르바쵸프 만났을 때도.

▼ 김 면 : 그 때 당시 동독 대사관 쪽에서 북한 지도층에 대해서 평가하고 그런 거 들으신 것 없고요?

▲ 브로흘로스 : 내부적으로는 비판만 했지요. 동독이...외교적으로는 물론 그 무슨 규정된 표현만 썼죠. 형식적으로 만들어서 우리는 자유주의 서방쪽을 당신들은 사회주의 동방 쪽을 지키고 있다고 이거 우리 공통점이라고.

연대주의이지요. 양국관계는 외교상 좋았지요. 내부
적으로는 그렇지 않았아요. 주체 사상 그건 동독 지
도부에서 미친것이라 그렇게 생각했겠죠. 원래 모스
코바에서 국제사회주의 북한에 대해 이야기 했어요.
막스레닌에 대하여. 김일성, 김정일에 관해 동독 지
도부는 그거 안 좋아했지요. 단지 숭배사상. 호네커
에 대한 숭배사상도 있었다고 하지만 그건 아무것도
아니죠. 호네커에 대한 것도 있었지요. 김일성이나
김정일에 대한 비교가 안되죠. 세상에 하나밖에 없
죠. 개인적 숭배는. 이런거 챠우제스크나 알바니아
그것도 비교 안 되는거 같고요.

▼ 김 면 : 혹시 당시 북한관련 일기나 메모를 갖고 계시나요?
▲ 브로흘로스 : 일기는 쓰지 않았습니다.

▼ 김 면 : 사진 같은 것은?
▲ 브로흘로스 : 사진은 많아요.

▼ 김 면 : 나중에 복사 할 수 있나요?
　　　　　　교수님이 원하시지 않으시면요 상관은 없어요.
▲ 브로흘로스 : 여행할 때 많이 찍었지요.

▼ 김 면 : 당시 북한의 모습 같은 것도 역사적 일단은 역사적 기록
　　　　　　이 남아야 되니깐요 그 당시 70년대 찍은 거라든지 80년
　　　　　　대 그런 기록들이 별로 없어요.
▲ 브로흘로스 : 집에 있어요.

▼ 김 면 : 여기 지금 독일 대사관이 다시 인제 독일에서 평양 대사관
　　　　　에 들어가지 않았습니까? 그런 문제 같은 경우에도 시점
　　　　　으로 여러 가지 일을 하는데도 내부적으로 그렇게 비판적
　　　　　인 것을 갖고 있어도 아무래도 그런 얘기들을 잘 안하셨겠
　　　　　죠. 그전에 일하셨던 분들이 많이 들어가셨죠? 그전에 알
　　　　　고 계셨던 분들이 이전에 동독 대사관에서 일하셨던 분들
　　　　　이 지금 독일 대사관에서 일하시죠?

▲ 브로흘로스 : 아, 아니에요. 다 인원이 바꼈어요.

▼ 김 면 : 아니에요? 다 바꼈어요?
　　　　　제가 듣기로는 운터백...

▲ 브로흘로스 : 그 사람 대사관 직원이 아니죠.

▼ 김 면 : 아, 그래요.

▲ 브로흘로스 : 그 사람이 지금 개인 컨설팅회사에 다녀요.

▼ 김 면 : 제가 잘못 들었군요.

▲ 브로흘로스 : 평양에는 있기는 있지만 그 사람은 벌써 외교부 회사
　　　　　　　동독 외교부 회사 할 때 그분이 해직당했죠.

▼ 김 면 : 그렇지만 평양에 다시 외교관계 수립할 때 그때 그런 분들
　　　　　이 필요하지 않습니까?

▲ 브로흘로스 : 몇 명은 받아들였죠. 중국학계통 한 명. 지금 평양에
　　　　　　　있는 그 분도 동독출신인데, 운터백은 독일 기업연맹
　　　　　　　소속으로, 회사의 평양지부에 있어요. 3, 4년 그거
　　　　　　　했는데무슨 결과가 안나오니깐 이득이 보이지 않으

니깐 그 폐쇄했죠. 지금 콘설팅회사에 있지요. 운터
백이 아마 동독 사람들 중 그 사람이 제일 많이 알고
있죠. 북한 얘기 내부적인 것들.. 20년이나 거기 있
었으니깐 10년이나 동독대사관에 그 독일 동독 통일
되고 나서도 거기서 10년째 아니면 12년째 평양에
있는데..

▼ 김 면 : 그 분도 한국말 하시나요?
▲ 브로흘로스 : 예.

▼ 김 면 : 교수님 다시 동독에 돌아가셨을 때 그 베를린 마우어가 무
너지면서 통일이 될 거라고 생각 못하셨죠? 그러고 나서
무너져 가지고 나서 통일이 됐잖아요 그러고 나서 북한을
갔다 오셨잖아요. 어떻게 갔다 오신거에요?
▲ 브로흘로스 : 통일된 다음에 2001년 PDS당의 기지 안내 그때 올
림픽 아까 말씀드렸지만 그때 피히테 교수가 통역원
으로 같이 갈려고 했는데 못 갔기 때문에 피히티교수
가 나를 추천했어요. 기지..그래서 기지와 같이 갔었
어요. 2001년에...

▼ 김 면 : 그럼 이전에 일 하셨을 때 그때 일하셨던 분들이랑 만나셨
어요?
▲ 브로흘로스 : 못 만났지요. 2001년 방문했을 때. 동독 육군 총장군
이라 .... 호네커가 노망들어 치매가 시작 되가지고

▼ 김 면 : 교수님은 청년축전도 보고 올림픽도 보고 특이하게.. 혹시

거기 임수경 사건이라고 들어보셨어요?

▲ 브로흘로스 : 예, 들었는데. 만나진 못했어요. 원래 동독 담당이 자
  유청년동맹위원장이었는데 그 사람이 임수경이를 만
  나겠다고 임수경이 무슨 일정이 바빠서 만나지 못했
  다고.. 멀리서 보았지요.

[이하 개인관련 구술인터뷰 내용은 생략함]

홀머 브로흘로스 박사
구술인터뷰

조명훈 박사 구술인터뷰

면담일자 : 2004년 2월 25일(수)
장 소: 독일 함부르크시
면담자 : 김 면

1. 통일과 이념

2. 북한방문

3. 김일성 만남

4. 주체사상과 북한체제형성

5. 윤이상, 송두율 그리고 북한

조명훈 박사
구술인터뷰

▼ 김 면 : 조명훈 박사님, 오늘 이렇게 북한관련 진술을 위해 귀한 시간을 내주셔서 감사드립니다. 선생님은 함부르크에 거주하시는 재독 학자로 2차례 방북을 하셨고 독일에서 오랜 기간 "North Korea Quarterly(북한계간지)"를 발행하셨습니다. 이 독일지역은 이념적으로 비교적 자유로이 교류할 수 있다는 점에서 북한과 관계있는 재외동포 인사 및 전문가들이 상당수 포진해 있습니다. 박사님을 통해서 그동안 잘 밝혀지지 않았던 북한관련 정치외교사를 취합하고자 합니다.

어떤 일을 하셨는지 생각나시는 데로 전반적으로 편안하게 이야기 해주시기를 바랍니다.

통일과 이념

▲ 조명훈 : 김 면 박사님 여기 독일 함부르크에 있는 저의 집까지 오

시느라 수고 많으셨습니다. 그러니까 그때 맨 처음에 장명수씨가 날 크게 처음으로 기사화했을 때 기피 인물이라고, 나 그때 처음으로 내가 기피 인물이 된 거라고 알았어. 나 몰랐어 그때. 내가 기피인물이었구나 소위, 그래서 깜짝 놀랐는데.. 그 분이 그때 쓴 의도가 그거였다고. 그 주체사상에 대해서 그렇게 그렇게 매료당했던 조명훈이가... 나 그래서 주체하고 (Ja) 주체 언론지라는 단어까지만 주체 언론지 또 그거 공부한 사람, 또 그거 주장한 사람, 주체-ologist ... 저 선생이 이번에 이북을 갔다 왔더니, 그때 환갑에.. 환갑에 ... 갔잖아. '아직도 남아있는 주체사상자는 조명훈이 밖에 없구나' 하고 이렇게 달았다고 이게 이제 (장명수)가 쓴 건데..

▼ 김 면 : 예

▲ 조명훈 : 어 난 근데 지금 자신을 사회주의자로 믿고 있다고 그 우리나라에서도 어디 인터뷰에다가 그랬더니 어떤 사람이 깜짝 놀래가지고 그 어디..저 저 저..있잖아요. 그 저 중앙일보 North Korea 그, 그 저 인터넷 등의 북한 아니 저 북한 문화 연구소라는 게 있다고 베른트라는 사람이 영어이름을 갖고 있는 우리나라 그 사람이 저, 근데 거기서 인터뷰에서 그렇게 말했거든 정말 나는 아직도 사회주의로 버티고 아직도 내가 사회주의자가 사회주의가 없어졌다고 없어졌을수록 난 더 그립다고.. 그 우리나라 동포들 그 인터넷 들어가 가지고 아... 전화가 많이 왔어요. 정말로 깜짝 놀랬다. 이런 소리들이 공공연히 훨씬... 말이야

...서양은 아주 전부 사회당이여, 사회주의자들이여 공공연히 말한다면 말이여 다만, 그때 벌써 칼 막스가 말했던 것처럼 불란서에 가서 불란서 사회기자를 손 가리키면서 "Tous que je sais, c'est que je ne suis pas marxiste"[제가 아는 것이라곤, 저는 마르크스주의자가 아니라는 것입니다] '나는 뭐니뭐니 해도 나는 다만 여러분 말씀... 나는 막스주의자가' 아니다. 칼 맑스가 한 말이여 모르겠냐.. 이게 자기 이름 팔아서 그때 나는 맑스주의였다. 그러면 미웁고, 침 뱉고 싶은 자 이런 생각이 드는데 우리나라 그 지금도 나는 그렇게 생각해요. 많은 사람이 그 사회주의라는 단어가 여러분들에게 알레르기를 일으킨다면 그건 내가 피해서 다른 단어를 쓸 용의가 충분히 있다. 즉, 사회정의라는 단어로 바꿀 수 있다고 그랬단 말인데.. 이건 인류의 꿈입니다. 사회정의라는 것은 그러고, 그러고 보면 사회주의 맨 처음의 이상한 불란서 혁명에서 시작했다고 나는 보고 있다고 Ja, liberte, egalite, fraternite 자유 그리고 평등 그리고 박애, 이게 또 우리나라 문제에 얼 만큼 맞아 들이냐 말이야. 응..
첫째, 자유와 평등. 우리가 벌써 역사적으로 보면 어떤 증거가 나와 있는 거는 자유와 평등은 동시에 할 수 없다는 것을 우리가 알게 된다고 먼저 자유를 두게 되면 인제 해방을 시켜야 돼. 거기에 우선 미쳐갖고 뺏는 놈들은 더 자유를 이용해갔고 그래갔고 평등이 없어져버려. 그렇다고 해서 평등의 문제에만 나쁜 것만, 이북처럼 맨 좋은 시절의 평등이었던 것처럼, 사람이 감옥소에 들어간 것 같이 되부러가 자유가 없어진다고 그니깐 자유와 평등을 이거 어떻게 잘 되부러가 그니깐 자유와 평등을 이거 어떻게 잘 변증법적으로 잘 이렇게 상호관계를 맺어가지고 뭐 그래서 최고 마지막 몫이 박애에요.

우리는 거기에 박애는 통일민족, 통일이 박애에 해당하는 거요. 이렇게 볼 때에 3줄 이상은 뭐 불란서혁명 그거 이외에는 없습니다. 그리고 왜 그걸 우리가 꿈을 꿀 수 없단 말이야? 저 이따가 붙여놓은 슬로건이 있는데 (조오지 바나드쇼우)가 헌소리가 있다고.. '많은 사람들은 지 눈에 보이는 걸 벌써 생긴 것 보고 왜 이럴까?' 라고 묻지만 나는 '아직 없는 것을 꿈꾸면서 왜 그럴 수 없다냐.' 라고 꿈꾸고 있노라. George Bernard Shaw조오지 바나드 쇼우가 말한 걸... 다 (맹근) 정말로 그 인간이란 건 살 수 없습니다. 꿈 없이는... 블로흐Ernst Bloch가 말하는 희망 원칙Prinzip Hoffnung 야경국가는 아니 저 저 희망 같은... 저 그렇게 볼 때 우리나라가 그가 지금 동강난 지 벌써 몇 년이 됐어, 그니깐 그때 우리가 일본 시대에 36년간 (석고)받았다고 하는 것만도 긴 세월 보냈어. 특히, 우리 어린 나이에 그때 응? 지금 생각해보면 지금 여기 동강난 지가 이거 36년이니깐 반세기가 된 거라고 이럴 거면 왜 이렇게 됐나... 뭐 어떤 사람들은 불란서, 아니 독일 사람들은 벌써 그렇게 저 현명해 갖고 벌써 응 응 뭐야..저..통일인데 왜 우린 아직도 싸우고 있는가... 그래갖고 쓸데없는 사대주의에 입각하여 갖고는 입각해 갖고 독일 나치처럼 독일을 좋아하는 사람이 없어. 알고 있는 사람은 다 알고 있는 거지만은 뭐, 참, 난 독일처럼 좋아한 데가 없어! ... 제일 많고 그러나 독일 사람들이 마치 우리나라보다 더 우수하고 그래서 통일이 벌써 된 건 줄 안다.

남이 그렇게 완전히 역설적으로 그렇게 안 봅니다. 아시다시

피 구라파사람들 전부 일종 혼혈아들입니다. 독일 사람들 일당들 보고 피를 흘리는 거 보고 나중에 서반아 아니 스칸디나비아 피가 섞일 수도 있고 다 혼혈아더라구.. 그 역사적으로도 또 국제성이, 경제성이 완전히 이렇게 되었었지 자꾸..

그러니깐 여기 있는 우리는 6·25전쟁이 한 번 난 거 갖고 그거 뭐 이 세상에 제일 무슨 무섭고 잔인한 그거 우리만 겪은 거 같은, 천만에, 구라파에 있는 역사상 이런 일들이 여러 번 있었습니다. 그러니 내가 출신이 전라도 순천인데 내가 순천에 살 때 어렸을 때 배가 아프면 '구라파 전쟁이 일어났다' 그러더라고 그때는 무슨 말인지 몰랐어. 구라파 전쟁이란 배가 아프다. 나중에 생각할수록 그 누가 꺼낸 소린지는 모르지만은 이 말을 꺼낸 사람은 국가 정치학 박사 3개는 줘야하겠다고 라고 이렇게 생각했다고.

이 그랬기 때문에 이 사람들은 조그마한 공통성만 있어도 발견해도 그렇게 우리가 틀리지 않고만 적당히 우리 살 수 있어. 그러한 모든 Vivendi를 가지고 살 수 있는 능력이 생긴 거니깐. 우리들은 파라독스 세계에서 정말로 이 세계에 다시 예가 없는 순수한 단일민족이고 그리고 거의 1300년간을 똑같은 땅덩어리에서 같이 살고, 같은 말 사용하고 그리고 생긴 것도 우리가 단일 민족이기 때문에 참 똑같이 생겼어요. 나보다 키가 큰 사람도 있지만은...

그래서 딱 보면 이 사람들과는 어떤 정신 상태에 우리가 있는 거는 조그만 뭐야.. 아까 그 구라파사람과는 완전히 반대로 Also, wie gesagt, 구라파 사람들 조그만 공통점을 보더라도 아마 우리 그렇게 틀리지 않구만, 그렇게 갖고 나가는 정신이 우리는 완전히 거꾸로 우리는 똑같으다고 단일민족이었다가 조금만 차이만 봐도 역시우린 달라. 이북군이나 우리가 몇 년이나 이질화 됐어 역시 못살아 같이. 그렇게.. 뭐라 그래 침소봉대 식으로 나온단 말이야. 이런 걸 말이야 이런 걸 우리 자신이 특히 이렇게 먼저 말을 맞지, 수풀 안에서만 산 사람은 꼭 수풀 안을 자세히는 모르지만 그 대신에 수풀을 전체를 밖에서 내다 볼 수 있다고, 그 이상도 아니고 이하도 아니고 이런 경우에 우리들이 국내인과 국외인이 서로서로 이런 걸 교환해 갖고 수풀 안에 있는 사람이 수풀 밖에 있는 사람들이 이렇게 볼 때 우리들 그런 열등감을 이 측면에서 구라파 사람들끼리 잘했다. 이럴 필요가 없어요.

우린 지금 너무 똑같아서 우린 너무 똑같아서 싸우는 겁니다. 예.

그런데다가 그 앞으로 (동백림 사건과 저 ...)

내가 자세하게 출판해서 받아 놓은 거 있어요. 소위, 동백림 사건의 (주된 일) 거기는 우리나라에서 모르는 내용이 많이 있다고요.

아시고 있겠지만은 송두율씨, 윤이상씨, 나하고 굉장히 가까이 지내던 사람이라고 다만 여러 가지 방법에 가서 굉장한 차이가 생겼었지만은 그래서 나도 결국 영원히 거기에서 소위 그 사이엔 못 들어갔지.

그때 그 이따 그건 나중에 말씀을 드리기로 하고 간단히 말하면...

북한방문

▼ 김 면 : 처음 북한에 언제 접하게 되셨어요?
▲ 조명훈 : 어. 그거야 정말 꿈과 같은 얘기지. 김 선생님은 언제 독일에 오셨어요?

▼ 김 면 : 저는 93년..

▲ 조명훈 : 그러면 알 길이 없지.. 인제.. 내가 인제 박사학위 해갖고 운수가 좋아갖고 당장에(-----했었다고) 그때 시대가 지금이란 달라갖고 어딜 가지를 못했을 때라고 여기서 못 배웠으면 우리나라 돌아갔을 거에요. 한꺼번에 진로를 3개씩인 셈이지 (외교성 관하의 아시아 문제 연구소 그렇게 하면 되고) 그러고 있었더니 대학에서 자기 대학에 와서 강의 해 줄 수 없냐고 그런 거를 아시다시피 독일대학은 관리규범이 있고 그러기 때문에 그런 연구소 따로하는 대학 할려면 돈이 어마어마하게 든다고요. 근데 그거 함부르크에 하나 있는데 말하자면 나를 빌려간 거라. 그래서 거기 강사 Lehrbeauftragter로 16년을 가 있었다. 그러고 있는데 짜이트지Die Zeit에서 와갖고 뭘 써달라고 그라고 Die Zeit에 7년간 컬럼리스트를 썼지.. 3개가 거의 어떤 게 본업인지 뭔지 모르지만 3개 가지고 부지런히 살고 있을땐데.. 난 언젠지 몰라. 그 우리식으로 말하자면 굉장한 자유지. Zeit가
Linksliberale, Etiquette 좌파. 자 사례를 보겠어. Rechtsliberale라고 본다면 인제 보는 사람이 어느 쪽에 서서 보느냐에 따라서 이것들이 좌파로 저것들이 우파로 봅니다. 인제 그것을 이르는 전문용어는 똑같았는데. 그렇지만은 완전히 살기위해서 기사를 많이 썼거든, 그래서 이북에 대한것 말이여. 응. 많이 적고..
그러니깐 이제 이북에서는 나를 만나면 자기 동지로 본 거야, 그러면서 동지였지. 물론이지. 거기까지는 좋은데 이 사람들이 인제 나를 어떻게 꼬시냐 그래 갖고 자꾸 보

면 알게 돼. 저 그 (북한기) 인자 저 뭐래 Vermittler 그 뭐라 그래 중개인 같이 자꾸 길들더라구요. 그래갖고 많이 했거든. 주체사상 주체사상에 대해 이 설명을 했거든. (외부인) 이거야 말고 정치학에서 Nationbuilding(민족국가건설)이라고 하는 거 처럼 좋은 nationbuilding 모델이 없다.

그러니깐 여기서 한 번 저 김일성 수상님 환갑이 되시는 때인데 한 번 같이 왔어 한번은 축하하려고, 아이고 말로는 정말 고맙고요. 그... 그래갖고 거기서 인자 독일 사람하고 결혼하고있었는데 여자하고 결혼하고 있었는데, 지금 나중에 한국여자하고 독일여자하고 한국여자만 Thesis 낳은 애들이 둘인가 셋이서 우리 집에 살고 있거든요.

그리고 독일부인은 아 겁내갖고 이북을 갔다가 어쩌려고. 아. 겁낼 거 없단 말이여. 인자 나는 우리 둘이 초대받았는데 하나는 여기 남아야 되겠다. 그래서 독일부인. 그래갖고 안 따라왔어, 그래갖고 참말로 꿈같은 얘기지. 지금생각하면, 그때 이북이 잘 되갔을 때니깐..

▼ 김 면 : 몇 년도죠?

▲ 조명훈 : 그것이 김일성 환갑이 1972년. 근데 접촉이 시작된 것은 한68년도부터 소위, 우리말로 접선이 시작된 것이지.
Ja, 그런데 나는 그때 (이렇게 깊은 예의로) 참말로 고마웠어. 이것도 참말로 일등 비행기, 일등실로 비행기도 일등실로 해갖고 인자 가는데 프라하Prag를 통해서. 그래서 아까 프라하라고, 인자 프라하를 통해서.

그런데 그때 이북이 얼른 내가 잘 됐다고 그랬는데 그게 인자 내 개인의 주관이 아니라 그때 박정희 대통령이 64년에 본 대학에 본에 저.. 국빈으로 오셨습니다. 박정희 대통령이. 그래갖고 인자 우리교포를 만나게 되었다고 내일 박정희 대통령하고 만나는데 오늘 저녁에 우리 유학생들 만나고 (제 2교포) 우리끼리 막. 근데 가만히 이러고 보니깐 근데 통일 얘긴 아무 것도 안나와. 통일 얘길 물어봐야지.

저분들은 우리나라에 떠난 지 오래돼서, 통일이고 뭐 회색분자라고 한다고 하더라고 그때, 그 시대에 그 소리는 내 통일 문제는 끝을 안낸다. 참.. 그럴 수가 있나..

난 이해할 수 가 없더라고, 난 어쨌든 간에 박정희 대통령 인자 베토벤 아래에서 웅변하시고 있는데 그 분이 연설 중에 스스로가 통일문제 꺼냈다고. 그러면서 뭐라고 말하는가 하면은 그러나 여러분들 통일문제는 우리 한국의 수준이 이북수준을 따르는 지점까지는 통일문제는 꺼내면 안 됩니다. 그 말은 뭡니까? 그때 현재가 어쨌든 간에 이북 국력이 어마어마했습니다. 그리고 그때 그 민족주의적 운동이 어마어마했고요.

Ja, 그리고 박정희 대통령이 (반응을) 반증한 겁니다. 그만큼 잘 돼가고 있었어요. 그리고 언급하기를 부언하기를 그러면 이런 통일 말을 꺼낼만한 시기가 언제 오느냐?

오면 1970년대 초기에 옵니다. 자 1970년대 첫 해 이남은 경제계획 3년 계획이 성과적으로 끝났어요. 그래갖고 적십자 회담이 시작됐어. 1970년대 이북과 딱 맞아 떨어진 거야. 그래갖고 인자 주체사상을 덕택으로 잘 돼갔고 가고 내가 그 때 가서 나는 프라이드가 생겼어요. 소박해, 물론. 아스팔트도 다 자기 손으로 만들고 전부 그리고 월사금이 있나 집세가 있나 거의 없다시피 등 등 등 등...

아, 참말로 언제 내가 언제냐 옛날부터 한글학자가 꿈이 있거든 그니깐 한글로만 저 쓰고 있고 말이야.

내가 (최현배씨)운동에 무지무지 가담했던 사람이야. 아.. 이거 기가 막히게 기분이 좋아. 다만 문제가 하나 있었어, 비행장에 내리자마자 간부들이 잘 오셨습니다- 하면서 아 지금 수상님의 환갑 지금 뭐 국민들은 전부 열이 났습니다. 이렇게 좋은 잔치에 오시다니.. 아니 근데 왜 환갑을 갖고 이렇게 떠듭니까? 나는 우리 어머니 환갑도 못 갔습니다. 그리고 세기에 정말 위대한 사람들은 자기 생일이 언젠지, 자기 제삿날도 허지 말라고... 모택동이 생일이 언젠가 우리들이 여기서 캐낼려고 10년이 걸렸습니다. 모택동 생일이 언젠가, 아.. 그 말이 뭐여?..그런 거 떠드는 거 아니여! 호지민도 나 죽으면 인제 제사지. 죽으면 식구들끼리만 알고 조용히 묻어 달라.

누굴 자본가주의라고 들이대! 사대주의 여부를.. 아닙니다. ...중국이라 사대주의라 오해할런 지 모르지만은 호지민도 그랬습니다. 그리고 어쨌든 우리 어머니 환갑에도 못 갔고 왜 환갑이신데 그랬더니 이 사람들 무슨 말을 했었는데.. 여기서부터 이북과 나의 복잡한 관계가 시작된 거야. 돌이켜 보면 그때 시작된 거라. 이때 참. 저 인민들은 사실 그저 알라 그리고 우리가 허도 수상께서 왜 한말로 왜 이렇게 뻐기느냐고 전부 일을 전부 취소하라 라고 호령을 치고 있습니다.

그러더라고 위대한 수령이라면은 준비 다 해놓은 후에 호령을 칠 것이 아니다. 지금도 다 해놓은 (시루떡) 그거 낭비입니다. 일찌감치 그런 호령을 쳤어야 된다고, 그랬더니 (..았는데) 재미있는 부분은 이 사람들 아무도 안 훔쳐 갔습니다. 내일 공급일인데 7.31날

썼어요.

(아무도) 그래도 별루메 비판을 다했지만은 뭘 어떤 사람은 독일말은 쓰셔야 되요. 독일말 모르는 사람은 알라면 얼렁 훔쳐 갖고 쓰면, 그래서 내가 그게 제일 기분 나빴던 것이 이런 우상숭배라는 건 주체사상에 반대의미다. 반대된다고 주체사상에서야 말로 인민이 주인이고 뭐 이런 거죠. 인자 이때 이 사람이 그게 처음 듣는 내 기억에 분해갖고 이를 악무는데 말이여 그때 무섭더라고 아니라 그리고 그때 참말로 자칫하면 뼈도 못 추리고 돌아가나 보다 그런 생각 했어.

조금 나도 침을 꼭 삼키고 그랬지만은, 그래갖고 호텔에 돌아가 갖고 최고 대우를 받아가면서 있는데 나는 그때 평양을 15일만 가기로 하고 약속을 받고 갔다고 그부터 중국으로 떠나 처음으로 중국 문화혁명 그 막 끝났을 때 그걸 연구하고 그걸 보고 싶어서 갔던 거 갈라고 했는데.. 안 믿지. 이북부터 오라고 이북에서 꼭 그랬어. 코스를 바꿔버렸어, 평양으로. 먼저 가거든... 그래갖고 나 당신 15일만 그러기로 했지 않느냐 말이여. 나 이제 이북 아니 중국으로 간다. 계시다 가요, 계시다 가요. 아휴-, 이랬더니 내가 중국사람 당신이 참말로 나를 중국으로 안보내주면 나 중국 대사관으로 간다고 그랬다고. 어?!

그랬더니 이 사람들이 놀래갖고 중국 대사관 간다니깐 그 이튿날 당장에 중국으로 보내주더라고..

베이징에 떨어졌더니 거기서도 문제가 하나있네. 중국대표 나오고 이북 대표도 나왔는데 누가 조명훈이를 접대하냐는 이 문제로... 이북은 우리 민족이니깐 지들이 한다고 해. 중국은 우리가 초대했으니깐 우리가 호스트라는거야. 주인이다는 거여 그래갖고 중국은 여기서 내려갖고 그래서 어떻게 타협했는가 하면 중국에서 내가 있는 동안에 호텔 값은 중국이 내고 여행비는 이북에서 내기로 낙찰이 된 거여. 자. 그래갖고 뭐 (제늉베이) 같은 유명한 문화혁명회의 그 저 (영웅..)참 (자 이제 그 때) 3주일을 다녔어요.

호텔 돌아왔을 때마다 이북 대사관에서 전화가 왔습니다. '저 선생님 참 한번 돌아가셔야 해요. 지금 환갑하고 하실 때 환갑도 안 보고 갔는데.. 환갑이 내일 모랜데 4월 15일. 다시 평양으로 돌아와 달라고 말이여, 나는 처음에는 언제는 안 본다고 했다가 다시 자꾸 그래요. 편지가 와서 보면 호텔에 책상에 와 있어요. 갑자기 이런 생각이 들더라구. 내가 내 자신에게 물었어요. 가만히 있어. '니가 안 간다고 하는데 우상숭배 싫어 가지고 안 간다고 그러는데 참말 그게 이유냐?' 내나 내 자신에게 물었다고 응. 너 괜히 뻐기는 거 아니냐, 배짱 내는 거 아니냐.. 왜 여기서 그래도 우리 민족이고 거기서 또 한 번 와달라고 부탁하는데 안 갈건 뭐이냔 말이여. Ja, 암만해도 이건 나의 무슨 괜히 뻐길려고 그런 것이 이런 것인 것 같다.

그냥 가겠습니다. 그래갖고 이북 비행기로 다시 평양으로 갔어요.

그래갖고 인자 거기서 환갑잔치 다보고..

김일성 만남

▼ 김 면 : 김일성 주석은 만났어요?

▲ 조명훈 : 물론 그리고 그래서 저 Kim, meet Kim 아 그래갖고 그 거 끝나자마자 갈라는데 또 더 있으라는데 인자 옛날 빚 진 것들이..지금은 하루라도 덜 있게 할라고 하는데 그때

는 여러모로 지들이 보일 것도 많았고 돈도 저 국력도 강했고 충분히 그럴 능력이 있었다고 그때. 그 사람들이. 아이구 자꾸 나보고 그래서 나는 며칠 안까지 못 떠난다면 절대로 이사간다고 여기서 직접 모스크바로 지나서 가라고 하는거여 아니라고 뭐 할 수 없어, 이 사람들이 나를 상하이로 보내줘 갖고 상하이에서 빠리로 해서 독일로 돌아온 것이지. 어. 그게 나 되게 여기서 직접 모스크바로 지나서 가라고 하는거여. 아니라고 나는 상하이로 지나서 갈란다. 먼저 나를 중국으로 보내주시오. 그래 갖고 뭐, 할 수 없어. 이 사람들이 나를 상하이로 보내줘 갖고 상하이에서 빠리로 해서 독일로 돌아온 것이지. 어. 그게 나 되게 척척했는데, 다가지고 그때 말했지만은 그 후에 얼마 후에 임서진이가 평양에 갔다 왔다고 그래 갖고 인자 나보고 그래 명랑하다고.. 이북에서 말이야 진짜 김정일이가 곧 (계승)될 거 같더라. 그런 소리 하더라고 그래, 그럼 난 놀래지 않는단 말이여.

참, 그래도 참말로 우상숭배가 인제 이중 우상숭배가 되갖고 저 어려운 이가 둘이나 생겼으니 국민들이 얼마나 더 괴롭겠느냐.. 그랬다고 (벌써 내가...) 임서진이가 헌소리야.

그래갖고 내가 그 후부터 내가 이북을 비판하기 시작한 거라. Ja, 이북을 비판하기 시작했는데 그러고 있는데. 우리나라 정보부에서 소식이 왔어. 그니깐 그때 4월이지 않소 이북 갔다온 게 1971. 4월 ..아니 저.. 나 ... 옛날부터 안기부 절대 피하지 아니어?

나 겁낼 거 아무것도 없어요. 아무것도 오히려 내가 할수록 ...너희들도 두려워하고 우리 서로서로 두려워하고 서로서로 두려워 해야 된다고 해갖고 지들도 알아요 인자 처음에 안기부에서 어마어마한 사람 보냈는데 안기부에서 놔준다고 그래 아이 (저사..) 무풍지대에요. 무풍지대가 무슨 소리냐고 그러니깐 아니 우리 회사에서 거기가면 조명훈이가 있어갖고 단단히 단속을 조사를 외국에 애들이 젊은 여러 가지 헐 일이 없으니깐 그럼 난 헐 소리 지네들이 나한테 캐낼 거 아무것도 없어요.

내가 내 주둥이를 다 까바치니깐..

Ja? 그래갖고 서로 술을 만장으로 처마시고 뭐 술 마시고 헐 소리 다 허고 안 할 소리는 안한다고 말이여. 그래서 이북으로 저 우리 저..안기부에서 다니러 갈거 아녀, 안기부에서.. 아니 당신들이 안 날 안놔줘서 못갔지. 초대장을 장식 냈어요. 우리 부부에다가 독일부부에다가.. 그땐 우리가 어떻게 거구로 생각했냐면은, 가끔 우리도 아니 나도 역시 아직까지도 모든 것을 판단을 잘 못 한거야 (꺾으면서 제한석이 있으니깐)

이북은 이북이 우리 둘이서 초대받은 초대받았을 때는 우리 부인도 아이도 내가 이북 갔는지 모른단 말이여. 하나 같은 게 남아 있을 때, 남이 있어 문제가 생겼을 때. 그 저 뭐냐..운동을 해야지 그랬는데 웬걸 거기 가서 얼마만 그 우상숭배 전쟁으로 말이야. 이남은 이남은 문제가 없을 것이다 해서 독일부인도 같이 따라왔어요.

자, 따라 와갖고 우리 이남에서 11일인가 일주일인가 저 끝에 막 시작한 포항, 뭐 그런 참 구경시켜 준거라. 그래갖고 참 하이웨이 참 멋있죠. 이북 하이웨이는 참 소박해요. 근데 난 참 자랑을 느꼈습니다. 참 빛 하나 없이 지 손으로 이렇게 한 것이 어디가면 머리 위에 쓴 게, 물위에 뜬 기름인지 뭔지 난 이북 가 Pride 느꼈다. 포항에다 탁 데스크 북에다가 뭘 쓰라고 하는데 그럼 난 거기서도 그렇게 쓰거든 그래서 우리가 벌써 많은 걸 지어 놓구 그런데 2~3일인가, 여기 왔을 때는 민족자본으로써 일본자본 없이 된걸로 바란다. 자꾸 글씨를 써놨거든..

그래갖고 나를 따라다니 그 안기부 사람이 홍 씨라는 사람이 있는데 홍 씨가 졸졸 나를 쭉 따라다니고 모시고 데리고 가고 그러는데 일주일을 쭉.. 우리부인도 쭉 같이 다녔지. 독일부인도. 그래갖고 마지막 서울로 오는 길에서 자동차 속에서 홍 선생이 그러더라고 "조 선생, 자 아시다시피 official 스케줄은 끝났습니다. 그러나 하나 부탁 양해 부탁해주셔야겠습니다. 앞으로도 조 선생을 따라다닐 테니깐 그거 양해 해 달라"고.

홍 선생, 내가 오히려 그것 바랍니다. 그건 나 혼자 안다니겠소. 오히려 그걸 바란다고 그래갖고 이튿날 또 큰 회의가 생겼었습니다. 그 유명한 이름 들으면 다 알만한 유명한 정치학 교수들 또 무슨 장관들 그게 1972년 가을이었습니다. 그때 내가 한글날 먼저 들어갔거든 그래갖고 근데 처음부터 이북에 대해서 맨 처음 질문이 제일 어른이 아.. 한마디로 말하자면 이북은 감옥이고 이남은 지옥입니다. 그랬다고. 인자 이것이 그때 중앙일보가 그걸 취재를 했어요. 나중에. 그래갖고 (김수환) 갔다 해가지고 남한의 지역에 갔다해 갖고 ... 홍 씨가 죽여 버리겠다고 그래갖고 날 사실 권총을 꺼내더라고 홍 씨가. 그래서 내가 홍씨. 총 얼른 쏘시오. 내가 총이 무서워서 이렇게 돌아다니는지 아요. 총이 무서웠으면 벌써 나는 집구석에서... 쏘요. 쏘라고..쏘시오, 그러지 말고

그러니깐 그 어른이란 사람이 홍. 총 넣어.
우리에게 붙어요. 정말 이렇게 표현했어요. 우리에게 붙어요. 거기까지 했어도 내가 우리 엄마가 가르쳤던 말로 말이 아니면 타질 마라...있는데
다음에 분한 소리에 하나 갖고 학자적 양심을 갖고 있다면 이 소리에 화를 냈다고 내가 인자 화내면서 뭐하고 그랬어요? 적어도 내가 어느 정도 학자적 양심을 갖고 있기 때문에 나는 아무 데도 못 붙는 거 아니오? 당신들은 적어도 한 쪽으로 붙었기 때문에 한 쪽에선 안 맞아줬어. 나는 두 군데서 맞아주고 있소. 그래갖고..

주체사상과 북한체제 형성

▼ 김 면 : 질문을... 그 주체사상이라는 이념이 북한의 체제형성발전에 어떤 역할을...

▲ 조명훈 : 동아일보 인제 주체사상 토론 나하고 누구하고 형님. 아직 있어요, 그때 크게 나왔는데 우리나라 사람들은 인제 이번에 어디서 오래 보니깐 누구여..나의 의견과 비슷한 건 여태까지는 그거 황장엽씨 뿐이더만. 어. 주체사상 유래. 우리나라에서 다 다르게 해석하고 있었다고 어찌고 어찌고... 근데 금방 이번에 황장엽씨도 고렇게 발표했을

때 나는... 뭐라고 주체사상을 어떻게 표현...

첫째, 주체, 객체라는 거 주체는 그 이북에서는 순수한 우리 생각으로써 절대로 한자를 안 쓰고 번역도 안고 주체라고 쓴다. 응. 그러나 이건 이북 생각이고 우리 같은 저 수풀 밖에서 냉정히 인제 볼 때는 주체라는 것은 우선 철학에서 주체, 객체 이거에 대한 그 게 여기서 나온 것이다. 주체냐, 객체냐. 응?

그리고 인제 그런 말은 안 했지만은 저 베를린 장벽이 흩어지기 직전에 라이프찌히에서 자꾸 월요일 데모가 있었잖아요. 그 저 동독에서 무너지기 전에..

그때 그 사람들이 자꾸 쓰였던 슬로건이 무엇이었냐면은 Wir sind nicht mehr das Objekt, sondern das Subjekt politischen Handelns. 우리는 이제는 정치의 대상이 아니라 정치의 주체다 라고 그랬단 말이야. 아. 이 사람은 주체사상이라는 하나도 단어 안 쓰고 몰랐지만은 바로 이게 주체사상입니다. 소위, 정치적 연구 대상이 될 거 아니라 정치학자들의 연구 (...) 우리자신이 주인이다. 이것이 주체사상이에요.

뭐 어쩌고 뭐 무슨 선전이고 어쩌고 아무것도 아닙니다. 본래 철학적으로 주체와 객체, Ja, 물론 철학적으로 다시 주체와 객체 상호적으로 변증적으로 상호 영향을 줍니다. Ja, 껍질과 안, 껍질과 안으로 말이여.

둘째로 뭐시냐면 이것은 많은 학자들이 서양학자들이 고로케 또 말하면 용서하는데 소위, 우리나라 학자들까지도 이것을 영어로 번역을 때도 self-reliance 라는 번역했다. 이런 무식하고 얼마나 주체사상을 모르냐 이거야.

셀프 리라이엔쓰 그래갖고 한자로 자력갱생이라 그거 모택동이가 중국에서 모택동이가 섰던 자립갱생이란 건 새로 다 나온 개념도, 새로 나온 단어도 아니고 본래 중국에 쭉 있었던 그 어구입니다. 그걸 사용한 거에요. 응. 주체사상은 다릅니다. 주체사상은 여기에 삼가지가 있어. 세 가지, 정치에서 자유, 경제에서 자립, 국방에서 자위, 이것 3가지가 있어. 그래서 소위, self-reliance, 자력갱생에 해당하는 건 두 번째 꺼, 그것만이 해당되게 돼있어요, 그런 말이. Ja?

근데 이 참말로 4대사상이 걸린 우리 학자들이 그제? 외국사람들이 비평하면 눈감았지. 자립갱생이라 번역하고 셀프 리라이엔징이라고 번역하고 이건 주체사상에서 둘째 요소 그것 뿐이라고요. 어 그러고 제일 말썽은 어디에서 보면 손문은 삼민주의 단단히 해당 되요. 이거 응? 그게 더 공평한 Ja 중국 꺼

그리고 인자 그거 인자 특히 그때 뭐 중국에는 뭐 중국이 저 3세계 모델이 어째..이러는데 Nein. 그랬다고요. 응? 뭐냐.. 이번에 여기 제일 새로 나온 Duden 사전이야, 이거 말이야. 그런 거를....

글쎄 그렇게 중요한 게 빠질 수 있냐 내가 그래갖고 참고맙다 그래갖고 다시 넣겠다고 하고 나왔는데(~ 뭐 이런 거는) 불란서 혁명 때 나온 개념입니다. 이거 참 설명이 어려워요. 무지 무지 어렵습니다. 불란서 혁명 때 그 저 Asseyer라는 신부가 불란서 혁명 전야에다가 bizarre, 이랬단 말이야. 그때 그 저명한 간단한 강(god 뭐시냐 그랬냐면은) 그때 그 왕족와 귀족과 저 뭐여 종

교…그저.. 그 세 가지 계급이라고 번역 않고 그 저 불란서 'Etat'라고 번역했다고, state, Stand, 독일말론 dritte Stand, 쓰는.. 근데 이제 그 얘기 아무도 안 썼었거든. Etat, Stand, 지위가 있었습니다. 인자 그것이 뭣이냐면은.. 어.. 제일 끄트머리 아직도 사회적으로 특권을 안 갖고 있는 그, 인자 그게 뭐라고 그때 불란서 말로 'Tiers-Etat', tiers-라는 것은 죽어도 번역을 못한 게 참 schade, 설명하는데 무지 고생을 했는데… Tiers라는 것도 번역할 때는 뭐 이거는 셋째라는 뜻이에요. 셋째 그러나 불란서 말로 셋째라는 단어가 또 따로 하나 있어요. Tragiem이라고 있습니다. 트라지엠. 얼른 이것만 염두에 두시고 설명을…

그래서 그때 인자 뭐라 그러냐하면 어떤 bizarre를 내는 거는 이제 이것도 내 논문에 다 나와 있는.. 기회 있으면 드리겠지만은 'Qu'est-ce que veut le Tiers etat?' 제 3..Etat, Stand는 무얼 원하느냐.. 이런 질문을 하나 했어. 제3 Tie Etat는 무얼 원하느냐? alles 아 아 저 etwas, 뭔가를 되길 원한다. 무엇을 또 가지고 싶냐? Alles, 모든 걸 가지고 싶다. 어 이거 갖고 쭉 나아갔고 결국 불란서 혁명이 성공해가지고 그 인자 3~해갖고, 그 제 3세계로 Parlament(의회)로 들어가게 된 거라고 그래갖고 소위 Bürgertum, 시민계급이라고 Bourgeois로 발달, 발전한 겁니다.

여기까지 해갖고 동서 갈등 때에, 냉전시대 때에 어떻게 되어 있었냐면은 자본세계가 있었고 공산세계가 있었습니다. 그렇지 않습니까? 응?

그때에 자본세계도 아니고 공산세계도 아닌 것을 뭐라고, 인자 말하기 시작했느냐면은, 나중에, 처음에는 후진국이라는 단어를 썼다가 또 발전도상국이라 했다가 나중에 제3세계라는 단어를 썼는데.. 제 3세계라는 것은 그니깐 자본주의, 자본주의 나라의 제 1세계도 아니고 공산주의의 세계인 2세계도 아니고 그 중간 꺼 이게 제 3세계다 이렇게 됐다고요. 그러나 das reicht nicht 그거 인제 생명에 불과한 거고, 인자 배경이 한낱 역사적 배경이 불란서 혁명이 며칠 밤 넘겼어. 그래서 영어로는 third world라고 번역해서 우리 독일말로도 dritte Welt 번역한다고, 그러면은 불란서 사람들도 실은 tragiem, dritte Welt라고 그래야 되는데 이 사람들은 그러지 않고 Tiers-Monde라고 합니다. 그는 왜 그러냐면은 이게 참말 무지무지 중요한 사실인데 이게 지금 소위 제 3세계라는 건 불란서 혁명 때에 제 3계급처럼 아무것도 아닌 것 아무것도 아닌 착취되고 있는 계급이란 뜻이거든, Ja? 그 그니깐 불란서 사람들은 그래서 티에몽드라고 합니다. 우리는 독일말에는 그 구별이 없기 때문에 dritten Welt 라고 할 수 밖에 없어. 영어도 없기 때문에 third world라고 밖에 할 수 없어 그러나 불란서 사람은 그런 경우에 우리가 말하는 제3세계라는 거를 Tiers-Monde라고 합니다. Tragieme monde라고 않고 이만큼 소위, 제 3세계란 건 역사에서 착취된, 착취된 압박당한 구속당한 응 이 사람들의 세계라 이말이여 Ja? 자 휴.. 모택동이가 자립갱생이 어쩌고 저쩌고 할 때 학자들이 제 3세계 근세 Nation-Bildung은 뭐든 중국이라 그랬다고

Nein 그렇게 말 안했어요. 소위 전형적인 제 3세계라는 나라는 조그많고 자원이 없고 정치적으로 아주 약하기 때문에 동서사이에서 비위만 봐야 된다.
중국은 어느 한 나라가 아니라 한 세계다. 어찌 큰지 이건 벌써 세계에요.
기후도 밑에 하고 위하고 완전 다릅니다. 말 사투리도 우리 전라도 사투리하고 인자 여기 바이에른 사투리 정도 차이가 아니에요. 어.. 말도 다릅니다. 다만 유통법 같은 한자 뜻 쭉 단일로 이어졌던 것이지 참 또 중위 위원장인데 응 그리고 이 사람들은 강국은 아니더라도 대국이었습니다. 응? 키가 큰사람들은 바보지만 키가, 덩치가 크면 뻐기고 알아주다시피 워낙 땅덩어리가 크니까요. 알아준다고요. 중국은, ja, 알아준다고요.

우리말에 두 고래가 싸움을 하면은 작은 새우가 거기 맞아 죽는 그 사이에서..Nein 거꾸로 입니다. 쪼그마한 새우가 약게 두 고래에서 왔다갔다 하면은요, 그러면요 이 두 고래가 이마빡을 받아 쳐버린다고요, 조그만 새우는 맞어, 그래가지고 조그만 이것이 주체사상(만 고개 할 있어) 자, 역사적으로 그걸 어떻게 얻냐면은, 인자 딴 사람은 나와 다르고 황장엽씨도 다르고 (어쩌고 저쩌고 하는데) 훨씬 전에 김일성 이전에 있었노라 어쨌노라 그러는데 Nein! 이거는 완전히 김일성이 30살 되갖고 소련을 보내주는데 나왔어요. 어 그래 남자들 서른이란 얘깁니다. 50살까지 남자들은 철이 안들어요. 내가 다 알고 있지만은! 하물며 서른 살이 뭐이 보여요. 우리식으로 말하

면 학벌도, 공부도 안한 게 말이여 지가 얼마나 뭐 얼마
나 교양이 있었겠어? 소련에 시켜준다니깐 좋아서 온거
여 Ja? 처음에는 뭐 하늘에서 별이나 딴 거처럼 뭐 소련
을 사귀고 보니깐 느낀 거 많았거든. 어? 그래갖고 6·
25 일어났습니다. 6·25일어나니깐 그러니깐 중국이 들
어왔습니다. 그래니깐 중국에 붙었습니다. 역시 소련은
틀렸더라 역시 그 놈들은 서양 놈들이야 그래도 우리 동
양.. 그래갖고 보니깐 역시 슬퍼진거야. 응? 그때 주체사
상이란 게 나오기 시작한 겁니다.

너무도 잘 알고도 주욱~ 보고 있으면 언제부터 갑자기
이놈의 단어가 생기기 시작했어. 그때 나 무시했어. 강국
에서, 한국은 자꾸 여기서 나온 단어가 있구나 그래갖고
이거 다 캐낼 수 있습니다. Ja, 그래갖고 주체사상이 아
까도 말했지만 정치에서 자유, 경제에서 자립, 국방에서
의 자위, 이거 나 그니깐 두 쪽이 다 우리 믿을 수 없다.
역시 우리 껀 우리가 해야 해. 어? 사대주의에서 우리가
넘어가선 안된다. 이래갖고 나온 겁니다. 이래갖고..

그래서 좋았었는데 왜 망했을까? 어... 어 왜 망했을까..
주체사상으로 이북이 살림살이랬을 때 그때 자치시대라
고 한말이여. 자치.. 사람들이 자기가 밥해서 ...자치, 자
치... 자급자족하면서 그때 잘 되갔어요. 근데 괜히 소위,
서양의 경제 어..제대로 알게 되갖고 서양에서 돈을 빌리
기 시작했습니다.

또 여기서 빌려준다니깐..서양의 그 은행세계를 몰랐거
든. 이 사람들이..

다 빌려준다니깐 다 갚을 필요 없어. 월부로 얼 만큼 냅

니다. 이건 이북으로써 도저히 생각할 수 없는 일이야. 여기 많은 동독사람들이 여기와 갖고 여기서 은행에서 돈 얼마 준다. 그거 혹 덮어놓고 받아갖고 나중에 뼁 던지고 똑같은 이윤 남깁니다. 자. 여기서 지멘쓰에서 기계를 월부로 그 이 뭐냐..어.. Ja? 어.. 우선 공짜로 그냥 돈은 나중에 내도된다. 그니깐 끊임이 없어. 정신 내놓고 보니, 다 해놓고 보니깐 아이구 나중에 얼마를 갚으라고 하세요. 그때 인자 Hermes라도 있는..독일에서.. 괜히 나에게만 전화가 온다그러.. 너희들 나라는 왜 그렇게 실 없냐구.. 나는 이게 무슨 말이냐고 그랬다고 이렇게 돈을 빌리고 공장을 다 세워줬는데 말이야 돈도 안 갚고 안 갚으면 모르는데 왜 어떻게 된 거냐 편지를 써도 답장도 없고 그래 내가 너희 나라는 왜 그러냐 그러는데 첫째, 나는 이북사람이 아니오, 난 이남사람이라고, 그리고 그 사람들이 그런 건 내가 설명할 수가 없다고 말이여. 그런데 그때도 내가 몸소 그런 걸 경험 했어요. 여기서 그 뭐여.. 그런데 그런 걸 모르고 막. 인자 돈을 이북 아..저..서양이 빌려 준 거 쓰게 해갖고 나중에 인자.. 그니깐 그 전까지는 없는 물물교환이었거든. 우리는 사탕..소금을 얼마 줄 테니 그치로 소금을 달라. 아니.. 사탕을 달라 그래갖고 물물교환을 했기 때문에 그런 문제가 아무것도 안 생겼어요. 인자 이렇게 화폐로 허니깐 문제가 커져갔고 여기서 떨어지기 시작한 겁니다. 저.. 이걸 잘 몰라갖고 그래서 이 이북사람들이 이걸 모르고 느끼기 시작 했을 때는 벌써 많이 늦어졌던 거야. 인자. 자치생활이 없어지고 경제상태가 복잡해하니깐 인자 자치도 할 수 없어 전차를 타야 돼 말은 잡아. 말을 잡아. Ja? 어.. 그래갖고 처음 복합적 경제 국제경제라고 이거 이 사람들이 감당할 수가 없다고 응? 감당할 수가 없다. 그래갖고 참.. (쓸개) 그니깐 이 때 딱 저 처음에는 막 세울 때는 주체사상처럼 도움이 되는 게 없었는데 어느 중간에 가서 이거 딱 응시할 때 내야 된다고! 이게 젤 어려운거요. 특히, 사회주의 국가에서는 저 관료제Bürokratie와..저.. 무슨 여기서 (셋집 눌르면 얼른 저기 바꿔야 된다고요) 저기 닿을 때까지 5년이 걸린단 말이야. 많이 잡으면 그때 만들기 시작하면 벌써 상표가 없어지고 등등등..

그래갖고 망하기 시작하는데 경제적으로 거기까지는 좋았어,. 인제 이때 이걸 방위책으로 뭣이 나왔나 Voluntarismus 정신주의라는 게 생겨나고 어.. 우리식으로 말하자면 아 애들아, 우리식구가 가난하고 돈은 없지만은 부모 잘 모시고 우리가 효자라고 하면 너희들이 우리들이 말하는 내놓으라, 인자. 정신주의 그니깐 물질상태가 나빠지면 나빠질수록 반비례로 정신주의만 발달된 거라 also?

우상숭배. 우상숭배.. 이게 큰 비극이었다고 비극, 그니깐 물질세계가 나빠져 물질 자체를 개량 할라고 모두.. 인자 못해 늘어 부려. 정신주의로만 어? 그니깐 저 일본 속담에 '세시미또 나니고또 나르도' 라는 정신만 있으면 안될 일이 없다. Voluntarismus, 이래 갖고 지금 이 지옥화 된 거요. 그래서 이건 나는 솔직히 말해서 이번에도 서울에 가서 뭐라고 통일에 대해 말했더니 뭐 그래도 희망적으로 말했더니 이북에서 많이 도망 온 사람들이 특히, 그럼 어쨌든 간에 이북이 이렇게 우리가 퍼 주는데 이거 될 것 같습니까? 자, 그건 모르겠소. 어쨌든 간에 독일의 경우만 보더라도 어 소위 동방정책Ostpolitik이라고 해갖고 동방정책은 당신들이 많이 알고 있지 만은 이것 때문에 독일이 통일 된 것이 아니라 동방정책은 독일이란 거 아예 통일이 될 수 없단 걸 판단하고 그럴 바에야 소위 그 우리가 재혼은 못하지만 이혼은 하고 그 가족 상호 이자로라도 주고 이렇게 살아가는 이것이 동방정책이였다. 그러나 그때 여기서도 한 말이 있었다. 그러나 그렇게 도와주면 결국은 혼인까지 할 거면서 살리는 거 아니냐 Ja. 아니나 다를까 그렇게 됐었다. 이것도 (~ 여러분) 참 저 상당히 사람들이 인정 없는 단어를 쓰지만은 아니다 이건 우선 김정일이 정권을 살리는 거 밖에 안 된다고 그러나 그렇다고 안에서 안이 될 수도 없는 거야. 못 없애버리고 다음에서 회복하고 이 길밖에 없는 것인데 겨우 내 생각에는 실패할 것 같소. 왜 그래요?

이북은 지금 암이 들어선다고 그랬다고 내가 알기로는 암이라는 것은 죽으면 끝나는 병입니다. 그래도 하나 희망이 뭐이 있냐면은 인자 나 지론이 국가 연합인데 인자 그 우리나라도 여기서 참 슬픈 것은 2년 전에 히로시마에 가서 큰 모임이었는데 이종석(?)씨, 장성만(?)씨 다 와서 막 (~데) 이종석(?)이라는 사람이 내가 국제 연합 그 연방제로 내가 언제 쓰면 연방제라고 이름 지으면 거기는 실은 두 가지가 있다. 국가 연합과 연방국가와 이 차이가 뭐냐? 이걸 꼭 씁니다. 우리나라가 이 차이를 모르고 있고 간단히 말하자면 실로 보수적인 헬무트 콜이 맨 국가 연합적으로 이거 통일하자 이래갖고 그 안을 1989년 11

월 29일 국회에서 발표했는데 왜 그러냐면은 그 때 그 많은 사람이 있어요. 지금 이대로 벽을 터놓고 하니깐 동독 사람들이 (참~~~) 몰려오거든. 이렇게 되면은 통일이 동서독 간에 되지 않고 서독에서만 통일이 될 것 같다. (적은 것 알다시피) 아니나 다를까 지금 그렇게 되가고 있다고 정도에 차이지.. (제대로 인자 그래서 안된다.) 국가 연합제도를 만들어야 된다. 그래갖고 동독 사람들이 돈에 환장하고 우선 아니다 우린 한 집 살림해야한다. Also, 국가 연방국가가 되야 된다. 그래갖고 안 되갖고 수사학적으로 말하자면 Helmut Kohl 말로, 국가 연합 10단계 그 문서 잉크가 마르기 전에 마르기도 전에 없어질 거란 말이야. 그래 난 여기서 바로 독일 애들은 너희들처럼 완벽주의 되는 것은 이것은 실패했어. 너희들이 그걸 했더라면 이렇게 지금 후유증 많았을 거라고 우리는 Gottseidank, 너희들의 경험을 타산지석으로 봐갔고 여기서 시간을 두고 우리가 배울...

윤이상, 송두율 그리고 북한

또 그저 이북에서 접선을 했어. 저 그.. 준비 그거 비슷한 거기 인자 언제 시작이 됐는데 내가 윤이상씨를 알게.. 빠리 때부터 알게 됐는데.. 나는 전공이 정치지만은 어딘지 이상하게 예술가들이랑 접촉이 많았었어요. 이상하게도 지금도 그랬고 그때도 그랬고.

윤이상씨, 양해혁씨 우리 서이 자꾸 같이 다니고 그리고 나면 가난했기때문에 그때 유학생을 그 때 그 때 빠리에서 1957년 유학생들은 100달러씩 공식으로 바꿀 돈 바꿀 권한을 우리나라에서 받고 있었다고. 그러나 나는 바꿀 돈이 있어야지. 권리는 갖고 있었지, 그러니깐 윤이상씨가 그 내 권리를 산 거야. 그 대신에 코미션이라 돈 얼마씩...

내가 이러고 살아가왔다고 그러다가 불란서 여자랑 약혼해갔고 그 여자가 나를 많이 도와줬지만 그 시대 윤이상씨하고 그 때부터 친했는데 그리고 그때부터 나는 이북국민이 되는 게 내 꿈이었지. 인자 다 알아요. 그 시대를 나와 그래갖고 윤이상씨는 독일로 오고 나도 독일로 왔다고 인자 독일여자를 빠리에서 만났고 독일여자가 더 좋길래 일루 온 거라고 윤이상씨는 음악관계로 여기 와갖고 그러니 여기서도 우리도 접촉이 있었는데 그래도 언젠가 접촉이 끊어졌었어. 그래갖고 1957년 부활절 Ostern 3월 며칠이었을 거요. 나 58년 57년 겨울에 독일에 왔으니깐 그때 내가 처음으로 돈 번 거 갖고 여기 독일 사람들이 그 부활절이면 완전히 그때 백림으로 놀러 가는 게 전통이었다. 그 시절에 나도 백림으로 한 번 가봐야지 돈 번거 갖고 그래갖고 인자 뭐 독일 사람처럼 제일 싼 게 버스라니깐 버스 타고 그때 슈트트가르트에 있었거든. 그리고 하노바까지 왔어요. 그래갖고 하노바에서 백림으로 가는 버스를 탈라고 했더니 하노바 사람이 저 국적이 어디야? 이남이라고.. 여권있냐고.. 안돼 못 들어간다고 그러더라고 못나니! 지금 동독으로 갈라는게 아니라 서독으로 갈라고 그란다. 아니 동독을 지나기 때문에 안 된다. 그러더라구 그 사람들이 아니 나는 저 동독 좀 볼란가요. 하여튼 당신은 날 가게하십시오. 그랬다고 Ja. 우리들로서는 오케이. 나 표를 끊어줬어 백림까지. 그래갖고 딱 버스를 탔네. 기분이 좋더만 (웃음) 아니나 다를까 경계선에 다 하더니 조사 싹 해. 이렇게 보더니 좀 내리라고 그러더라고 그래갖고 들어 갔네 그래갖고 한참 얘기하다가 안 되니깐 버스 기사가 당신 먼저 떠나라 그러대. 그때 자꾸 여자경관이 Volkspolizist 그때 중국옷을 입구 탁 조사하기 시작한 거라 너 왜 이 길로... 아니야 나 동독으로 간 거 아니다. 서독으로 갈라 그런다. 그런데 너 우리지역을 지나가서는 안 된다. 아 근데 지나갈 수밖에 없는데 그면 어떻게 갈것이냐. 비행기로 가야 된다고 그래. 비행기 탈 돈 돈 없다고 그랬다고,, 나도 이 길 밖에 없다고 어. 그래서 밤새 토론이 생겨서 하여튼 나는 당신 나라에는 아무 관심도 없고 지금 서독에 간다. 서백림에 간다. 이 아무것도 없다. 딴 길로 가면 서백림을 가는 길만 달라 그랬거든 어. 그래갖고 얘기 했더니 그 여자가 그래도 Ja, 너 얘기 듣고 보니깐 어딘지 공감된다. 하여튼 내가 가만히 있어. 기다려봐 내가 도와줄 길이 있나 보마 쫌 기다리라 그래. 그러고 한참 있다가 돌아와. 어떤 Ja, Sie haben Glück gehabt(당신 운이 좋군요). 너희들 대사관에서 오케이 했다고 그래 아. 좋소. 그래갖고 다 인자 타고 서백림으로 왔네. 사흘간 재밌게 그때 사진 찍고 슈탈린 초상 그 그때 동백림까지 갔거든 그래 끝나가지고 슈트트카르트 돌아 올라고 버스 정류장에 딱 서있는데 누가 뒤에서 어깨를 두드려.. 윤이상씨가 윤이상씨, 아이구 이거 웬일이오? 여기서 뭣해요? 난 이래서 버스로 돌아 갈려고 했습니다. 아 그래 시간 있으니깐 우리 술이나 한잔하지? 아 그럼요. 그래갖고 대기실가서 술 마시면서 근데 언제부터 술을 좋아했냐니깐 (웃음) 맥주, 여러 가지 학위는 어떻게 되가는지. 나는 지금 동서평화 공전에 대해서 박사논문 준비 중인데 공산국의 평화 공전에 대한 워이냐 그것이 부족하고 자료가 선택권이 있는데 특히 이북이라는 그런 건 탁 갇혀버려. 그 자료 내가 구해줄게.

속으로 막.. 이 사람이 정치하는 사람이 이것도 모르는 사람이야 본래가 ... 우선 기뻐서 말이야 어. 정말이여. 정말로 어떻게 구했습니까? 여기 지금 이북 대사관 있거든, 어 근데 물론 당연한 일이지. 근데 뭐든지 직접 경험을 안 하면 실감이 안 나는 거라

아 그래요? 그랬더니 뭐야 이게 그럼 누구든지 ... 함부르크는 동서백림 누구든지 전차로 언제든지 왔다 갔다 할 수 있다고 대체 들은 얘기는 들은 얘긴데 직접 당해보면 그거 꿈 같은 얘기라고 특히 우리나라 같은 경우에도 아휴.. 막 흥분이 되갖고 (웃음) 아무것도 없이 그냥 거길 전차로 갈 수 있다는 거 말이여. 아 그리고 거기 갑시다. 예 애 우리 같이가. 저 거기 있다가 인자 나중에 돌아갈 때에 여기 윤이상씨가 떡 갔네. 죽 갔는데, 자 이거 봐. 뭐라고 써있어?

이게 그때 1959년 3월 30일자로 그때 윤이상씨를 보고 한글로 여기도 썼지만은 우리 한글로 조선민주주의(인명~ 에서) 얼마나 멋있냔 말이여. Kommen Sie!

사진 좀 찍고 얼른 말을 앞서서 말했지만 나중에 나는 동백림 대사관에 갔다왔다는 것은 공공연한 비밀이라고 여기 오지 말자 돌아오지 말자 동포Saal에서 강의할 때마다 이 사진을 보여주면서 봐라. 나 갔다왔다 이렇게 멋있더라 민족주의가 보통이 아니더라. 등등등등...

자, 여기서 이러니깐 우리말로 상다리가 부러지도록 잔치를 벌써 해놓고 기다리고 있어 다만 난 대사관 속으로 들어갈 줄 알았더니 직원이 나와갖고 자 우리 집으로 갑시다. 집으로 들어가 그게 조금 섭섭했어. 근데 나중에 그거 아무것도 별 문제가 안됐어. 보니깐 그냥 그때 이북 이남에서는 라키스트라이크다 뭐 뭐 참말로 양키냄새가 썩어 자빠질 때다. 이승만씨 때 그니깐 참 국산품 백두산 술 뭐, 그리고 인삼주 평생 처음으로 인삼주 우리 같은 그 (웃음) 그래갖고 인삼주 이게 왠 떡이냐 마셔갖고 언젠가 완전히 의식을 잃어버린 거야. 어. 그것도 인자 오줌 누러 갔다가 이 오다가 어찌나 그 아까 뭐라 그, 그 아까운 양탄자에다 토해버렸어. 그래갖고 의식을 완전히 잃어버린 거야 그래갖고 눈을 떠보니깐 대사관에서 내가 잤더만, 아, 대사관이 아니라 그 사람 집에서 아휴 어떻게 됐다냐.., 그래갖고 이튿날 안 잤지 인자. 전철을 타고 인자 서백림으로 돌아와 갔고 우리나라 저.. 슈트트가르트로 돌아갔네.. 거기까지는 좋았었어, 그래갖고 나중에 그 이북 대사관에서 자꾸 편지가 온거라. 아 그때 자료 드린다고 자료 받으러 오세요. 아니 그 보내주세요. 그랬다고 아니, 직접 가져오라고 근데 참 이 생각이 들기 시작하더라고 그 근데 아니...

그때 큰 돈이었어. … 액수가 써 있었어요. 돈을 보냈어요. 이북대사관에서 그 고생하는데 말이여 객지에서 (공항 가는데..)그때 어찌 감동해갔고 그 일기를 이렇게 썼다고 그때 일기를 그대로 낸 거라고 이 나같이 가난한 사람은 말하자면 빠리에서 코미션이나 얻어서(웃음) 그런 사람인데 어디 누가 이남에서 나를 도와주는 사람이 있냐 그래도 우리 민족이라고 나를 같은… 감명한 거라. 감명은 감명이지만은 내가 바보가 아니여 그렇게 아니여 즉, 안 간다고 대사관으로 왜 안보내주냐 이상하더라고 어 그래갖고 결국은 거기하고 끝나가지고 결론부터 말하자면은 나는 그게 처음으로 이북 대사관으로 간 거고 마지막으로 간 거야. 나중에 세상이 잘 되갔고 윤이상씨하고 같이 간 거 빼놓으면 이 시대 때 처음 갔고 마지막으로 간 거여 그래갖고 있는데 소위 동백림 사건이란 게 인자 일어난 거야. 그게 어떻게 해서 일어났는가 하면 그때 자주 텔레비에 나오고 있을 때거든. 인터넷으로 프뤼쇼펜이라고 그래갖고 말이여.

이번에 우연히 보니깐 인터넷 Frühschoppen 나도 몰랐는데 누가 나한테 보내주더라고 그 때 인자 그저 Werner Helf라고 그때 내가 이렇게 나왔다고 얼마나 잘 생겼어(웃음) 나 이거 보구 놀래 부렸어. 이게 나야? 그때가 (fünfzig Jahre.)

그 인자 그 날도 인자 일요일만 있는 건데 거기 가게 되서 함부르크에서 인자 거기 가기 전에 일부러 우리 이남 대사관 옆에다가 호텔을 잡아놨다고 왜 그러냐면은 내가 본 대학에서 공부하고 있었을 때에 어. 나하고 참 좋아하는 친구가 Andersen 김웅이라고 Diplom Physiker 였다고. 나처럼 술 좋아하고 그런데 근데 그 사람하고 자꾸 연락을 해도 연락이 잘 안돼. 아이구 이전에 여기서 쾰른에서 본에서 들려서 한번 그 사람을 찾아봐야겠다. 그러기 전에 대사관에서 물어보면 알겠지 그래갖고 일부러 대사관 옆에다가 호텔을 잡아놨었다고 그래갖고 이틀은 잠시...대사관 가서 함부르크에서 전화했는데, 나 옛날에 여기서 공부했었던 참 친한 친구가 있었어요 김웅이라고 소식을 알 수..전화번호 있습니까? 어떤 남매가 나왔어. 나를 (때릴라고) 남자하고 근데 그때 뒤에서 오더니 언제 그 비서지 여비서라고..당신이 대사관 직원이라고 합시다. 그 뒤에서 나보고 이래. 그 여자가 모르겠는데 말이야 이상하다. 뭐인지 모르겠지만 일찌감치 사라지라는 소리 같다.(웃음) 어찌됐던 간에 그리고 인자 갖고 거기서 쾰른으로 가는 기차를 타고 타기 전에 신문을 하나 샀다고요. 빌트지, 신문. 보니깐 아이구, 우리 안기부가 지금 여기 스며들어와 갔고 자기들 스파이 했던 사람들을 남쪽독일부터 싹 쓸어갔고 간 거여

간단히 말해서 내가 갔었을 때 나중에 reconstruct해보면 김웅 대사가 지하실에 잡혀있었단 말이여 (웃음) 하필 정말로. 그래갖고 쾰른에 있던 그때 12시에 시작하는데 본래 우리가 화제가 열렸었는데 들어가니깐 베르네 헬퍼가 지금 사실은 이남 정부하고 우리 정부 사이에서 큰 국적 법적 문제가 사건이 났다고 하더라고 이러는데 여기에 지금 우리 전동역할을 했다. 근데 함부르크에서 마지

막으로 날 잡을라고 그랬었다. 남쪽에서 쭉 올라와갔고 인자 그건 지그들이 나한테 지그들이 고백한 건데.. 그런데 나중에 얼른 그것부터 분석하면 왜 그러면 명훈아 니가 리스트에 들었다면 그때 니가 지발로 걸어 들어갔을 때 잡았을 텐데 왜 안 잡았을까? 그런 질문이 많이 나온다고 나도 모르지 몰라. 그러나 나중에 여러 가지 연구하면 다음 같은 게 있었던 거 같애. 또 그때 조명훈이를 자그마치 우리 신문에 윤이상이 건드러낸거 같애 (웃음) 난 몰랐는데.. 그 놈이 지발로 걸어 왔다면은 이 자식이 뭐 사전에 독일 경찰한테 전부 연락을 해 놓고 일부러 지가 들어 온 것이다. 그래서 아예 못 잡았다.(웃음) 인자 이런 분석. 그 납득이 안 가지는 않네. 대체 지가 지발로 걸었다는 것은 뭔자 수작이다. 그래갖고 거기서 안 잡히고 그때 더구나 텔레비전에서 그렇게 나오니깐 sowieso 못 잡는다고 인자 얼른 먼저 Sitzung에 가게 해달라. 그래갖고 인자 윤이상씨가 나중에 생각하면 생각할수록 섭섭했던 게 이걸 맨 먼저 깐 게 Ja, 임석진이었거든. 임석진하고 나는 프랑크푸르트에서 무의 말벗이었어요. 둘이 참 좌파로서 그리는 특히 철학적으로 헤겔철학을 뭐 전국 한 아이로써 그래갖고 우리 둘이 밖에 참 말할 사람이 없고 그래갖고 근데 같이 가끔 밥을 먹는데 그때도 나중에 보면 이 생각이 나는 그냥 뭐 Linsen Eintopf 먹기 좋아하지만 돈이 없어서 어디 가서 Restaurant Eintopf 먹었거든. 근데 그 아인 자꾸 닭을 뜯어 먹더라구 그때 닭을 뜯는 거 큰, 큰 그거 멋있는 시대였다고 비싸고 그때도 속으로 이 놈은 어디서 이렇게 돈이 많이 나올까...

그랬다고요. 그래서 내가 한 번은 물었어요. 너 어디서 그렇게 돈이 나오냐? 우리집이 본래 부자여. 그러고 아, 그래. 그래갖고 나중에 인자 나는 함부르크에 임석진이는 아직도 프랑크푸르트에 있었고 근데. 여기 마침 함부르크에서 이사를 막 들어왔는데 임석진이한테 전화가 왔어요. 누구냐 그랬더니 석진이야. 어딨냐 그랬더니 나 여기 백림에 와있다고-, 아 아니 함부르크에 와있다. 어딨어? 베를린 호텔에 와있다고- 왜 그러냐 그랬더니 얼른 말하길... 그때 순간에 볼 때 나중에 볼 때 어째서 이 아이가 내가 오늘에서야 이집에 들어왔는데 내 전화번호를 알았으며 전화번호가 있을 수 가 없지 전화번호... 그게 나중에, 나중에 생각나. 그러면 윤이상씨가 그런 맥락으로 또 한번 의심난 적이 나중에 있었는데 그래도 반가워서 그래 베를린 호텔같이 그런 비싼 호텔에 있는 것도 우습고 다 같이 갔더니... 임석진이 본 일 있어요? 참하게 생겼지. (성진)처럼 어땠다고 했다고요. 참하게 생겼지, (성진) 은 키가 더 크지. 그래갖고 임석진이 나보다 작아가지고 그런 베를리나 호텔에 탁 로비에 꼭 그 아이 언젠가 포즈 이러고 있어. 야, 석진아 반갑다. 그랬더니 맨 처음 질문이 맨 처음 질문이 야 너 김일성 어떻게 생각하느냐? 이러더라고 응. 석진아, 참 김일성 모택동 비교할 때 모택동 선집을 읽어봐라. 그건 철학적이며 시적인데 김일성은 어디로 보든지 우리 서양식으로 wissenschaftliche Methode(학술연구방법) 쓰지 않냐? 그것도 학교도 못나온 것이 이렇게 썼단 말이여 참 난 무식 잡초보다도 모르는데 배워갔고 그러는데 훨씬 더 존

경한다고 그렇게 논리적으로 쓰여 있고 꼭 우리 서양식 wissenschaftliche Methode에다 썼다고 모택동 완전히 그저(딴...) 그리고 주체사상이란 거 해갖고 을매나 우리 프라이드를 크게 했으며 다만 그 우상숭배란 댓가는 나는 치를 수 없다. 거기만 새파란 ... 나중에 다 의미가 가는데 그 순간엔 뭐 새파래지더라고 그저 (scharf) 난 (근거 토대..) 주체사상이라는 것은 인민이 주인이라는 건데 이건 인민이 노예가 됐다. 어? 주인이 한 사람밖에 없다, 김일성 이라 인자 지금 줄이니 또 하나... 또 아이가 보통으로 실망한 게 아니여. 내 추측인데 나중에 여러 가지 난걸 볼 때 이전에 가서 조명훈이를 포섭하라는 명령을 받고 온 걸로 나는 헌다. 근데 말헌 걸보면 게임이 안될 거 같거든(웃음) 그래갖고 나와서 산보다니는데 가기 전에 나 지금 이남으로 간다 그래 에? 그래서 거기서 어떻게 살라고? 이승만씨댁 거기서... 아니여 참말로 믿어주시오. 나가서 혁명을 할거요.(웃음) 나 참말로 나는 놀래부렸어 놀래부려갈고 좋은 의미에서 참을 승자 한자가, 좋은 의미였어, 좋은 의미 그게 아니였지만은...
그래서 나는 석진아, 지금 더 딱한 버릇 그렇게 바보는 아니여. 꼭 그 장소를 가봐야 아는 거 아니여 어디든 사람이 자꾸 sorgfaeltig(면밀하게) 여러 가지 자료만 가지고 조사 대강 알 수 있는 거라고요. 그래놓고 딱 자치에 가보면 confirm이 된 것이지만은 나는 이남 가볼 일이 없으니깐 그 전까지는 아니 저 뭐냐 저 그 직전에 한 번 아까도 말했.. 아.. 그 아직 얘길 아.. 이남 가갔고 쫓겨났잖아요? 아까 그 얘길 어쩌다가 오늘 이 얘길 계속 그래

갖고 인자 더 이상 이남은 못 가봤지. 당장에 우리 부인
하고 그 홍선생 보고 그랬다고 홍선생 자 아까 제가 말씀
드린바 인제 지금부터 자유로 다니시오,
홍선생 어제 그런 소리 했지만은 내가 어제 부탁하다시
피 날 꼭 여기저기 따라다녀 주시오 부탁했지 않냐고요.
그러기로 했는데 보다시피 바빠서요. 안기부가 당신 혼
자 뿐이요? 당신이 바쁘면 딴 사람은 없단 말이요? 알았
소, 홍선생 무슨 소린지 우릴 쫓으란 얘기지, 지금 가겠
소. 지금 우릴 비행장으로 차로 태우고 가시오. 쇼우도
안 부리고 여행사로 데리고 가더라고 쇼우도 안 부려..
이게 무슨 소리일까 그냥 됐어요.
그래, nächste Flugzeug(다음 비행기), 이번엔 일본으
로 갔다고 우리 부인이 그때 헌소리가 있어 짐 싸면서
참, 우리가 이북이 무서워서 혼자 갔는데 나는 이남에서
쓸데없이 ...혼자.... 또 고립 되버렸다고 말이여. 그래갖
고 짐 싸갖고 부랴부랴 비행장에 왔더니typisch. 막 누구
누구 다 나와갖고 인사하고.. 또 오십시오, 제가 또 오겠
다고요? 그런 쇼하지 마쇼. 그랬다고. 그러고 동대문으
로 갔더니 자기들 안기부해갖고 미안했던 모양이여. 일
주일간 잔뜩 그쪽에서 나한테 대우를 공짜로 모든 걸...
나중에 와서 들었는데 그 때 이, 김형 뭔가 안기부 있었
던 사람 있잖아.

▼ 김 면 : 김형옥

▲ 조명훈 : 어. 그 사람이 그랬대 조명훈이 절대로 건들지 말라고 일
　　　　　본에서 잘 대우해서 보내라고 고런 소릴 했다고 얼마 전

에 전해 들었는데 Ja. 아까 그 소리 뺐구나. 어.. 그래서
그 임석진이 (~거지로)가서 도저히 캐묻는 거는 말도 안
된다 했거든 가만있으면 헌다고 그래갖고 얼마 안됐는데
동백림 사건이 일어났다니깐 근데 보니깐 임석진으로 맨
먼저 가서 불은 거라. 불어버렸어, 자수하면은 나중 나중
에 임석진이 그거만 남으니깐 고백을 했어요. 나중 나중
에... 박정희 대통령이 직접 가서 오랜 시간 (발판....)
자수하면 살려준다고 자수할 때 자기 동생도 다 보고 자
기 마누라도 보고 무엇보다도 윤이상씨도 본거라. 나 그
래갖고 말이 임석진이 죽여라 그 쪽에서 다는데 나는 나
대로 저고, 젤 섭섭했던 게 뭐냐면, 참 어째서 나에게까
지 이 사람들이 숨겼을까 나중에 이북을 몇 번을 왔다 갔
다 했는데..

나중에 이북 (호송길)로 만든 거라 전부 나중에 시간 맞
춰보면... 윤이상씨도 참말로 나의 옛말은 안 잊고 무엇
이 숨길 일이 아닌데 어? 인자 이걸 가지고 개인적으로
무지 무지 섭섭하더라고 무지무지... 그래갖고 이렇게
있는데 나중에 그 사람들 일하는 거 보면은 오길남씨 경
호하고 송도율씨 경호하고 직접 관련된 건데 다 똑같은
선상에서 일어나고 있는 일이여 그 사람들 수작이...

오길남 알죠?

오길남이가 여기서 부르면 인자 막스 경제로 박사학위를
해갖고 그리고 임석진처럼 어느 정도 이점에서 이런 거
갖고 이북으로 가야합니다.

갔더니 이게 웬걸 똥침 막대기 그렇게 됐으니 도망 올라
고 인자 길이 있나? 어쨌든 간 이북 대표로 도망 와 버렸

다고 그때 여기서 동포들 사이에서 오길남이를 뭐라고 말했냐면은 이 놈의 죽일놈의 새끼. 갈 때는 지 식구 다 데려가고 도망 올 때는 지 혼자 빠져나왔다. 당신들 참말로 이북 사정을 얼마나 모르오. 오죽했으면 그 부인이 당신이라도 도망갈 수 있으면 도망가시오. 그랬을 거요. 당신들 얼마나 이북,,, 뭐 그런 문제가 아니라고 그러고 오길남씨가 이남으로 갈라고... 이남에서 안 넣어준 거라. 저 스파이라고 내가 그때 권형사라고 여기 담당하고 있는 안기부 사람 있었는데..

권형사 내가 얘기 들었는데 이 사람 이남에서 안 들인다.

조박사 그 이중간첩이에요. 그런 놈 못 넣습니다.

권형사 당신들 회사가 얼마나 엉터리인가를 알 수 가 있단 말이여 이 사람이 무슨 이중간첩이냔 말이여. 응? 참말로 나의 힘으로 우리 이남으로 들어가게 됐어. 송두율씨 가서 당신들이 그냥 있으니까 우리 식구 좀.. 우리 식구 좀 빼주시오. 그렇게 살다.. 윤이상씨가 그러더라. 오길남씨가 어 그전에 어떤 일이 있었냐 면은 이 사람이 윤이상씨가 내가 노력해 볼게.

한참 있었더니 윤이상씨한테 연락이 온거라 오길남이가 오길남이한테 소식이 왔으니깐 당장 Berlin으로 와. 갔더니 이 사진 봐. 평양에서 붙여왔다고 사진을 보니깐 자기 부인, 자기 새끼 두 명이 (집단이) 살골짜기에 배경이여 그 사진 찍혔어. 사진 몇 장 이북에서 왔다고 보시오 아직 건재해 있으니 글로 가라고 심리란 생각해보쇼 이게 도와주는 것이 (웃음) 하..윤이상씨 얼른 좀 와 봐요. 윤이상씨하고 보통사이가 아니었고...

했는데 불구하고 그건 그거이지만은 말하는 사람은 어떤 점에서 일을 못하는 제일 모두 말했지만은 남에게 못 전할 짓은 아예 허지 말고 헌 짓은 언제든지 전할 수 있어야 된다.

다 사람들이 지그들 그 소개에 따라서 이북은 그때 우리는 나는 고렇게 말한다고 우리는 그 때 사실 박정희씨하고 똑같은 동료였다고 박정희씨도 이승만 그 썩은 어.. 체제 무너뜨리는 우리는 우리의 여건에서 헌거였고 또 그때 이북이 잘 되갖고 이북보다 힘이 없었으니깐 박정희씨는 박정희씨는 이남 했는데 우리와 똑같은 거 했는데 말이여. 뭘 그런 걸 숨겨서 조명훈이 같은 친구에게까지 숨기냔 말이여 이건데.

윤이상씨 이것이 걸린 거라고 이건 정말로 부처님 이름을 이 사람이 썼지만은 아 이래갖고 안된다. 그래갖고 자주 만나면 언제나 헌 말이 그거여, 조박사 이북 갔다 왔는데 이북에서 조박사에게 제발 이북 비판 좀 말으라고 전해 달라고 합디다. 아 욕을 말라고...

윤선생 내가 언제 이북 욕을 했소. 이건 내 식구기 때문에 걱정해서 말한거요. 난 욕한 일 없다고 말이여. 글쎄 난 알아요. 조박사 나도 거기다가 말입니다. 조명훈씨도 나처럼 민족주의자라고 말하는 나는 압니다. 그랬더니 나는 이것 밖에 행동할 길이 없다고 이북에서 날 알아주고 이북에서 나를 나에게 신뢰감을 줘야 되고 말이여 난 절대 배반 안한다고 말이여. 그런데 날 이렇게 몬다는 건...이건 뭔가..근데 사모님이 옆에서 뭐라고 말한지 알아요?

조박사 송두율씨처럼 행동해요. 그땐 참말로 무슨 소린지 이해 못했는데 이해 못했는데 송두율처럼 행동하라고. 이거 취지가 오늘 윤이상씨 어떻게 인터뷰하면 나는 아무것도 모르는 예술가요 뭐 저 이북 폐단이 어쩌고 저쩌고 하는데 조명훈 얘기는 무슨 소리냐면은 조 선생, 김주석이 말이야 본시 갔을 때 말이야, 문제가 있을 때 자기 부주석에게 이르는 줄 알아? 나에게 전화걸어.

아, 김선생 이런 말을 하는 사람이 어떻게 가면 그대로 말허야지 딴 데 가서도 딴 데 가서는 나는 아무것도 모르요. 이북파도 아니고 어쩌고. 나 이것이 싫은 거라. 송두율도 똑같애. 아니, 오길남씨 만난 일도 없다고 한 사람이여 오길남이가 정신병 들어버렸어요. 응?

그래갖고 도와준다고 (살인마...) 이북으로 가라 그런거라. 그래서 헌 일이 없다는거여 송두율도. 지금 어 그러면 아. 그니깐 돌아가시기 전에 윤이상씨 오라 그래서 단번에 쫓아갔지 그땐 마지막 혼자 조박사, 아 빠리 때부터 우리 만난 것 참 주마등처럼 다 지나감이다 돌아가시면서 헌소리 거짓말 아니여. 나 찾아온 것 중 제일 고마운 것이 조박사 찾아온 게 참 고맙다고 나 그 자네들 여러번 솔직한 소리 했다고 우리 이남에서 들어오라고 했어요 그래갖고 나 한완상씨 짜고 안기부 짜갖고 다 계획 짰었습니다.

윤이상씨가 아이구 그래갖고 자기를 죽일란 거 아니여?

윤선생 왜? 아이.. 보자 그랬습니다.

윤선생, 대통령도 다 옆에서 감시해도 암살하는데 막 할 수 없는 거라. 그러나 윤이상씨 같은 경우에는 오히려 더 조심해 갖고 무슨 일이 안 일어 나도록 할 것이여. 아. 그 러면 김영삼 대통령이 우리 동백림 사건에 사과해야 된 다. 그러면 나간다. 이 사람이 고집을 펴갔고 마침 내가 중국에 있었을 때 우리 대사관 이북 대사관에서, 아! 그 말 잊어버렸다. 그니깐 동백림 사건 나중에 생각해보면, 그 때 윤이상씨가 우연히 그 거기에 정거장에 서 있었던 거 아닌 걸로 생각해. 왜 그러냐면 내가 하노바에서 어떤 여자가 도와준다고 그래갖고 니네 대사관에 전화 걸었더 니 됐다고 그때 우리 대사라는 게 우리 이남대사라 생각 했던 거라고, 그렇게 생각한 거라. 근데 이북대사였다고 나중에 와서 생각한 거 그 길 밖에 없어. 근데 거기서 윤 이상씨 당장에 해명해 지금 언제부터 조명훈이 들어와 있고, 언제 나갈 꺼니깐 그래갖고 나는 99 % 자신 있어. 그렇게 된거여.

그러고 저거 남은 선배라는 사람이 거기 들어갔으며 거기 에 나를 같이 끌고 나만 데려다 놓고 자기는 꺼져 버렸어, 나만 데려다 놓고 자기는 꺼져버렸다고 응 등등등. 응?

그래갖고 뭐 자기 밖에서 하는 한 편 순수한 뭐 예술가며 어쨌고 이런식으로 나온다고, 송두율이도 뭐라고 오길 남씨도 그 무슨 회의 때 왔는데 송두율씨, 아니 뭐라고 오길남씨 얘기했더니 송두율이, 아이고 능글능글 웃으면 서 송두율이...

송두율이 본 일있어요?

나는, 지금 순전히 학자로, 살고 있는 사람이여, 학자 (웃 음) 참말로 미치겠다! 미치겠다! 정말로 미치겠다고요! 능 글능글 그 식으로 자기는 오길남이 그 가라고, 그럴 수 없다고 말이여. 자- 북경에서 다음과 같은 일이 일어났습니다. 그게 1991년 저 봄이었을 거요. 1991년 봄에 김일성이란 찍은 사진이 나왔으니깐. 그러나 동백림 가서 송두율하고 만났는데 아 ! 그 전에 한번 송두율씨가 갔다와 갔고 황석영씨 다 같이 만났어 그래갖고 끝나갔고 그러는데 송두율이가 조박사, 아, 조박사는 이북을 잘 몰라요. 아니 잘 모르다니! 아니, 나는 내가 본대로 얘기하고 나는 송두율씨가 잘 못 보고 있는 거 같소.

아 근데 쫌.. 그런 소리 더 이상 말 못한 거여. 근데 그런 후에 인자 베를린 가서 송두율을 만났는데 베를린 쑈우 카페에서 앉아서 우리 둘이 얘길 했는데 아 조선생이 꼭 문자로 모든 걸 집어 치우고 지금 서울로 가. 짐을 다 쌌으니깐. 아, 그래요 송두율이 잘했소. 뭐든 글쎄요. 직업도 안 생기고 그때 교수가 아니었거든. 얼마 전까지 이번 겨울학기부터 인자 instant 교수증을 받아서 이 사건 관계로 그 전까지는 그 사람 교수가 아니지. 그니깐 돈도 없어 당시 부인이 간호원으로 Ja, 직업도 없고 아무 것도 안 되고 짐 다 싸고 갑니다.

잘 생각했어. 그래 갖고 있는데 보름인가 얼마 안 되서 보니깐 노동신문에 송도율과 김일성과 탁 사진 찍고 있잖아. 그거 내가 어떻게 해석했냐면은 인자 돌이켜서 볼 때 이러게 생각해. 그때 내가 윤이상씨만 만나고 오면 언젠지 이북대표가 (~~하라고) 전화하고 윤이상씨도 보고 하고 조명훈이 왔다갔다고 그러면 윤이상씨는 또 간다고 그러면 내가 말하면 그 때 그 순간 넘어가요. 넘어갔다고 말하자면. 저 납득을 한다고. 그러니깐 저쪽은 그걸 알

아. 윤이상씨는 또 거꾸로 인자 청산을 한거라.
추측컨대 송두율씨가 조명훈와 만났다는 걸 알고 송두율
씨가 추측컨대 다음과 같은 수작을 하지 않았을까. 윤이
상씨가 이남으로 잡혀갔을 때 이남 안기부가 어떻게 수
작했느냐는 박정희 대통령이 윤이상씨를 친히 만나야 하
지 않을까. 당장 가야 돼. 그래서 당장 갔다고요. 추측컨
대 송두율씨가 지금 김주석께서 이번에 그 특별히 후보
로 정치국 후보로 본인이 직접 가서
그 뭐라 그래 부여식 받고 그니깐 당장 서울 들어, 글로
들어간다는 사람이 글로 들어간 거여 이건 내가 증인이
여. 내가 그때 말했다고요. 다 짐싸가지고 그거 진실로
한 소리였어요. 그건 진실로 한 소리였다고 그래 갖고 가
갔고 여기 인자 본격적으로 들어가 버린 거다.
그러면 송두율씨 헌 게 바로 며칠 전에 다 여기 송두율씨
에 대해 많이 써있었지만 안 썼지만, 인터뷰를 했었다면
여러 가지 반대해갖고 있는데 얼만 전에 어떤 어 여기 한
독 변호사 협회라는 게 있습니다. 근데 그 변호사 협회
책임자 부인하고 나하고 친해가지고 그래갖고 그 사람이
나에게 편지를 써갖고 이번에 그렇게 답장했다고

어제 팩스 잘 받았습니다. 송두율 이사람 손두열이라고
썼어. 송두율이 아니여. 송두율씨의 사건에 관해서 정의
관념에서 특히 변호사가 관심을 갖는 것은 충분히 있을
수 있는 일입니다. 왜군이 송씨 이름을 손이라고 잘못 쓴
것 쯤은 눈감아 줄 수 있으나 변호사가 독일변호사가 독
일말 조차 자기 모국어 독일말 조차 구사하지 못한 것은

문제인데요.

예컨대 둘째, Absatz 끄트머리 문장에서 hat를 반박했습니다.

독일 형법 132a조에서는 자격 없이 칭호를 사용하면 처벌 받는데 송씨는 프로페소(교수)라고 공공연히 자칭하고 있었습니다. 이것이 문제가 되기 시작하자 뮌스터 대학에서 이번 겨울 학기부터 그에게 Ausserplanmäßige Professur라고 하는 원외교수칭호를 주었으므로 지금부터 132a조에 걸리지 않게 되어 다행입니다. 그가 김철수라는 가명을 쓴 것은 문제가 되지 않습니다.

비 합법적으로 정치 지하운동을 한 사람들은 다 가명을 가지고 있었습니다. 스탈린이나 빌리 브란트 등은 그들이 그런 운동시절 사용했던 가명을 나중에 본명으로 쓴 것입니다.

삼, 이북은 이북대로 인정하고 이식해야 한다는 송두율씨, 소위 내재적 이북 분석계론은 (괴빈론)이다. 그렇다면은, 그가 이남도 내재적 분석에 따라서 더도 덜도 말고 이남 사정과 실정법을 그대로 인정하고 인식해야하므로 이남의 국가 보안법을 받아들일 수 밖에 없습니다.

그러지 않으면 이북과 이남을 두 잣대로 재게 됩니다.

넷째, 송두율씨 동료인 Hans Juergen Krimanski 명예교수 같은 분을 비롯하여 독일 지성인들 가운데 국가보안법 같은 것은 냉전시대가 끝난 지금 시대착오라고 떠들고 있지만 똥 묻은 개가 겨 묻은 개 나무라는 시기입니다. 독일이 통일이 됐음에도 불구하고 진정한 화해는커녕 스탈린 부역자들을 찾아내어 고소하고 감옥에 넣고 있지 않습니까. 우리는 아직도 통일이 안된 긴장상태나라이기 때문에 송두율씨 같은 Stasi적 IM아이엠으로 활동한 것을 단속할 만한 명분을 가지고 있습니다.

다섯째, 송두율씨와 윤이상씨와 나는 가깝게 지내고 있었기 때문에 남들이 모르는 송두율씨의 비겁한 위선적인 거짓말 성명들의 배경을 잘 알고 있습니다. 장명수 여사가 그녀의 칼럼에서 지적했다시피 송두율씨는 소위 경계인이기는커녕 경계선에서 일찌감치 너무도 멀리 북쪽으로 기울어진 사람입니다. 그래서 이런 식으로 했으니 송두율씨고 윤이상씨고... 이걸 갖다 우리나라 사람들 문제다. 이제 안기부 반공법에 매갖고 인제 안 믿어버려요.

사과를 챙겨야 합니다. 그래야지! 우리 나라에서도 이 사람 형편없이 유치하게 다루고 있다고요.
그때 인자 환갑 때 가서 우상 문제 그렇게 해놨더니 그쪽에서 Ruhe(안정)잃지 않는다고, 그런데 독일학자들 대표가 이북으로 가게 되어 있었다고 그래갖고 이 사람들이 나를 보냈어. 그런데 이북에서 조명훈이는 빼라 Nein 조명훈이 (우리 상~~~) 조명훈이 안 빼면 비자 못 받는다. 여기서 거꾸로 조명훈이 빼면 우리 안 간다. (웃음) 그래서 이북에서 할 수 없이 초대한 거에요. 그래갖고 그때 인자 아까 독일말을 쭉 쓴 건 환갑 그때 가서 쓴 거다. 북녘에게는 이번에 그때 둘째 번에 가서 쓴 거. 그니깐 여기에서 이거하세요. 그때 벌써 망명을 올라고 그때 나에게 (호텔전용) 찾아오고 그랬다고 그러니깐 난 충분히... 지금 다음 문제는 김일성... 그분이 아직도 살고 있었다면 지금쯤 많이 도망오진 못했을 것이고 안했을 것이여. 상상할 수 없는 일이었어. 그러나 벌써 그런 것이 있었어. 저 암암리에 호텔에 벌써 와갔고 88...에. 그때 벌써 일어날 수 있다. 이렇게 까지 그냥 호우처럼 묻어나갔고 이건 역시 우리도 상상 할 수 없어, 또 말이 나왔으니깐 그럴수록 국가 연합제도 밖에 제일 공평한 제도가 없을 것이라고 자꾸 원점으로 돌아오는데..

▼ 김 면 : 방문 하셨을 때 어떠셨어요?

▲ 조명훈 : 아, 가니깐 아 많이 물론 문화혁명이 막 끝났을 때 중국을 갔다와서 쓴 기사가 뭐가 있느냐면 "혁명은 끝났는가" 그때 중국혁명을 말한 것이지만은. 그때 가니깐 꼭 그때 꼭 그 기분이더라고 이건 증말로 끝났구나. 근데 이럴수록 잘 뭐를 해야 되는데 자꾼 원자폭탄문제가 자꾸 나와갖고 우리나라에서나 독일에서나 이북 원자탄 문제를 어떻게 생각하느냐, 여기서는 인자 나는 우리나라가 보수파라든지 우파에다가 뺨을 맞을지도 모르는 설을 갖고 있는데 도대체 이거 벌써 다섯 개 원자탄 갖고 있는 원자탄 나라는 지들은 가져놓고 남들 못 갖게 한다는 건 불공평한거...
이제 출발 전이라고 지들은 다져놓고 또는 가졌기 때문에 오히려 남들 못 갖게 할려고 이럴 수 가 없다.
둘째, 원자탄이라고 하는 것은 가난한 나라에서 가난한 나라가 제일 빨리 쉽게 만들 수 있는 국력입니다. 그 길이 이 길이 없어요. 가난한 나라들은 대개 기술이나 체육 갖고 국력을 올립니다. 문화 갖고 올리긴 힘들어요. 시간이 걸리니깐. 문화라든지. 그런 것은 사회과학 이런 거, 물리라든지, 수학이라든지 체조라든지 어 그런 거요..

원자탄도 이거 뭐 그저 그냥 기술적으로 아이? 그래서 국력을 올리는 가난할수록 이 길이 없어.

그러나 셋째로 원자탄이란 뭐이냐 모택동이도 말했지만 원자탄을 (질나우페이파) 우리나라말로 어떻게 번역 하냐면 종이오락이다. 원자탄이란 쓸 수 없는 무기라고 난 이렇게 말한다고, 다만 생각해 보시오. 여러분들이 벌써 다섯 알의 원자탄을 만들었다고. 여태까지 오는데 원자탄쓴 거 한번 밖에 없었다고 히로시마 나가시마 아니 나가사끼 어?

그 외에는 아무것도 못쓰고 있다고 원자탄이란 건 쓰는 무기가 아니라 이건 정치적 무기다. 가난한 나라들, 힘없는 나라들 얼른 그래서 그 사람들이 알기 쉽게 어떻게 말하는가 하면....

겁을 내고 있는 거라. Oh, ja!그것도 내가 여러 가지 했는데 나는 그 사람들 정말 위협을 느끼고 있다는 건 뼈저리게 느꼈다고 그것도 당연해 중국군대도 없이 소련군대도 없이 우리나라 이남에만 군대가 있지. 원자무기 얼마나 있어?

이 사람들은 굉장히 그걸 위협을 느끼고 있었다고 그래서 이걸 어떻게 만들어야 된다. 그니깐 나는 원자무기 인자 철학적 배경을 먼저 설명한 거여 근데 이 길 밖에 없어 이 사람들이 그러고 잘 했어요. 나 말 하는데 이거 잘

한 거라고. 꼭 김일성이가 고래, 새우가 잘하면 고래에게 죽기는커녕, 고래를 대가리 받치고 (승했단) 식으로 원자 벼랑, Abgrund, Das ist sehr wichtig.(중요합니다), 죽자살자 밑져야 본전 이 이상 나빠질 수는 없다고요. 정말 두 판 차고 도박을 하는 거야. 말하자면, 그런 나라는 어려운 게 없어야지. Nein 이건 쓰는 무기가 아니라, 이건 배짱, 위협하는 무기라고.. 짖는 개는 물지 않는다. 독일 사람들은 그렇게 본다고, 개가 짖을 때는 지가 힘이 있어서 짖는게 아니라 무서워서 짖는 거야 그리고 meine Freunde, 짖고 있는 한에는 물지 못한다. Logisch! 짖고 먹을려면은 Na, 이 인간이.. 획 돌아 무슨 짓을 할지 모른다고 그게 나 포인트야.

정신을 잃어버린다고 이걸 우리가 막아야한다.

근데 어떻게 막아야 되나. 막 퍼붓기, Na, ...

국가연합제도 밖에 없다. 그래서 지금 핵무기 문제가 굉장히 이북으로서는 이 길밖에 없어요. 벌써 이 길 가지고 소득을 많이 했습니다.

아니나 다를까 금방 말했듯이 짖는 개는 안 물지만 여기서 놀려 먹으면 무슨 짓을 할지 모른다고요.

▼ 김 면 : 탈북 하셨을 때 느낌이...

▲ 조명훈 : 글쎄 가니깐 벌써 인자 문화혁명 후에 그 부르조아 그런 제목이 많더라고 많고, 나중에 그 사람들은 바깥쪽으로, 공적으로 섭섭하게 생각했던 거는 말하는 거 보면은 이 현승 역사학자들이 신라 통일설, 고려시대 많은 거, 많은 데 상당히 비슷한데, 근데 왜 꼭 이북에 대해서는 어떤

자는 왜 그렇게 비판적이냐 이해를 못해. 이북에서 그때
도 그때 똑같이 우상숭배를 얘기했는데 왜 이러냐고 말
이야. 이거 지들은 섭섭하게 여겼는데 그때 환갑 때 한
것만큼 충격은 안 받더라고. 내가 우상숭배라고 했다고
벌써 애지간이 눈치 챘어. 나올 수 있으면 나오고 싶은,
그리고 나도 그 사람들뿐만 아니라 여기 이북계에서 나
왔는데 이북대표들도 나를 자주 자주 나와 접촉을 했는
데 그때 내가 가만히 눈치 챘거든. 이 사람들이 양면 작
전을 쓴 거지 자기가. 한 쪽으로는 조명훈이는 알아둠으
로써 정보도, 뭐 정보가 뭐 있을까만... 다른 한 쪽으로는
조명훈이 잘 알아두면 나중에 이북이 망할 때를 누가 말
하잖아. 이런 양면 작전을 쓰는 거야. 어, 그래서 내가 저
88년에 갔을 때는 경제적으로는 벌써 굉장히 나빠져 있
었고 어, 지금처럼 나빠져 있지는 않았지만은. 그래갖고
점점 이렇게 빨리 확 무너질 줄은 몰랐어. 이제 김일성
그 양반 돌아가시고 싹 그냥 물러간 거지.
명분은 사람들이 양민작전을 쓴 것이 말했잖아, 양민작
전을 쓰고 있는 거 같더라고 Nein?
내가 그 88년에 갔을 때는 경제적으로는 나빠져 있었고
지금처럼 나쁘지 않았지만은 그래갖고 점점 근데 이렇게
빨리 어, 확 무너질 줄 몰랐어, 인자 김일성 그 양반이 돌
아가신 후로 싹 물러간 것이지.

(1차 구술인터뷰 종료)

한스 마레츠키 (Hans Maretzki)
구동독 북한대사 구술인터뷰

면담일자 : 2004년 2월 19일 (목)
장소 : 독일 포츠담
면담자 : 김 면

한스 마레츠키 (Hans Maretzki) 구동독 북한대사 구술인터뷰

▼ 김 면 : 마레츠키 대사님 안녕하십니까. 우선 동독과 북한관련 현
대사를 연구하는 이번 인터뷰에 응해 주신 점에 진심으로
감사드립니다. 대사님의 생애와 평양에 대사로 근무하셨을
때 진행되었던 여러 가지 과거사에 관심이 많습니다. 오늘
이러한 대사님의 구술을 통해 북한연구사에 의미 있는 시
간이 되고자 합니다. 우선 가족관계와 어린시절, 청소년시
절, 북한관련 이력 등에 관해 잠시 듣고 싶습니다. 그리고
준비한 질문을 간략히 하고 주로 경청하고자 합니다.
우선, 마레츠키 대사님의 간단한 이력과 북한으로 가게 된
동기를 설명해 주시지요?

이력과 북한 대사로의 파견

▲ 한스 마레츠키 : 저는 현재 70세이고 1957년에 역사를 공부하기
시작했으며 대학을 졸업한 후에는 기관에서 역사

연구 일을 했습니다. 그리고 국제역사를 테마로 하여 박사학위와 교수자격 취득 논문을 썼습니다. 당신도 알겠지만 독일에서는 교수가 되려면 두개의 박사학위 논문을 마쳐야하거든요.

두 번째 논문에서 난 인도차이나의 문제들을 다루었습니다.

그리고 나서 내가 교수가 되려 했을 때 하게 된 것은 동독 외무성에서 국제정치발전의 분석과 예측 분야의 학술고문의 일이었습니다. 고문으로서의 삶은 그리 간단한 것이 아니었습니다. 왜냐하면 사회주의 국가에서는 학문적 지식이 별로 중요하지 않을 뿐더러 오히려 당 정책의 관점이 결정적이었기 때문이었습니다. 3년 후에 사람들은 이런 분석과 예측을 다시 시도 했습니다.

그러나 나는 학자로 다시 돌아가고 싶지 않았고 외교 사절로 일했던 몇 년기간이 좋았습니다. 그리고 덧붙이자면, 외교성의 학술고문으로 있었던 기간에 국제관계 이론에 대한 문제점들을 많이 다루게 되었고 당시 시급하고 오늘날에도 여전히 대표되는 현실정책의 이론들을 체계화하기도 했어요. 유명한 미국저자들이 있었는데, 나는 다른 시각에서 당시 그것이 외교발전에서 최상의 방법이라는 견해에 이르렀지요.

그리고 1년 반 동안 루마니아에 참사관, 즉 대리대사로 있었습니다. 차우세스크(Ceaucescu)통치 하에서 일종의 "지도체계"와 관련된 식견이외에 특별히 보고할 게 없습니다. 그것은 적어도 내가 북한에 대해 약간은 준비한 것이지요. 차우세스크는 루마니아어로 "Ducere"이며 지도자라고 번역할 수 있어요. 정확히 김일성을 뭐라고 하죠? 김일성은 "Ducere" 즉, 지도자라 할 수 있을 것입니다. 많은 유사점이 있었습니다. 물론 비교할 수 있는 것은 아닙니다.

그리고 나서 동독대사로 5년간 파키스탄에 있었는데 흥미있는 시간이었습니다. 내가 파키스탄에서 돌아왔을 때 내 전문분야에 대한 변화를 권고 받았지요. 나는 국제관계 이론에 대한 교수였지만 외교관 교육을 받았었어요. 사실 이론적으로 분석, 진단, 정보체 뿐 아니라 외교 기구와 방법 같은 그러한 분야를 학습 받았습니다. 그 밖에 나는 UNO에서 재래식 무기의 군비축소 분야의 전문가로서 함께 일 했으며 그때 군비축소 문제에 대해 배우게 되었습니다.

1986년에 외무성에서는 내가 다시 한번 대사로 취임하길 바랬고, 북한으로 갈 것을 권유 받았어요. 내가 "나는 북한에 대해 아직 전혀 아는 것이 없다"고 대답하니깐, 주무장관은 "그건 별로 중요하지 않다"고 말했고, "당신이 어차피 필요하지 않는 것을 할 것까지는 없다"고 했죠. 그리고 "우리가 당신을 알고 있듯이, 신속히 당신은 익숙해질 것입니다"라고 얘기했어요. 그때 나는 말해야 했습니다. "대사로서의 교수는 문제가 조금 있습니다. 교수들은 너무 많은 것을 알려고 합니다. 일을 매우 심도 있게 하지 않는 대사들이 있지만, 대사가 교수일 때 그들은 학술적으로 무언가를 탐구하려 할 것입니다." 그것은 여러 이유 중의 하나였습니다.

나는 북한정권의 배경을 이루는 것들에 관해 많이 고민했습니다. "주체"라든지 혹은 내가 판단하기엔 그러한 통일이 이루어질 수 없음에도, "왜 북한은 동독과 달리 통일을 원하는가" 하는 이유들 말입니다.

내가 의문시했던 많은 문제점들에 대해 나는 많은 사람들에게 조언을 구했어요. 그러나 나는 그것이 물론 쉽지 않았음을 말해야겠군요.

사람들은 모두 하나의 대답을 말했으며 10명에게서 상당히 유사한 대답을 얻습니다. 많은 테마들에 대해 우리 독일인들이 말하는 일종의 언어규제가 있기 때문이죠. 이후 최고위당국자도, 동료, 당 조직 또는 내각에서도요. 나는 모든 이들이 기대하는 근본적인 문제들을 역설하는 언어규제를 담은 그러한 문서를 본 적이 없다고 생각이 듭니다.

▼ 김 면 : 당신이 독일 대사로 방문하기 전에 북한은 당신에게 어떤 인상이었습니까?

당신이 대사로 일하는 동안 무엇이 어떻게 변했으며 김일성과 같은 지도자들과 김일성 또는 다른 사람들에 대한 인상은 어떠했나요?

동독과 북한 통일노선 비교

▲ 한스 마레츠키 : 이제 매우 긴 질문에 답 해야겠군요. 내가 질문을 수정해야 할 부분이 있어요. 독일민주공화국(약칭:동독)대사로서의 기간에 대한 것인데, 현재는 북한에 독일연방공화국(약칭:서독)대사가 있기 때문입니다. 나는 독일민주공화국 대사로서 북한과 좋은 친선관계를 유지하려는 대표였습니다. 그때는 거기엔 독일연방공화국 대사가 없었기 때문입니다. 평양에선 사회주의 측면만이 대표되었지요. 그래서 당시 "독일 대사관"으로 공식화했지요.

나는 동독과 북한 지도부간의 매우 긴밀한 관계를 위해 북한에 갔습니다. 그것이 주로 정치적 협력에 관계되는 일이거나, 매우 긴밀한 협력은 적었습니다. 왜냐하면 두 나라는 우선 지형적으로 거리가 멀고, 두 번째는 경제관계가 특별한 것 없이 전개되고 있기 때문이었지요. 게다가 그 밖에도 두 나라는 서로의 통일테마에 대한 견해차이가 있었습니다.

동독은 독일의 통일을 지지하지 않았고, 오히려 1972년 마련된 기본합의조약에 따른 두 독일국가 체제의 현상유지를 바랬습니다. 북한은 신속한 통일이었고 김일성의 고려연방제 계획안이 특별한 역할을 한다고 선언했습니다. 그리고 김일성이 베를린에 방문했을 때던지 1986년 호네커가 평양에

북한체제 형성과 발전과정 구술자료 : 일본·독일

방문했을 때라든지 하는 경우에 공동성명서에서 서로 다른 입장차가 피력되었습니다. 두 나라는 각자의 정치적 목적에 맞게 뜻을 밝혔습니다. 동독은 통일을 신속히 이루려는 북한의 구상을 인정했던 반면에, 북한은 동독의 견해인, "두 나라가 서로 분리된 상태를 유지하고 현재의 상태로는 통일될 수 없다"는 의견을 존중했지요. 이러한 관점에서 차이가 있었습니다.

평화적 공존의 자세 속에서도 견해차가 있었습니다. 그때는 유럽에서 헬싱키 협정이 있을 때였고 동독은 동서간과 두 독일 국가간의 공존을 강조하여 지지했습니다. 북한은 두 국가 간의 공존이 불가능하다는 입장이었어요. 그것은 통일의 장애물이었을 것입니다. 북한은 다른 국가들 사이 제3세계에서의 공존을 지지하였지만, 분단된 남북 사이에서는 그렇지 않았습니다. 따라서 차별적인 견해를 견지한 것입니다.

또한 군사 긴장완화문제도 있었어요. 동독은 당시 유럽에서 군사적으로 상호간의 신뢰를 구축하는 조치로, 군비규제를 지지했어요. 북한에게는 의논할 논제가 아니었습니다.

동독과 북한간 상황에 따른 문제가 많습니다. 그러나 나는 이러한 상이한 정치적 관점이 논의에서 중요시 되지 않았다기 보다는 동독의 국가수반 겸 당수인 호네커와 김일성과의 각별한 상호이해를 했다고 덧붙이고 싶습니다. 그래서 두 나라간의 좋은 관계가 유지되었고 그에 맞춰 두 국가는 차이점보다는 일치점을 뚜렷이 나타내려고 언제나 노력하였습니다.

김일성 신년행사 참석

두 번째 질문인 김일성에 대해 이야기 해 보지요. 나는 1987년 1월 2일, 또는 3일에 북한에 도착했으며 바로 이틀 후에 신임장을 준 것에 놀랐습니다. 그리고 그들은 내가 김일성의 신년 행사에 참석할 수 있도록 서두르는 것이 분명했습니다. 나는 김일성을 직접 자주 만났습니다. 여러 번이지요. 아마도 10번, 아니 동독에서 온 손님들과 함께 하면, 더 많이 15번정도. 그리고 나는 자주 그를 알게 되었으며, 동독의 지도층 인사들과 함께 오랜 대화를 나누기도 했습니다. 그는 나이가 들어서 거의 외교문제에만 전념했죠. 즉 다시 말하면, 외교 문제들이 김정일에 의해 다루어지지 않았으며, 적어도 김일성이 살아있던 때에는 김정일은 외국 사절을 접대하거나 대담을 나누지 않았습니다. 그렇게 말하고 싶지 않지만, 그것은 업무분할이었죠. 그것은 김일성의 관심사였거나 또는 외국사절단과 친분을 쌓는 것을 선호하는 인상을 받았습니다.

내가 김일성과 다른 나라의 정치가들을 비교하자면 사회주의국가의 정치지도자들로 제한해야만 합니다. 그는 매우 대표적인 인물이라고 할 수 있어요. 그는 귀빈들과의 정치적 대화에서 매우 적절하게 잘 이끌어 나갔어요. 정치회담이라고 지칭하는 것을 잘 리드했지요. 그래서 나는 그를 천부적인 재능을 가진 사람으로 이야기하고 싶어요.

그의 카리스마에 대해서는 자주 언급되었죠. 그러나 나는 그렇다고 표현하고 싶지 않아요. 왜냐하면 어느 정도 제멋대로의 표현 방식을 볼 수 있기 때문입니다. 한 다른 국가의 대표사절들과의 만남도 일종의 연출이었습니다. 그 전체가 의례형식에 따라 매우 정확하게 수행되었습니다. 모든 대담은 그의 궁전에서 이루어졌습니다. 자세히 말하자면, 궁전을 따라 자주 국토를 여행해야 했습니다. 나는 동독에서 온 귀빈들과 함께 백두산과 모란봉을 여행했습니다. 그 곳에 김일성의 별장이 있었고 거기서 외국 손님들을 접대했기 때문이에요. 그것은 매우 인상적이었으며 북한측은 언제나 최고로 보이도록 하였습니다.

북한입국을 준비하며

▼ 김 면 : 대사님은 북한에 관해 이전에 관심이 있었습니까?

▲ 한스 마레츠키 : 북한을 방문하기 전에 나는 북한에 대해 아는 것이 거의 없었어요. 북한과 관련된 책을 읽은 시간을 갖지 못했습니다. 따라서 나는 8~10주 동안 북한의 정치 및 경제상황에 대해 집중적으로 연구했고 또한 상호관계의 역사에 대해 집중했습니다. 그 분야에 관한 전문적인 자문위원회가 있음에도 불구하고, 다른 사회주의 국가에서와 마찬가지로 동독에서도 대사는 무역과 경제문제에 대해 파악해야 했습니다. 대사는 그에 대한 연대책임이 있어서 일반적으로 양국상호관계의 과제를 다룰 준비를 했습니다. 그러나 비교적 그 나라에 대한 지

식은 가지고 있지 못했습니다.

나는 북한의 공식적 체계와 북한 노동당의 활동성 그리고 특히 김일성을 통한 지도체제가 매우 엄격하다는 것을 알고 있었어요. 내가 전에 알고 있던 권력행사의 특정한 형태, 또는 정치 이론인, 한마디로 말해, 주체는 동독에서 파악했던 것과 달랐습니다. 또한 나는 북한의 발전과정이 다른 길을 취했던 것을 알았습니다.

▼ 김 면 : 북한 사회와 일반인들에 대한 인상은 어떠하셨습니까?

북한 식생활

▲ 한스 마레츠키 : 북한에 갔을 때 나는 사람들의 생활환경을 보고 놀랐어요. 한마디로 충격적이었죠. 그들은 식료품을 국가의 창고에서 분배 받았어요. 그러나 이미 1988년에 식료품은 부족했어요. 나는 두세 번 그런 창고를 들려 보았습니다. 한 예를 들자면 수산물이 충분치 않았습니다. 그 중에도 생선이 부족했어요. 다른 수산물도 부족하긴 마찬가지였죠. 그중에 무엇보다 부족한 것은 지방과 설탕이 있었습니다.

1987, 88, 89년 이 당시에 인민의 배식이 다르게 되었습니다. 쌀에서 옥수수로 바뀌었어요. 즉 곡물식량의 변화가 있었습니다. 인간에게 더 적은

쌀과 더 많은 옥수수로의 변화는 큰 문제라는 인상을 난 받았습니다. 그것은 확실히 전통식습관과 관계가 있는 것입니다. 나는 그때 느끼게 된 것은 식량부족의 국면에 접어들었다는 것입니다. 기근은 없었지만 모든 사람들에게 주어진 식량 배급이 언제나 지켜지는 건 아니었습니다. 분배는 종종 법적 기준에 미달했습니다. 모자라게 배급됐고 풍족하지 않게요.

의생활

의복도 같은 방식으로 분배되었어요. 내가 1월 3일에 도착했는데 그 곳 사람들은 모두 천으로 감싸거나 고무창을 댄 초라한 신발을 신고 있었어요. 방한용 의복은 부족했으며 집안을 살펴봐도 45W 전구 하나 밖에는 보이지 않았어요. 왜냐하면 그 당시에는 이미 전기도 모자랐기 때문이에요. 이러한 생활조건을 비교해 볼 때 이 사람들은 크게 단련된 생활을 하는 것이라고 말해야겠군요.

나는 이들의 이상할 만한 자족함에 놀랐어요. 당시 동유럽과 동독에서도 사람들은 많은 부족함에 시달리고 있었죠. 예를 들면 자동차가 부족해서 구입 할 수 없었다든지 서구에서 유행하는 현대식 의복이 부족했다든지. 그러나 동독의 사정과 비교하여 북한사람들은 정말 초라했습니다. 사람들에게 공급되는 양은 매우 부족했고 물건의 품질은 최악이었죠.

대체로 비날론으로 만든 옷이 있었습니다. 겨울에 입는 감이었어요. 공기가 통하지 않아 여름에는 정말 적합하지 않았죠. 북한에는 면직물이 없었습니다. 나는 예전에 북한에서 목화를 재배했었다는 것을 알고 있었는데 말이지요.

식량난

그러나 인구는 급속도로 증가했어요. 1987년에는 2,300만으로 북한의 농업 및 해양수산업 생산능력을 초과했어요. 2,300만이라는 것은 군사정책의 결과라는 것을 밝혀두고 싶어요. 몇 해 동안 한 가정에서 많은 아이들을 낳도록 강요했죠. 왜냐하면 많은 군인을 만들어야했고 또한 노동력을 필요로 했기 때문이에요. 평가한다면, 이 사람들의 식량분배가 가능하자면 토지의 생산성과 주변 환경의 높은 수확량을 이루어야 합니다.

이러한 이유로 김일성은 소택지간척에 대한 계획사업을 도입했어요. 그 당시 북한은 상대적으로 많은 원유를 소련에서 받고 있었고 함흥과 다른 도시에서, 특히 함흥에서 많은 질소비료를 생산했었어요.

그러나 질소만으로는 쌀 생산을 단지 일정한계까지만 높일 수 있습니다. 북한의 문제는 이미 80년대 후반에 나타났습니다. 질소를 너무 많이 사용해서 칼리염류, 인이나 다른 무기질 류가 너무 적었습니다. 그래서 쌀 문제에 영향을 주었어요. 또한 용수를 통해 지반경화가 일어났습니다. 다른 현대화, 무엇보다도 예를 들어 야채 생산을 위한 그린하우스나 온실에 필요한 투자는 없었습니다. 내가 보기엔 80년대 후반에 전복될 시점에 이르렀습니다.

....집중적으로 농업을 경영하고자 하였습니다. 농업은 일손이 투입되는 것입니다. 그러나 현대적인 생산방식에 보태어 살충제

혹은 추가로 살균제의 충분한 투입이 집중적으로 이루어지지 않았습니다. 곡물과 채소의 생산은 그중 어려움을 겪었는데, 진균성 질환을 이겨낼 수 없었기 때문입니다.

예를 들자면 사람들이 구리를 과다 살포해서 푸르스름했던 큰 과일 농장을 난 보았습니다. 살균제로서 구리는 효과가 제한적이었지요.

전력난

이제 당신이 제기했던 문제로 다시 돌아가지요. 내가 보기엔 북한 사람들이 놀라운 민족입니다. 그들은 동유럽 사람들과 비교해서 자제심이 있고 순종적인 사람들이며, 관찰한 바에 따르면 일정한 노동 시간 후에 많은 자유시간을 이데올로기 교육에 쓰거나 공장에서 전기공급이나 원료들 또는 연료의 투입을 기다려야 했습니다.

오늘날에도 많이 이야기되는 그 문제는 많은 공장들의 조업을 중지시켰습니다. 아주 심하지는 않지만 초기에 분명히 나타났습니다. 예를 들면 태한 가전과 발전기 공장을 외국인들에게 보여주었는데, 태한의 작업방식이 눈에 띄었습니다. 나는 태한에 6-7번 갔지만 한번만 모든 기계가 작동했던 것으로 기억해요. 이미 1987, 88, 89년에도 큰 전기공급의 감소가 있었죠.

생산은 중단되었는데 그것은 90년대 비로소 나타난 현상은 아니었어요. 그리고 노동자들은 계획대로 배치된 것이 아니라, 내가 관찰하기엔, 갑자기 전기가 나가고, 갑자기 다시 들어오고, 큰 공장조차도 그래서, 난 봉산의 화물차량 공장을 가 보았는데, 기계에 노동자가 앉아서 기다리고 있었어요.

그러나 그것은 노동시간으로 간주되지 않았죠. 아마도 알 것입니다, 김일성이 60세 되던 해에 480분이 가장 효과적인 작업시간이라는 규칙을 세워서 많은 사람들이 공장에서 두 배의 시간을 보냈고 일을 하기 위해 기다렸어요. 그것은 이 시기에 잘 능률적이지 못해서 노동자들을 지치게 만들었죠.

북한군에 대해 말하자면, 내가 말하는 것은 군대가 아닌 군인입니다. 그들은 보다 잘 배식되었고 흐트러짐 없이 역동적으로 움직였어요. 시민들과는 달랐죠.

지친 노동력

내가 남성과 여성에게 있어 주목한 것은, 내 생각엔 세 가지가 관심을 끌었어요. 첫째로 그들은 쉬는 시간이 적었어요. 그들은 저녁에 집에 퇴근하고 아침 일찍이 출근을 해야만 했어요.

특히 많은 곳에 교통편이 없었어요. 좀 이상하게 표현을 하자면 그 당시 이미 북한 사람들은 행군하는 시민이었어요. 그것이 문제였어요. 노동, 노동대기, 강제동원 참가 그리고 이데올로기 교육에 투자하는 많은 시간들은 쉬는 시간을 감소시켰어요. 내가 말해야 할 것은, 그러한 정치 교육을 여러 차례 보았는데 그들 자신이 강연을 여러 번 하도록 했습니다.

그리고 내가 당황할 수 있었던 것이 북한에서는 일반적인 것이었습니다. 대부분의 사람들이 잠을 잤어요. 그들이 무관심해서가 아니라, 오히려 가만히 앉아 있는 것은 그들 노동시간의 역동력과 함께 수반되는 것이었습니다. 우리는 "노동의 활력이 정지되었다"고 말하는데, 육신이 휴식을 재촉하는 것입니다.

배급문제

두 번째 문제는 내 견해로 보면 영양부족이나 편식입니다. 내가 알기로는 한국의 전통적 식관습은 적은 육류와 적은 지방섭취입니다. 그러나 곡물 즉, 비타민을 담은 야채와 과일, 그리고 고기와 지방, 설탕간의 불균형은 87년, 87년 초에 이미 크게 나타났습니다. 말하자면, 북한에서 선물은 의미가 있지요. … 북한에서는 사람이 할 수 있는 최고의 것은 예를 들어 1 파운드의 설탕 또는 한 봉지의 사탕과자를 선물하는 것입니다. 거의 아무도 우리에겐 하지 않는 것이지요. 즉 다시 말해, 음식물의 명백한 부족인거죠. 그동안 북한의 생활환경에 관해 지원기관은 많은 조사를 했었어요. 그러나 그 조사들은 편식문제를 언제나 과소평가 했어요. 그것은 결핍문제입니다. 우리가 말하는 단백질과 비타민의 전통적인 원천에 관한 것입니다. 전형적으로 뜻한 것은 한편으로 김치를 충분히 섭취하는 것, 다른 한편으로 우리가 수산물이라는 것을 충분히 섭취하는 것이지요. 다시 말하면 생선 뿐 아니라 바다에서 나는 해초류와 그 밖의 음식에서 섭취해야 한다는 거죠. 단백질과 비타민 공급에 대한 문제점은 이미 80년대 후반에 나타났어요. 그것은 바다에서의 물고기 남획과 함께 나타났지만 다른 분야에서도 나타났어요. 예를 들면 소택지 간척 같은 것입니다. 또한 그건 노동력문제로, 그래서 요컨대 사람들이 굶주렸지요. 사람의 생산력이 저하되는 것입니다.

세 번째 문제는 내가 봤지만 내가 2차대전 후반의 독일과 중유럽에 대해 알고 있었음에도 불구하고 그 차원에서는 알 수 없는 것이었어요. 사회주의 국가와 소련에서도 볼 수 있었던 공급부족의 문제입니다.

사람들을 움직여 동원하려는 시도가 있었습니다. 일정한 물질적 인센티브가 있었습니다. 추가로 말하자면, 내가 있을 당시에는 밤마다 여자들이 공장에서 냄비나 자루에 식료품을 담아 거리로 나오는 것을 종종 볼 수 있었어요. 공장은 통상적인 것을 생산해냈고, 한 협동조합에 식료품을 위해 트랙터를 팔았고 근무자들에게 분배했기 때문입니다. 공장은 직원들에 식료품을 추가로 배급하였습니다. 그리고 나는 가을, 말하자면 추석에 조합을 두, 세번 방문한 적이 있었습니다. 쌀과 옥수수가 들어왔지요. 우리가 말하는 간부인 사람들에게 우산이나 재봉틀 또는 TV가 주어졌습니다. 그러나 작은 물건들은 배급되지 않았어요. 내가 말하고자 하는 것은 언제나 물질적인 인센티브가 있었다는 것입니다. 광산 노동자들은 공장 노동자보다 더 많이 지급받았고, 공장노동자들은 사무실 직원보다 더 많이 지급받았어요. 그러나 특별한 위치에 있는 간부들을 제외할 때, 원칙적으로 우리가 유럽에서 평등(Egalitaet)이라 부르는 높은 기준이 적용되죠. 또는 독어로 Gleichmacherei(평등주의)를 취하는 거지요.

노동력의 동원에 관하여

그리고 북한에서는 지원자들을 동원해서 너무 많은 일을 시켜요. 내가 이야기 하는 것은 행정직에 있는 모든 이가 금요일에 육체노동을 해야만 한다는 것이 아닙니다. 오히려 내가 말하고자 하는 것은 모든 이가 무보수 노동으로 많은 할당을 받는다는 것입니다. 아마도 농사일이나 광산일에서 많은 시간을 소모하고 또 큰 군중집회의 준비를 위해 몇 달 동안, 밤마다 6시에서 12까지 몇 시간씩 행군연습과 현수막을 그리는 등 많은 일을 했어요. 나에겐 요컨데 이 두

가지 요소들 때문에 모든 이데올로기의 동기부여에 있어서 이데올로기의 한계를 이미 훨씬 벗어나버린 것으로 인식되었어요. 노동 한계와 노동의지 그리고 동기부여가 하찮게 되었습니다. 나는 무엇보다도 눈에 띄게 줄어든 동기부여와 작업과정의 연속이 서로 반대된 모순된 입장에 있는 걸 인정해야 된다고 봅니다. 노동을 하려는 동기가 감소되고 있음에도 불구하고 노동은 계속되었습니다. 이것은 부적합한 메커니즘임에도 불구하고, 제방을 쌓을 때 굴삭기 대신 모든 이가 삽과 운반용 광주리를 사용하거나 또는 나는 여러 번 평양에서 개성까지−고속도로라 할 수 없는−빠른 가도(街道)를 군인들이 건설하는 걸 보았습니다. 그리고 내가 놀란 것은 초라한, 심하게 말하면 원시적인 도구로 작업이 이루어졌다는 것입니다. 군인들은 수백 미터나 되는 기슭에 토양을 운반하고 쏟아내는 것이었습니다. 아무런 기계가 없었습니다. 롤러기 대신에 낡은 T 34를 이용해서 토대를 다졌죠. 즉, 내가 북한에 대해 아는 한, 모든 겉모습이 더 이상 역동적이지 않다고 믿게 되지만, 어딘가에 언제나 사람들을 앞으로 돌진시키는 한 가지 요소가 있습니다.

동독대사관 생활

▼ 김 면 : 북한주재 동독대사관에는 몇 명이나 근무하고 계셨습니까? 대사관의 도청에 관한 불안감은 없었습니까?

▲ 한스 마레츠키 : 동독에서 온 20가정이 있었는데 그 중 반은 외교사절로 임무를 띠고 있었어요. 그러나 건물 관리인과 운전기사, 독일어 통역사와 그 밖의 사람들도 있었죠. 비교적 큰 대사관이죠. 그리고 대사관

의 생활조건은 아주 좋았어요. 왜냐하면 매주 베를린 – 평양간 조선민항 항공노선이 있었기 때문입니다. 우리는 일년에 한번 시베리아 대륙횡단기차를 통해 대사관의 주요설비품을 받고 있고 매주 금요일에는 베를린발 항공기로부터 신선한 생필품을 받고 있었어요. 그러니까 우리는 전반적으로 최고의 지원을 받는 대사관중 하나였습니다. 하지만 확실히 그렇게 흥미롭지 않던 논란거리가 있습니다.

대사관에는 약 15명, 아마도 20여명의 북한 직원들이 있었어요. 그중 몇 명의 통역사들은, 그러나 동시에 대사관과 각 기관들 사이의 연결을 맺고 있는 연락원들이었습니다. 그들은 외국인으로, 동시에 외교관으로서 외무성 또는 총리실 혹은 중앙위원회에서 접촉을 할 수 없었고, 그 대신 연결을 하고자 북한 통역관에 위임해야 했습니다. 이들 북한 통역관들에 대해 내가 말하자면, 그들은 자격 갖춘 사람들로, 언어에 능통할 뿐 아니라 모두가 필요하거나 원하는 연결뿐 아니라 때때로 우리는 원하나 그들이 원하지 않는 연결까지도 맺도록 하였습니다. 사실 아주 잘 해냈습니다.

그러나 물론 그들은 우리의 행동을 감시하는 임무도 있었죠. 두 나라가 우호적인 관계에 있었다고 얘기할 수 있어요. 그러나 그렇다고 우리를 주목하여 감시하지 않는 것은 아니었습니다. 도청에 대해 이야기 하자면 그것은 제 기능을 발휘하지 못했어요. 왜냐하면 일년에 한 번 베를린에서 사람이 왔고 대사관을 도청에 안전하게 만들었고, 말하자면 뒤바꿨지요. 우리는 북한 직원들을 민감한 성격의 방에 혼자 내버려 두지 않았습니다. 물론 예를 들어 전화는 도청되었습니다. 그렇지만 사람들은 그에 대해 익숙해졌고, 일상적인 과정이었습니다. 그 관계... 북한 직원을 임의적으로 뽑을 수 없었습니다. 외교사절들을 위한 부서가 있었고, 요리나 청소인력 또는 통역사나 운전기사 등을 필요할 때, 거기서 위임했습니다. 완벽한 통제하에 있지 않은 외국 공관은 없었죠. 물론 한 명의 근무자 혹은 다른 스태프가 아예 없거나, 예를 들어 도청이 방지되는 대화공간을 갖지 않거나 완전히 개방한 소규모공관의 외교사절도 있었습니다. 북측을 위해 완전히 열어놓았지요. 한번 나는 내 관저에 남한 방송을 보기 위해, 디아폴안테나(Diapolantenne)라 하는 직경 3m의 안테나를 설치한 적이 있어요. 그러나 정확히 이틀 동안 작동된 후 기술적으로 중단되었죠.

남한의 민주화운동에 대하여

▼ 김 면 : 80년대 전두환 대통령 시대에 한국 민주화 운동에 대한 북한 정부의 반응은 어땠습니까? 동독대사관의 평가는 어떠했나요? 평양에서 동유럽 대사들간에 정보 교환이 있었

나요? 만약 그렇다면 다른 나라 대사들과 어떤 논의가 있었나요?

▲ 한스 마레츠키 : 북한에서 남한에 관한 정보는 매우 적었고 그 당시에는 거의 없었어요. 다시 말해 직접적인 통로는 아예 없었으며 소식은 들을 수 있었지만 그건 너무 비용이 많이 들었습니다. 그 당시 북한측에서 준 유일한 정보가 있었는데 그것은 학생시위와 소요에 관한 정보들이었어요. 야당의 운동과 좌익세력에 관한 것 그리고 반체제세력과 경찰의 충돌에 관한 소식이었습니다. 북한 쪽에서는 그것이 북한의 조건에 따른 북한과의 통일을 위한 강력한 움직임의 증거라고 생각했어요. 내가 말해야 할 것은 이 문제로 각국의 외국사절들이 전혀 혹은 거의 동요하지 않았다는 것입니다. 그들은 일차적으로 단지 문제의 한 측면 즉, 반대세력의 입장만을 알았고, 반면 남한의 정부정책이 중요하게 드러나는 쟁점의 다른 측면을 몰랐기 때문입니다. 현실적으로 북한파트너와 함께 남한에 대해 이야기하는 것은 불가능했습니다. 나는 북한측 대화파트너의 직무실 혹은 그들이 대사관을 방문했을 때, 그들로부터 남한에서의 반체제세력과 그들의 의미에 관해 북한의 통일목표를 지지하는 것으로 해석하는 것을 여러 번 들었습니다. 내가 고백할 것은, 내가 그것을 듣고 있자면 질문을 하는 것보다 나를 지치게 만들 곤 했다는 것입니다.

다른 나라들, 사회주의 국가 혹은 아랍세계 같은

제3세계에서 온 외교관들과 함께, 이미 80년대에 대체로 대한민국의 내적인 안정이 위태롭지 않다는 견해를 나는 갖고 있었습니다. 따라서 북측의 바람 혹은 해석은 일종의 환영(幻影)이라는 것입니다. 그들은 그러한 환영과 함께 고려연방제의 구상을 쫓아 용기를 얻고자 하는 것입니다. 예를 들어 기억나는 것은 1989년 세계축전이 있었고, 남한의 한국외국어대학교 한 여학생이 유럽을 거쳐 평양에 왔었던 사건의 추이를 알게 되었습니다. 그녀는 청년 세계축전과 북한 학생들을 보고자 남쪽에서 투쟁하고 있는 혁명적인 학생들의 사절로 거기서 열렬히 환영받았습니다. 그것은 매우 특별한 사건으로, 말하자면 남쪽 학생들의 상당수가 북한에서 이야기 하듯이 북한쪽을 실제로 지지하고 있다는 주장을 그녀가 뒷받침하는 것이었습니다. 나는 1992년에 외국어대학교를 방문해서 거기서 강연을 하였고 학생들과 토론도 했습니다. 나는 당시 남한 학생들 사이에 북한 정권의 성격에 대해 큰 환상을 가지고 있는 것에 매우 놀랐습니다.

1988년 서울올림픽

▼ 김 면 : 남한에서 열린 올림픽대회에 대해서 북한 정부의 반응은 어땠나요?

▲ 한스 마레츠키 : 이것은 완전히 다른 문제예요. 당신의 질문은 북

한이 올림픽에 참가하기를 기대했었고 경기가 일부 공동으로 한다는 확신을 굳게 갖게 했었던 양해가 있었던 점을 간과한 것 같습니다. 그 문제가 초미의 관심이 되었을 때, 북한은 적어도 경기중 1/3이 평양에서 열릴 거라 계산했습니다. 덧붙여 말하자면, 그것은 김정일 관리 하에 있는 조직 안에서 무엇보다도 엄청난 건설 준비가 이루어졌습니다. 거대한 스타디움이 만들어졌습니다. 아이스 링크, 체조경기장, 체육관과 실내경기장 등, 7~8개의 거대한 경기장이 지어졌지요. 광복 거리는 올림픽에 오는 손님들이 우선 사용하도록 건설되었습니다. 처음은 올림픽 손님들이 거기에 숙소로 사용하고 후에 인민들을 위해 쓰이도록 규정되어 있었습니다.

내가 알고 있기는, 북한 정부는 올림픽 경기의 1/3이 평양에서 열릴 것이라고 확신했어요. 그들은 돈과 노동력 그리고 다른 여러 것들을 거대한 투자로 투입했습니다. 그리고 동반 개최의 무산에 대해 무척이나 실망했어요. 남한 측에서의 어떠한 사정이 있었는지 세부 정보사항이 없었기 때문에 나는 올바르게 판단 할 수 없었습니다.

동반 개최의 무산이 확실해지자 북한은 그에 대한 어떤 논평도 하지 않았어요. 내 기억에는 그들은 비난했지만, 이 문제에 대해 길게 정치선전활동을 하지는 않았어요. 그러한 상황을 자신들이 잘못 평가했었다는 생각이 어느 정도 있었기 때문이죠.

올림픽을 준비하는 과정에서 평양은 정말 많이 변화되었어요. 그때 올림픽 경기의 1/3 뿐 아니라 반 이상을 치러도 될 만큼 아주 큰 설비들을 갖추었다고 말할 수 있습니다. 그런데 왜 동반개최를 하지 못했냐는 배경에 대해서는 나보다 당신이 더 잘 알고 있을 거예요. 그것은 매우 특별한 문제이지요. 동독은 매우 우수한 많은 선수들을 보유하고 있었던 나라였어요. 그리고 북한은 사회주의 나라들이 올림픽에 참가하지 않기를 바랬어요. 내가 알기로는 모든 국가들이 즉, 모든 사회주의 국가들이 참가하려고 했어요. 누가 먼저 신청하느냐가 문제였죠. 그런데 공식적으로 참가를 선언한 첫 번째 나라가 동독이었어요. 물론 그 일로 인해 내가 외교성에 불려가서 장시간의 설교를 들어야 했습니다. 이는 상호 지원의 원칙에 위반되는 것이며 그건 일종의 배반행위라는 것이죠. 그렇다고 그것은 동독이 올림픽에 참가하는 것을 막지는 못했습니다. 한 나라가 그렇게 생각한다고 올림픽에 참가 안하는 시대는 지나갔지요.

이러한 맥락에서의 논의가 많이 있었지만 결국 종결 되었습니다.

80년대 동유럽 민주화사건

▼ 김 면 : 80년대 많은 동유럽 정부들의 동요에 대해 북한과 동독

정부의 반응은 어땠나요? 당시 평양에 있던 외국 대사관의 반응은요? 흥미로운 사건이 있었나요? 폴란드와 헝가리의 반응은 어땠나요?

▲ 한스 마레츠키 : 그 질문엔 두 가지 측면이 있습니다. 동독에게 폴란드의 자유노조운동은 특별히 민감한 문제였습니다. 당시 폴란드 체제안정이 의문시 되었을 뿐 아니라 동독의 체제안정도 그러했습니다. 폴란드는 동독과 소련사이에 위치해 있었으며, 동독의 주요 방어국이었습니다. 그 점에 있어서 동독에게 동유럽 국가들의 사태는 특별한 것이었습니다. 그러나 폴란드나 헝가리 대사 사이의 관계에는 대체로 영향이 없었습니다. 우리는 서로 그와 관련한 정보를 교류했지만, 논의나 차이점은 없었습니다. 오히려 그러한 소요나 토론운동으로 이 나라들의 사회주의 체제가 얼마나 감당하는가가 문제였죠. 그것에 관해 사실 모든 것이 동독측에 이야기되었습니다.

북한은 이 전개과정을 매우 면밀히 관찰하였고, 화해를 통한 정치 발전이 명백히 목적 달성했다는 이전 자신들의 평가를 증명하는 것으로 간주하였습니다. 본인은 보다 큰 틀 안에서 동방정책의 개념으로 표현하고 싶습니다. 북측 사람들, 혹은 북한 지도부는 이미 훨씬 이전에 야루젤스키가 너무 많은 타협을 했다고 비판했습니다. 반체제파에 너무 많은 활동영역을 계속해 허용했다는 것이지요. 다시 말해 북한 지도부에게 이들 나라들의 전개상황이 증명하였다는 것입니다.

반복하여 말하자면, 북한 지도부는 자유노조 같은 운동이나 헝가리 내 저항은 이전에 평화공존의 정치와 개방에 경고했던 것이 옳았다는 것을 증명한 것이라 했지요. 북한은 언제나 개방해서는 안 된다는 같은 견해를 가지고 있었습니다. 서방의 영향이 너무 클 것이라는 이유 때문이지요. 나는 서방의 화해정책이나 양보에 관해 그들이 비판하는 것을 여러 번 들었습니다. 왜냐하면 사회주의 국가의 체제안정에 대한 위험부담 없이는 동서간의 의사소통이 시작될 수 없다는 견해를 북한은 가지고 있기 때문이었어요.

북한경제의 평가

▼ 김 면 : 1980년대 남한의 경제 성장에 대한 북한의 반응은 어떠했나요?

▲ 한스 마레츠키 : 북한은 남한의 경제발전에 대해 전혀 알리지 않았어요. 비공식적인 정보조차 마찬가지였습니다. 그러한 남한 발전의 정보습득은 그쪽에 어떠한 위기가 없었음을 인정하는 것을 의미했기 때문입니다. 북한의 이데올로기 교육은 남한이 변함없이 계속된 위기속에 있다는 것에서 출발하고 있습니다. 80년대 후반의 발전에 대해 이야기하자면, 북한은 현대기술의 도입을 위해 무척 애를 썼죠. 말하

자면, 동독쪽에서 정보기술, 무엇보다 컴퓨터 칩과 회로판의 생산, 또는 전기광학 기술을 습득하고자 하였습니다. 그들은 많은 학생사절단을 보냈고, 또한 1년간의 실습생들도 보냈습니다. 그들은 학생들이 아니라 동독의 산업체에서 일을 했던 기술자들이었습니다. 예를 들어 전자 산업분야에서 생산 실습을 익히고자 하였던 것입니다.

다른 경우로, 그 당시 북한은 소련이 그들에게 전수한 원자력 발전소를 아직 짓고 있었어요. 그때 665메가와트의 원자로 3개가 소련에 의해 만들어지기로 계획되어있었습니다. 그러나 소련측은 북한에게 비용 전부를 지불하라고 요구했었고, 하지만 북한은 그럴 능력이 없었어요. 그때를 과도기로 볼 수 있는데, 내 생각으로는 오랜 경과를 거쳐 왔던 산업화시기의 마지막에 도달했던 것입니다. 80년대에 시작된 산업의 현대화는 북한에 큰 문제를 야기했어요. 왜냐하면 투자수단이 없었으니까요. 그 원인은 간단해요. 북한은 현대적인 기계설비를 마련할 수출품이 전혀 없었습니다.

오늘날 북한 산업의 후진성은 설비에서 지난 30년 동안 이루어져왔습니다. 예를 들어, 특정 분야인 화력공장의 전자제품생산에 큰 어려움을 지닌 관계로, 80년대에 이미 북한의 수출약화로 문제가 시작되었던 것입니다. 그래서 아무런 현대화를 위한 수입이 이루어지지 않았습니다.

자력으로 6,70년대의 산업발전을 이루려는 시도

는 80년대에 이미 좌절되었어요. 이러한 이유로 처음에 남한의 발전에 대해 말했었으나, 북한은 남한과 비교하지 않았고 경제적인 면에서 남한과는 경쟁관계를 이루지 않는다고 늘 강조했었어요. 또는 북한은 더 나은 체제와 경쟁하지 않고, 대신 "우리는 배타적으로 우리 길을 간다"고 합니다. 이 논점과 관련하여 나는 북한이 개방을 해야만 한다는 생각을 지닌 남한 동료와 약간 논쟁을 벌였다는 점을 언급해야겠군요. 북한은 자신들이 개방을 하면 경쟁을 견뎌내야 하고, 스스로 개방된 경쟁을 이끌 수 없다는 것을 알고 있음을 말하고 싶습니다.

김일성과의 만남

▼ 김 면 : 당신은 김일성과 몇 번이나 만났나요? 김일성이 한국전쟁에 대해 얘기한 것을 들었나요? 그는 그 결과에 대해 어떻게 얘기했나요?

▲ 한스 마레츠키 : 내가 그를 몇 번이나 만났는지는 기억나지 않아요. 그를 단독으로 만난 것이 대 여섯 번이었고, 독일 사절단과 함께 만난 것이 아마 스무번이었던 것 같아요. 여러 시간 함께 했죠.

나는 그에게 한국전에 대해서는 들은 바가 없어요. 그는 중국과 소련과의 관계나 유럽의 상황, 북한 내에서의 발전 등에 대해서만 얘기했어요. 때때로 북한의 군사력에 대해 얘기하기도 했죠. 그러나 한국전에 대해서는 언급하지 않더군요. 그는 매우 자주 항일 전투에 관한 발언을 했었어요. 그러나 내가 듣기에는 역사의 현실에서 벗어난 일종의 신드롬 같은 것이었어요. 물론 일본군과 전투는 어렵고 복잡한 것이었을 것입니다. 그러나 일본 내지 일본과의 관계정상화는 북한에게 특히 이데올로기를 위한 반일사상보다 더 장점이 있고 경제적으로 크게 성공할 것으로 나는 당시에 생각했습니다. 반일사상은 오늘날에도 이데올로기의 본질적인 부분으로 있습니다.

분단과 통일

▼ 김 면 : 당신은 한국의 휴전선에 가보셨나요? 통일과 분단에 대한 당신의 견해는요?

▲ 한스 마레츠키 : 첫 번째 질문에 대해 답하죠. 네, 가봤어요, 그러나 특별히 논평할 것은 없습니다. 나는 모든 것이 흥미로 왔어요. 판문점 뒤편에 박물관이 있더군요. 거기서 당시 휴전 상황의 모델이 전시되어 있었고 미국인을 살해했던 도끼 같은 것들이 진열되어 있더군요. 당시 감독위원회를 방문했어요. 그것은 일상적이며 보다 관광 중심이었다고 말해야겠지요.

통일에 대한 문제는 당신네 통일연구원(KINU)에

서 이미 문서로 견해를 밝혔는데, 여기서 구두로 잠시 짧게 반복하겠습니다.

모든 국가들은 그들의 고유한 상황들을 지녔습니다. 독일에서 일정한 정치적 과정이 진행되고 있지만, 한국은 그렇게 돼야 할 필요가 없고 오히려 그 반대입니다.

통일에 관해 본보기는 없습니다. 하나에서 보편화를 이끌어 낼 수 있지요. 통일은 두 영역에서의 통일입니다. 하나는 체제이고 그리고 두 번째는 국가로서 입니다. 내 견해에 따라면 하나의 국가-두 체제로서의 통일은 없습니다. 물론 당신은 홍콩이나 마카오와 중국을 이야기할 수 있지요. 그러나 이 명제가 맞거나 틀리다고 증명할 수는 없습니다. 독일은 한 순간에 통일이 되었고, 동독에서 파산한 체제는 사라졌습니다. 다른 체제인 독일연방공화국(서독)이 동독을 통째 인수할 수 있는 입장이었습니다. 이러한 과정의 본질은 통일 체제 수립입니다. 두 체제가 이루어져서 이를 통해 분단이 되었듯이, 두 체제에서 하나를 만듦으로써 통일이 되는 것입니다.

나는 통일연구원에 기고한 한 논문에서 2000년의 정상 회담의 선언에 대해 비판했었습니다. 첫 부분과 본론 그리고 북한 측에서 1992년의 기본조약과 같이 두체제의 화해를 선언한 특정 부분은 독일의 경험뿐만 아니라, 학술적인 시각에서 불가능하지요 그것은 말하자면, 한국이 민주주의 바탕위에 성공적인 체계를 결정할 기회가 있다면 비로소 통일할 수 있는 것입니다. 그 사이에 공존의 정책을 발전시킨다면 더할 나위 없겠죠. 그것은 대한민국과 조선민주인민공화국간의 양국의 정상화를 수립하는 것입니다. 너무 많은 시간을 잃어버렸습니다. 김대중과 김정일이 공개적으로 쌍방의 주권과 불가침성을 인정하는 것에 대해 언급했었다면, 보다 좋았을 것입니다. 독일이 한번 해보았던 것과 같이 민주주의 토대위에 통일이 가능한 한, 양국간 지양(止揚)을 이루는 조건부로써 말입니다.

북한 핵과 관련하여

▼ 김 면 : 당신은 지금, 당신이 동독 대사로 재직 당시 북한 방문의 메모를 가지고 있나요?

▲ 한스 마레츠키 : 나는 흥미로운 사건들 잘 기억하지요. 일기는 쓰지 않았습니다. 메모 역시 하지 않았죠. 나는 당시 정황에 관한 견해를 전보로 보내고 정기적으로 분석하여 베를린에 보고했어요. 하지만 그걸 가지고 있지는 않죠. 왜냐면 공적인 문서니까요. 동독의 대사로서 내 위치와 책임으로는 북한에 관해 비판적이거나 비판적으로 객관화한 묘사를 서술하려 했다고 말할 수 있습니다. 왜냐하면 내 앞서 그 일들을 기술한 다른 이들이 명백히 미화했었기 때문

입니다. 내게 중요한 것은 현실을 서술하는 것이었습니다. 이러한 종류의 문서를 나는 보관하고 있지 않아요. 그것은 관례가 아닙니다.

1988년 이후 북한이 핵 발전을 전개시키는 가에 관한 논의가 있었습니다. 1988, 89년에는 북한이 핵무기를 가졌는가에 관한 물음은 아직 없었습니다. 당시 내 확신하는 바로는 없었고 그 때까지 아직 진행을 시작하지 않았어요. 대신 내가 있을 당시에는 상대적으로 집약적인 연구 즉, 기술상-과학공학적 발전이 영변에서 있었어요.

원자력 발전소에 의한 에너지 문제를 해결하려는 노력이 있었어요. 추측은 있었으나, 나는 당시에 핵무기가 없었다고 확신합니다. 두, 세 가지의 폭파장전이 존재했다 하더라도 이것이 실효성이 없던 것이라고 난 판단합니다.

실효성 있다는 것은 미사일로 장치되어 날아갈 수 있는 것에 관한 것 입니다. 노동미사일이 지닌 비행의 안정성, 목표달성, 또는 다른 특성에서도, 그리고 이미 핵탄두의 운반수단으로서 그렇게 할 수 있다고 난 납득할 수 없습니다. 그 사이에 개발될 가능성이 있으나, 다음 몇 주안에 그것이 확정적으로 밝혀질 거라고 생각합니다. 내가 당시에 알고 있는 것은 북한 군사력이 유효 사정거리의 미사일을 가졌다는 것입니다. 유효 사정거리는 300km 였습니다.

외교업무의 중점

▼ 김 면 : 당신의 외교업무 중 중점은 어디에 두었나요?

▲ 한스 마레츠키 : 목적은 상대적으로 간단했고 크지 않았다고 말해야겠습니다. 동독이 추구하고 노력한 것은 집약적으로 교류관계, 무엇보다도 정치적 측면에서 발전시키고자 했습니다. 특별한 목적은 사실 없었습니다.

특정한 정치적 목적을 달성하고자 하는 의미가 아닙니다. 또한 특별한 경제적 관계를 이루고자 하는 노력도 없었습니다. 왜냐하면 북한은 공급과 지불능력에서 한계가 있었기 때문입니다. 무역은 근본적으로 물품교환의 형태로 진행되었으며 북한이 감당할 수 있는 능력은 제한적이었습니다.

업무에서 가장 중요한 것은 동독에서 북한을 방문한 많은 사람들의 여행 안내였어요. 역으로 동독에 많은 북한 대표가 있었고 거기서 설비를 위해 노력했기에, 그들이 왔었습니다.

양국에서 많은 방문들이 있었지만, 목적을 갖고 있었다기 보다는 쌍방 관계의 친선도모를 위한 것이었습니다. 동독은 아시아에서 어떤 목적을 가지고 있지 않았지요. 그리고 나는 북한으로부터 많은 원료품을 수입하려했지만 그것은 한계가 있었어요.

함흥재건 사업

▼ 김 면 : 5, 60년대에 동독이 함흥에 경제 원조를 했는데 그 당시
당신은 그 계획에 대해 알고 있었나요?

▲ 한스 마레츠키 : 난 함흥을 여러 번 방문하였습니다. 50년대 말과
60년대 초에 건설한 것들을 여러 번 보았지요. 동
독의 공헌은 넓은 범위에 걸쳐 그 도시의 인프라
를 구축하는 것이었습니다: 배수공급, 발전소, 주
택과 같은 것이었습니다. 내가 젊었을 때에 그것
은 역사적인 전설과 같은 것이었다고 말해야겠습
니다. 원조가 이루어졌는데, 지난 사항에 관해 반
복할 필요는 없겠지요. 동독은 앞에서 이야기했듯
이 사실 원자재에 큰 관심을 갖고 있었습니다. 가
장 중요한 원료는 탄천에서 채굴되는 마그네사이
트 클링커였습니다. 그것은 철강제조의 내장에 필
요한 것입니다. 마그네사이트는 풍족히 산출되었
습니다. 그러나 산업제품으로서 큰 전기를 필요하
기에 언제나 제품의 품질이 문제가 되었습니다.
왜냐하면 용광로의 성능이 잘되지 않았기 때문이
지요. 동독은 상품을 주고 교환대상으로 다른 원
자재로 무엇보다 아연, 구리, 납 같은 비철금속에
도 관심이 많았습니다. 내가 있었을 시절에 동독
으로 들어오는 기계품목이라든지 다른 산업완제
품을 들은 적이 없습니다. 동독은 주문물품으로
섬유제품을 북한에서 제작 완성해 달라고 한 적이

있긴 했습니다. 그런데 아주 불만족스러웠습니다. 제품의 질에 큰 문제가 있었습니다. 그래서 동독은 면직물과 단추 나 그 밖의 것 등을 제공하고 옷을 생산토록 했지만도 역시 만족스럽지 못했어요.

북한 여행

▼ 김 면 : 당시 북한에서 대사로서의 생활이 어땠나요? 당신의 가족들은? 그 당시 외국인을 위한 어떤 교육시설이 있었나요? 그리고 당신은 북한을 여행했나요?

▲ 한스 마레츠키 : 나는 애들 없이 아내와 거기에서 생활했습니다. 어느 대사관이나 있는 공공 안전시스템 및 규정과 관련된 일정한 곤란한 점을 제외하면 대사관에서의 생활환경이나 근무조건은 좋았습니다. 우리는 여행을 많이 했는데 물론 아내와 함께였죠. 운전기사나 통역관 없이요. 나는 되도록이면 잘 알려지지 않은 옆길을 골라갔고 많은 것들을 보았어요. 물론 난 지역당지도부를 방문하기도 했습니다. 때론 공식적이었으며, 때론 동독 경제사절단과 함께하기도 했죠. 그것은 북한의 다른 모습을 알기에 유용하였습니다. 좀 어려움이 있었다면 일반 사람들과의 접촉이었어요. 일반 북한사람들은 원래 외국 외교관들과는 이야기 할 수 없기 때문입니다. 그들은 보고서를 제출해야 했으며, 신고뿐만 아니라 문서로 작성해두어야 했습니다.

일반 주민들과 이야기 하는 것은 매우 복잡했어
요. 시골농촌에서는 기회가 있기도 했습니다. 나
는 협동조합을 들러 사람들을 관찰했습니다. 물론
언제나 옆에 관리가 늘 함께 했습니다.

▼ 김 면 : 오늘 귀한 시간 내주셔서 감사합니다. 그리고 이미 보내
드린 보충 질문을 이메일을 통해 답변해 주시면 감사하겠
습니다.

저자소개

■ 연구책임

조한범
- 통일연구원 선임연구위원
- 러시아 상뜨-뻬쩨르부르그대 사회학 박사
- 주요저서·논문 :「남북 사회문화공동체 형성방안」,
 「러시아 탈 사회주의 체제전환과 사회갈등」

■ 책임편저

곽진오
- 통일연구원 프로젝트연구위원
- 영국 University of Hull 정치학 박사
- 주요저서·논문 :「일본의 FTA전략」,「일본의 전후처
 리, 일·독 비교」,「90년대 구조불황과 일본정치경제
 시스템의 변화 I·II」(공저)

김 면
- 통일연구원 프로젝트연구위원
- 독일 베를린(T.U.Berlin) 대학교 문학박사
- 주요저서·논문:「구동독의 對 북한 사회주의 건설지
 원」,「독일 국립문서보관소 소장 자료를 통해서 본 북
 한과 구동독간의 경제협력」